EinFach
Deutsch

Unterrichtsmodell

Georg Büchner

Dantons Tod

Erarbeitet von
Norbert Schläbitz

Herausgegeben von
Johannes Diekhans

Baustein 5: Vom einfachen Volk und anderen Personenkreisen (S. 87–100 im Modell)

5.1 5.1.1	„Wir sind das Volk" Umbrüche: 1789–1989	Szenen I.2, III.4, III.9, III.10, Gedichte von Verbeek (so nett D) und Pietraß (Brache), Textband 171–178 (Sekundärtext zur Französischen Revolution)	Textarbeit Tafelbild Schreibauftrag Arbeitsblatt 12 Zusatzmaterial 1
5.2	Die Liebe der Frauen und der Tod	Szenen II.3, IV.1, IV.6, IV.8	Textarbeit Tafelbild Schreibauftrag Szenisches Spiel
5.3	Die „Grisette" Marion	Szene I.5	Textarbeit Tafelbild

Baustein 6: Die Revolution und die Kinder der Aufklärung (S. 101–121 im Modell)

6.1	Aufklärung nach Kant	Textband, S. 146ff. (Kant zur Aufklärung)	Textarbeit Tafelbild
6.2	Büchners Haltung zum Verstand	Textband, S. 119 (Brief an die Familie)	Textarbeit Tafelbild
6.3	Das Kalkül der Vernunft	Szenen II.7, III.6	Textarbeit Arbeitsblatt 13
6.4	„… so kann es keinen Gott geben. Quod erat demonstrandum"	Szene III.1	Textarbeit Tafelbilder
6.5 6.5.1	Danton – Zwischen Nihilismus und Epikureertum Von der Langeweile und einem Leben ohne Sinn – Nihilismus und Fatalismus	Szenen II.1, III.7, IV.5, Textband, S. 120 (Brief an die Braut)	Textarbeit Tafelbilder
6.6	Jean Jacques Rousseaus „Gesellschaftsvertrag". Vorbild für Robespierre und die Revolution	Textband, S. 149–155 (Rousseau zur Gesellschaft), Robespierre im originalen Wortlaut (Rede)	Textarbeit Tafelbilder Zusatzmaterial 2 Zusatzmaterial 3
6.7	Zwei „Köpfe" und doch eigentlich zwei Gesellschaftsprofile	Text von Adam Smith über den Wohlstand der Nationen	Textarbeit Tafelbild Arbeitsblatt 16

Baustein 7: Büchners Literatur- und Kunstauffassung (S. 122–137 im Modell)

7.1	Gegenüberstellung von idealistisch-klassischem und realistischem Theater	Textband, S. 121 (Brief an die Familie)	Textarbeit Arbeitsblatt 17a u. b Schreibauftrag
7.2	Dramenkonzeption: Das offene Drama	Textband, S. 187–189 (G. Freytag zum Aufbau des Dramas), S. 189–195 (Geiger/Haarman zu Formentypen des Dramas), Szenen I.1, II.1, III.5, IV.1, (ganzes Drama)	Textarbeit Tafelbild
7.3 7.3.1	Rezeptionsgeschichte des Danton Projekt – CUT/COPY/PASTE: Wie Büchner ein Drama basteln	D. Goltschnigg zur Rezeptionsgeschichte, Lukács zum Danton	Textarbeit Tafelbilder Schreibauftrag Projekt Szenisches Spiel Arbeitsblatt 18

Bildnachweis

S. 9: © picture-alliance/dpa – S. 29: Zeitgenössischer Stich, entn. aus: Axel Kuhn: Die Französische Revolution, Reclam – S. 30: (c) Verlagsarchiv Schöningh/Domke S. 124 – S. 32: Verlagsarchiv – S. 34, 35: picture-alliance/maxppp – S. 47: akg-images – S. 100: akg-images; Bundesarchiv Koblenz

© 2007 Bildungshaus Schulbuchverlage
Westermann Schroedel Diesterweg Schöningh Winklers GmbH
Braunschweig, Paderborn, Darmstadt

www.schoeningh-schulbuch.de
Schöningh Verlag, Jühenplatz 1–3, 33098 Paderborn

Druck A 6 5 4 / Jahr 2017 16 15
Alle Drucke der Serie A sind im Unterricht parallel verwendbar.
Die letzte Zahl bezeichnet das Jahr dieses Druckes.

Umschlaggestaltung: Jennifer Kirchhof
Druck und Bindung: westermann druck GmbH, Braunschweig

ISBN 978-3-14-022369-0

Dantons Tod

Baustein 1: Die Französische Revolution – Fakten und Erfahrungen (S. 21–36 im Modell)

1.1	„Revolution" – Annäherung an einen Begriff	Definitionen zu Revolution, Reform, Revolte	Textarbeit Arbeitsblatt 1
1.2	Daten- und Zeitumstände	Textband, S. 143–146, 171–178, 179–187 (Fakten zur Revolution), Auszug aus „Erklärung der Rechte des Menschen und des Bürgers vom 7. August 1789"	Textarbeit Arbeitsblatt 2 Zusatzmaterial 2
1.3	Erfahrungen und Reflexionen	Zum Alltag der Pariser Volksschichten und des gehobenen Bürgertums	Textarbeit Szenisches Spiel Arbeitsblätter 5–7
1.4	„Köpfe" und „Orte" – Anregungen für den Lektüreprozess	Ganzes Drama	Arbeitsblätter 2–4

Baustein 2: Zeitenwende (S. 37–49 im Modell)

2.1	Der Mensch Büchner und sein Leben	Textband, S. 102–114 (Biografie)	Textarbeit Schreibauftrag Tafelbild Szenisches Spiel
2.2	Der Revolutionär Büchner	Textband, S. 118–123 (Briefe), S. 133–143 (ges. Situation in Deutschland)	Textarbeit Tafelbild Schreibauftrag
2.3	Der „Hessische Landbote"	Textband, S. 123–133	Textarbeit Tafelbild Arbeitsblätter 8 u. 9
2.4	Ein neuer „Büchner" heute: Revolutionär oder Terrorist?	Erich Fried Zitat zu Büchner, Brief v. Büchner an die Familie v. 5.4.1833 u. an Gutzkow (1836)	Tafelbild

Baustein 3: Der Epikureer und der Moralist (S. 50–71 im Modell)

3.1	Die historischen Vorbilder Danton und Robespierre	Textband, S. 184–187	Textarbeit Tafelbild Szenisches Spiel
3.2	Danton – Revolutionär oder Fatalist?	Szenen I.1, II.1, II.4	Textarbeit Tafelbild Schreibauftrag Arbeitsblatt 15
3.3 3.3.1 3.3.2 3.3.3	Danton und Robespierre im Disput Robespierre – Ein allgemeines Prinzip als Vorbild für alles Handeln Danton – Der Egoismus als Vorbild für alles Handeln Epikur – Über die Seelenruhe	Szenen I.3, I.6	Textarbeit Tafelbilder Szenisches Spiel Arbeitsblätter 10 u. 14
3.4 3.4.1	Weltanschauungen treffen aufeinander Ortswechsel im Drama	Szenen I.3, I.5, I.6 (ganzes Drama)	Textarbeit Tafelbilder
3.5	Kritik der Langeweile und des Genusses		Tafelbild Schreibauftrag
3.6	Über das Verhältnis von gebildeter und ungebbilde-ter Klasse und den Erfolg von Revolutionen	Szenen I.2, I.6, Textausgabe S. 121 u. 123 (Briefe an Gutzkow)	Textarbeit Tafelbilder Schreibauftrag

Baustein 4: Die Sprache in Dantons Tod (S. 72–86 im Modell)

4.1	Allgemeine sprachliche Besonderheiten im Danton	Textband, S. 121 f. (Brief an die Familie)	Textarbeit Tafelbild
4.2	Robespierres Rede im Jakobinerclub	Szene I.3	Textarbeit Tafelbilder
4.3	Robespierres Rede vor dem Nationalkonvent	Szene II.7	Textarbeit Tafelbild Arbeitsblatt 11
4.4	St. Just – „kalt wie eine Maschine" (K. Edschmid)	Szene II.7	Textarbeit
4.5	Dantons Rede vor dem Revolutionstribunal	Szene III.4	Textarbeit Arbeitsblatt 11

Vorwort

Der vorliegende Band ist Teil einer Reihe, die Lehrerinnen und Lehrern erprobte und an den Bedürfnissen der Schulpraxis orientierte Unterrichtsmodelle zu ausgewählten Ganzschriften und weiteren relevanten Themen des Faches Deutsch bietet.

Im Mittelpunkt der Modelle stehen Bausteine, die jeweils thematische Schwerpunkte mit entsprechenden Untergliederungen beinhalten.

In übersichtlich gestalteter Form erhält der Benutzer/die Benutzerin zunächst einen Überblick zu den im Modell ausführlich behandelten Bausteinen.

Es folgen:

- Hinweise zu den Handlungsträgern
- Zusammenfassung des Inhalts und der Handlungsstruktur
- Vorüberlegungen zum Einsatz des Dramas im Unterricht
- Hinweise zur Konzeption des Modells
- Ausführliche Darstellung der einzelnen Bausteine
- Zusatzmaterialien

Ein besonderes Merkmal der Unterrichtsmodelle ist die Praxisorientierung. Enthalten sind kopierfähige Arbeitsblätter, Vorschläge für Klassen- und Kursarbeiten, Tafelbilder, konkrete Arbeitsaufträge, Projektvorschläge. Handlungsorientierte Methoden sind in gleicher Weise berücksichtigt wie eher traditionelle Verfahren der Texterschließung und -bearbeitung.

Das Bausteinprinzip ermöglicht es dabei den Benutzern, Unterrichtsreihen in unterschiedlicher Weise und mit unterschiedlichen thematischen Akzentuierungen zu konzipieren. Auf diese Weise erleichtern die Modelle die Unterrichtsvorbereitung und tragen zu einer Entlastung der Benutzer bei.

Das vorliegende Modell bezieht sich auf folgende Textausgabe:
Georg Büchner: Dantons Tod. Paderborn: Schöningh Verlag 2007. Best.-Nr. 022368-3

 Arbeitsfrage

 Einzelarbeit

 Partnerarbeit

 Gruppenarbeit

 Unterrichts-gespräch

 Schreibauftrag

 szenisches Spiel, Rollenspiel

 Mal- und Zeichenauftrag

 Bastelauftrag

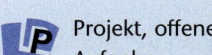 Projekt, offene Aufgabe

Inhaltsverzeichnis

Dantons Tod

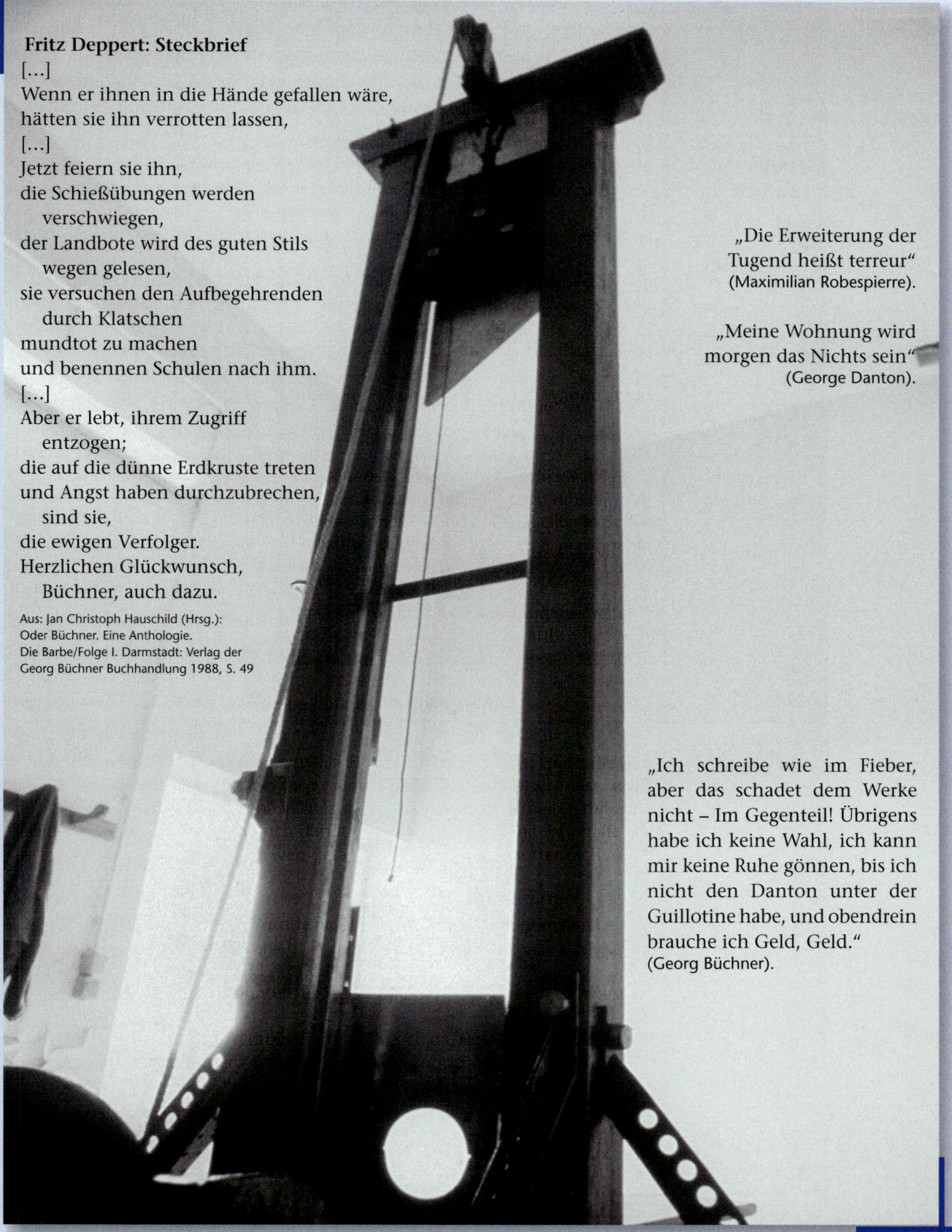

Fritz Deppert: Steckbrief
[...]
Wenn er ihnen in die Hände gefallen wäre,
hätten sie ihn verrotten lassen,
[...]
Jetzt feiern sie ihn,
die Schießübungen werden
     verschwiegen,
der Landbote wird des guten Stils
     wegen gelesen,
sie versuchen den Aufbegehrenden
     durch Klatschen
mundtot zu machen
und benennen Schulen nach ihm.
[...]
Aber er lebt, ihrem Zugriff
     entzogen;
die auf die dünne Erdkruste treten
und Angst haben durchzubrechen,
     sind sie,
die ewigen Verfolger.
Herzlichen Glückwunsch,
     Büchner, auch dazu.

Aus: Jan Christoph Hauschild (Hrsg.):
Oder Büchner. Eine Anthologie.
Die Barbe/Folge I. Darmstadt: Verlag der
Georg Büchner Buchhandlung 1988, S. 49

„Die Erweiterung der
Tugend heißt terreur"
(Maximilian Robespierre).

„Meine Wohnung wird
morgen das Nichts sein"
(George Danton).

„Ich schreibe wie im Fieber,
aber das schadet dem Werke
nicht – Im Gegenteil! Übrigens
habe ich keine Wahl, ich kann
mir keine Ruhe gönnen, bis ich
nicht den Danton unter der
Guillotine habe, und obendrein
brauche ich Geld, Geld."
(Georg Büchner).

Die Hauptpersonen

Danton: Er ist ein Revolutionär, der im Verlaufe der Zeit gemäßigte Positionen vertritt, und er möchte den Terror beendet und die Revolution in die Republik überführt sehen. Er ist des blutigen Handwerks überdrüssig und sucht den persönlichen Frieden. Er ist von Todessehnsucht umfangen. Von seiner Lebensphilosophie her steht er der Lehre Epikurs nahe, aus der auch seine Sehnsucht nach Seelenruhe resultiert. Er liebt die schönen Dinge des Lebens und genießt sie.

Robespierre: Die Tugend ist ihm das Höchste, sie einzufordern ist unbedingte Aufgabe. Er gehört dem Flügel der Jakobiner an und drängt auf die Fortsetzung des Terrors, um der Tugend, wie er glaubt, zu ihrem Recht zu verhelfen. Er trennt die Gesellschaft in das tugendhafte Volk und in eine lasterhafte Gemeinde auf. Das Laster ist ihm Hochverrat und muss mit dem Tode bestraft werden.

Camille Desmoulins: Er gehört dem Flügel der gemäßigten Dantonisten an und ist Weggenosse von Danton. Auch er liebt die schönen Dinge des Lebens und versucht, Danton auf die Gefahr, in der sie alle schweben, aufmerksam zu machen und ihn vor Robespierre und den Jakobinern zu warnen. Seine Warnungen verhallen ungehört.

St. Just: Er gehört dem radikalen Flügel der Jakobiner an. St. Just ist ein Technokrat der Revolution, der sich naturwissenschaftlichen Argumenten verbunden sieht. Er glaubt an die Gesetzmäßigkeiten des Weltenlaufs und vergleicht die Opfer der Revolution mit den Opfern natürlicher Katastrophen, aus denen heraus neue Entwicklung entspringt. So rechtfertigt er auch die Opfer der Guillotine.

Lucile: Sie ist die Gattin von Camille Desmoulins. Sie steht in treuer Liebe zu ihrem Mann. Der Tod ihres Mannes richtet auch sie, indem sie mit der bewusst formulierten staatsfeindlichen Parole, den König hochleben zu lassen, sich den Automatismen des Blutgerichts überstellt.

Julie: Als Gattin von George Danton fühlt sie sich ihm inniglich verbunden. Die Verurteilung und den nahenden Tod Dantons kann sie nicht verkraften. Sie lässt Danton eine Botschaft überbringen, dass sie mit ihm in den Tod gehen wird: Sie nimmt Gift.

Inhalt des Dramas

1794 ist die Französische Revolution an einen Wendepunkt gelangt. Aufgrund innerer und äußerer Feinde herrscht der Terror, den Robespierre federführend vertritt. Danton will das Ende der Revolution und so das Ende des Terrors, damit eine Republik entstehe, in der jeder sich verwirklichen solle. Zudem verliert Danton das Interesse an der Revolution und kümmert sich zunehmend um den eigenen Genuss. Er liebt und schätzt die Freuden des Lebens und gibt sich ihnen hin. Zugleich ist er von Lebensüberdruss und Todessehnsucht erfüllt. Mit seinem Denken und Handeln steht er im Widerspruch zu Robespierre, der die Feinde der Revolution noch zahlreich wähnt und die Beendigung der Revolution und des Terrors als Landesverrat bezeichnet. Damit läuft auch Danton Gefahr, vom Terror erreicht und vernichtet zu werden. Dantons Freunde warnen ihn, doch er wähnt sich als Held der Revolution sicher. Danton täuscht sich, er und seine Freunde werden verhaftet und vor das Revolutionstribunal gestellt. Dort schwingt er sich noch mal zum Rhetor und Demagogen alter Größe auf. Das Volk feiert ihn. Ein Ränkespiel, das St. Just im Geheimen spinnt, führt schließlich dazu, dass Danton das Rederecht vor dem Revolutionstribunal genommen wird. Damit ist sein Schicksal und das seiner Weggenossen besiegelt. Kurz vor ihrer Hinrichtung findet Danton in einem philosophischen Gespräch mit seinen Freunden zur Einsicht, dass die Welt von keiner richtenden Instanz geleitet ist, sondern dass das vom Nichts (bzw. von nichts) geleitete Chaos regiert. Mit ihrer Hinrichtung setzen auch die Frauen der Revolutionäre, Lucile und Julie, ihrem Leben ein Ende: Lucile, die Gattin von Dantons Freund Camille, lässt den König öffentlich hochleben, was auch ihre Hinrichtung zwingend nach sich zieht; Julie vergiftet sich.

Inhalt nach Akten und Szenen

I. Akt

I. 1 Auf einer lebensfrohen Gesellschaft, auf der Hérault-Séchelles – ein Weggefährte Dantons – sich dem Spiel und dem Flirt mit Frauen hingibt, führt Danton mit Julie, seiner Gattin, ein Gespräch über die Liebe, das Dantons Sehnsucht nach Ruhe und Geborgenheit verdeutlicht. Mit Eintritt von Philippeau und Camille rückt die Politik ins Blickfeld. Die jüngsten Hinrichtungen sind anfangs Thema, bis das Gespräch auf Ziele zukünftiger Politik abhebt. Hérault-Séchelles möchte die Menschen nach eigener Façon glücklich werden lassen und ruft die persönliche Freiheit als Maxime aus, Camille redet dem Genuss das Wort. Danton will sich weder für die eine noch für die andere Sache einsetzen. Es scheint ihm alles sinnlos. Er geht.

I. 2 In einer Gasse wird – unfreiwillig initiiert durch den betrunkenen Simon, der seine Frau verprügelt und das eigene Elend beklagt – beinahe ein junger Mann von Stand gelyncht, da die Vertreter der gehobenen Klasse als verantwortlich für die allgemeine Misere herausgestellt werden. Robespierre, der die Szene betritt, nimmt das aufgewühlte Volk für sich ein und führt es zum Jakobinerclub.

I. 3 Im Jakobinerclub wird die Konterrevolution verhandelt. Zu viel Barmherzigkeit gefährde, ja morde die Revolution, wie ein Mann aus Lyon meint. Legendre, ein Gefolgsmann Dantons, beklagt die wieder vermehrt auftretende Schau aristokratischen Gebarens in der Öffentlichkeit. Als Robespierre das Wort ergreift, macht er für solche Zustände auch die Barmherzigkeit verantwortlich. Zu verzeihen sei die Barbarei. Die Waffe der Republik sei der Schrecken und die Tugend, das Laster dagegen Gift in den Adern der Freiheit. So geraten der den Genuss pflegende Danton und seine Gefährten, die die Revolution zu beenden trachten, in Misskredit und als neu ausgemachte Feinde der Republik in Gefahr.

I. 4 Die Revolution brauche, da die Zustände des Volkes weiterhin erbärmlich seien, einen weiteren Blutzoll, so Lacroix, der dem Lager der Dantonisten anzurechnen ist, zu Legrendre, sodass Gefahr für die Dantonisten drohe.

I. 5 Währenddessen ist Danton bei der Grisette Marion, die erzählt, wie sie – einst ihrer erwachenden Lust folgend – wurde, was sie ist. Mit Eintreffen Lacroix' nimmt das Gespräch eine Wendung hin zur Politik. Dieser informiert Danton über die Ereignisse im Jakobinerklub und macht auf die aufscheinende Gefahr aufmerksam, die von einem tugendhaften Volk, das sich die Lebenslust nicht leisten kann, droht. Danton wiegelt ab und gibt erst auf Drängen das Versprechen, zu handeln und Robespierre aufzusuchen.

I. 6 Im Gespräch zwischen Robespierre und Danton brechen die Unterschiede auf: auf der einen Seite Danton, der anstelle der Revolution die Republik und eine freie Lebensentfaltung predigt, auf der anderen Seite Robespierre, der die Tugend verabsolutiert und idealisiert sowie das Laster durch den Terror bändigen will. Als Robespierre die Möglichkeit verneint, dass Unschuldige von der Revolution getroffen sein mögen, erkennt Danton, dass ein Sinneswandel bei Robespierre nicht denkbar ist. Er geht. Alleingelassen überdenkt Robespierre seine Motive, leichte Selbstzweifel überkommen ihn, das Todesurteil über Danton wird gleichwohl gefällt. Als St. Just erscheint, wird das weitere Vorgehen bedacht.

II. Akt

II. 1 Im Umfeld seiner Gefährten Camille, Paris, Philippeau und Lacroix erteilt Danton allen Forderungen, aktiv zu werden, eine Absage. Dantons Rede spiegelt eine fatalistische Haltung. Er will sich dem drohenden Schicksal weder entgegenstellen noch vor ihm fliehen.

II. 2 Ein buntes Treiben auf der Promenade entfaltet sich, das Danton spöttisch kommentiert. Anstelle des getragenen Ernstes ist das Leben als Ganzes mehr als ein Spiel zu betrachten.

II. 3 So wenig wie das Welttheater einem großen Plan dient, so wenig solle die Kunst dem Ideal verpflichtet sein. Camille vertritt diesen Gedanken Danton gegenüber. Nicht das wirkliche Leben, sondern nur hölzerne Puppen träten in einem Theater auf, das idealisiert. Der Gedankenaustausch wird unterbrochen von der Nachricht, dass der Wohlfahrtsausschuss die Verhaftung Dantons beschlossen habe. Danton ergibt sich seinem Schicksal. Lucile, die Frau Camilles, fürchtet um ihren Gatten und drängt ihn, Robespierre aufzusuchen.

II. 4 Danton indessen, der kurzfristig doch mit einer Flucht liebäugelte und auf freiem Feld eine Rast macht, spielt zunächst mit einer tröstenden Vorstellung, vom Tod umfasst zu werden, und kehrt schließlich, die eigene Hinrichtung als nicht begründet verwerfend, nach Paris zurück.

II. 5 In der Nacht wird Danton von Alpträumen geplagt. Die Septembermorde, für die er mitverantwortlich war, quälen ihn. Julie versucht die Schuld, die er fühlt, zu relativieren. Er habe so das Vaterland gerettet.

II. 6 Zur gleichen Zeit sind Bürgersoldaten unterwegs, mit dem Auftrag, ihn zu verhaften.

II. 7 Im Nationalkonvent wird auf Bestreben Legendres erwogen, Danton vor dem Natio-nalkonvent die Möglichkeit zur Verteidigung einzuräumen. Robespierre lehnt in einer flam-menden Rede, die mit indirekten Drohungen an Legendre versetzt ist, ein solches Privileg ab. St. Just tritt auf und verteidigt den hohen Blutzoll, den die Revolution fordert. Die Natur und die Zeit seien nicht grausamer als sie in ihrem Handeln.

III. Akt

III. 1 Im Luxembourg, dem Pariser Gefängnis, debattieren die Gefangenen, ob Gott existiere oder nicht. Einer von ihnen, Payne, versucht die Nicht-Existenz herzuleiten, indem er den Beginn der Schöpfung mit dem Ewigkeitsprinzip als unvereinbar sieht. Er erfährt Widerspruch und Zustimmung. Die Diskutanten Chaumette, Mercier, Hérault und Payne erzielen über die Frage, wie ein Vollkommenes etwas Unvollkommenes habe schöpfen können, keine Ei-nigkeit. Die Neuinhaftierten Danton, Lacroix, Camille und Philippeau treffen ein. Von dem Girondisten Mercier wird Danton feindselig begrüßt. Er macht ihn für den Tod seiner Kame-raden verantwortlich, Hérault dagegen umarmt ihn. Das Los, das ihnen allen droht, macht Camille an dem Mitgefühl fest, das sie einst für andere gezeigt haben.

III. 2 An einem anderen Ort, in einem Zimmer, wird von Fouquier-Tinville, dem Ankläger, und von dem Präsidenten des Revolutionstribunals Hermann die Strategie erwogen, die zur Verurteilung Dantons und der anderen Mitangeklagten führen soll. Zu Geschworenen sollen „Grobschlächtige" berufen werden, die für Argumente nicht zugänglich sind.

III. 3 Mercier führt in der Conciergerie den Mitinhaftierten mit Blick auf ihre große Zahl die Folgen ihres eigenen Handelns vor Augen. Danton akzeptiert das Gesagte.

III. 4 Vor dem Revolutionstribunal nimmt Danton die Anwesenden für sich ein. Sie spenden seiner Rede, in der er einen fairen Prozess verlangt und seine Verdienste herausstreicht, heftigen Beifall. Hermann unterbricht die mitreißende Verteidigungsrede mit der Behaup-tung, Danton habe Ruhe nötig, und vertagt deren Ende auf die nächste Sitzung.

III. 5 Im Luxembourg liest der inhaftierte General Dillon von dem Eindruck, den Danton vor dem Tribunal bei den Zuhörern hinterlassen hat, und schmiedet kühne, unrealistische Pläne für einen Aufstand. Laflotte hingegen, sein Zellengenosse und Zuhörer, plant den Verrat an ihm, um sich selbst zu retten.

III. 6 Die Mitglieder des Wohlfahrtsausschusses St. Just, Barrère, Collot d'Herbois und Billaud-Varennes machen sich nach der zweiten Anhörung Sorgen wegen der positiven Resonanz, die Danton erfährt. Der Verrat Laflottes über den angeblich geplanten Aufstand kommt ihnen entgegen, die Verhandlungsordnung zu ändern und die Gefangenen bei gegebenem Anlass von der weiteren Verhandlung auszuschließen. Das weitere Gespräch zeigt, dass sie ihrem eigenen Leitbild, tugendhaft sein zu wollen, nicht genügen. Sie geben sich dem Laster hin und zeigen eine menschenverachtende Haltung.

III. 7 Der Tod steht den Inhaftierten nah vor Augen. Der Gedanke, was nach dem Tode sein wird, bewegt Danton und beunruhigt ihn mit Blick auf seine Julie. Er will nun doch aufbe-gehren.

III. 8 Der Ankläger Fouquier setzt mit dem Bericht über die angebliche Verschwörung die neue Verhandlungsordnung durch.

III. 9 Vor dem Revolutionstribunal führt Danton eine flammende Rede und bezichtigt Robespierre des Hochverrats. Aufgrund des einsetzenden Tumults und des tosenden Beifalls werden Danton und die anderen von der Verhandlung ausgeschlossen.

III. 10 Auf dem Platz vor dem Justizpalast kommt es zu Beifallskundgebungen für Danton und gegen Robespierre. Andere Stimmen mischen sich ein, die sich gegen Danton wenden. Die Stimmung wendet sich.

IV. Akt

IV. 1 Julie lässt ihrem geliebten Gatten eine Locke durch einen Knaben zukommen und die Botschaft, sie werde mit ihm gehen.

IV. 2 Auf der Straße berichtet einer der Vorsitzenden des Revolutionstribunals, Dumas, einem Bürger, dass er seine Frau ebenfalls der Guillotine zuführen will. Dumas vertritt zudem die Ansicht, dass das Revolutionstribunal nie fehle.

IV. 3 Die Verurteilten sind in ihrer letzten Nacht von Unruhe erfasst. Danton beruhigt Camille, der sich um Lucile sorgt. Camille schläft ein und wird von Alpträumen geplagt. Danton sinniert über Leben und Sterben und vertieft sich in die Lektüre von Edward Youngs Nachtgedanken.

IV. 4 Lucile, deren Geist sich verwirrt hat, spricht auf dem Platz vor der Conciergerie zu einem imaginären Camille, während um sie herum Fuhrleute über ihr Metier räsonnieren.

IV. 5 Camille ist in Gedanken bei Lucile, die übrigen Gefangenen diskutieren über die zukünftige Republik. Schließlich richten sich ihre Gedanken auf das menschliche Leiden und an einen dieses Leiden nicht nur duldenden, sondern erfreuenden Gott. Mit Eintritt des Schließers, der die Abfahrt zur Hinrichtung ankündigt, enden die Überlegungen.

IV. 6 Julie vergiftet sich.

IV. 7 Am Hinrichtungsplatz verabschieden sich die Verurteilten voneinander. Das Volk übt Spott und wartet auf das Spektakel. Danton wird als Letzter guillotiniert.

IV. 8 Luciles Gedanken kreisen ums Sterben. An zwei Weibern vorbei und in Gedanken an Camille macht sie sich zum Revolutionsplatz auf.

IV. 9 Zwei Henker sind mit Aufräumarbeiten beschäftigt. Lucile lässt den König hochleben und wird abgeführt.

Vorüberlegungen zum Einsatz des Dramas im Unterricht

Schon Gutzkow, selbst Literat und Verleger von Büchner, sah 1837 in Büchner das „Kind der neuen Zeit". Zeugnisse durch die Jahrzehnte hindurch bekunden immer wieder die Aktualität und weiter, dass wohl erst das Kunstverständnis einer späteren Zeit das Werk wirklich zu würdigen verstünde. Die Aktualität Büchners lässt sich in Zahlen ausdrücken und belegen: Allein für den Zeitraum zwischen 1980 und 2002 hat Dietmar Goltschnigg 150 Beiträge von 115 Autoren für seine Anthologie aus einer nicht genannten Summe von Publikationen ausgewählt. Darunter sind 64 Gedichte, 50 Essays und Reden, 17 Erzählungen, 16 Dramen, Szenarien und Hörspiele, 2 Romane und ein Opernlibretto. Eine stattliche, stetig wachsende Anzahl an Schriften verdeutlicht die Popularität Büchners. Es stellt sich die Frage, was es denn sein mag, was Büchner so zeitlos erscheinen lässt.

Zum einen ist es das Abwenden vom klassischen Drama sowohl in Struktur als auch in der Sprache. Büchner widerspricht und verzichtet auf schöngeistig gewobene Worte. Er sucht nicht künstlichen und idealistisch geprägten Modellen zum Bau von Dramen zu genügen. Er verwendet dabei nicht nur Alltagsworte und trägt sie ins Theater hinein, sondern obendrein schreibt er lieber gleich von anderen ab. Mit anderen Worten: Er zitiert und montiert, übt dabei eine Praxis, die wie der Gegenwart entlehnt scheint.

Aktuell erweisen sich zum anderen die von Büchner behandelten Themen. Büchner lebte im Umfeld von gesellschaftlich unruhigen Zeiten, die zugleich Zeiten des schnellen Wandels waren: Französische Revolution, Napoleon, Restauration und Aufbegehren, nationale Bestrebungen, industrielle Revolution, Landflucht und soziale Verwerfungen in den wachsenden Großstädten. Auch die Gegenwart ist eine Zeit des schnellen Wandels und der sozialen Umstrukturierungen, die zu tiefen Verunsicherungen führen: Globalisierung, Computerisierung, Reformen, die kaum Besseres verheißen, Rationalisierung mit der Folge von Arbeitslosigkeit oder Verschlechterung der Arbeitsbedingungen mit Tendenzen zur völligen Neustrukturierung des Arbeitsmarktes: Statt fester Arbeitsplätze schlecht oder unbezahlte Praktika, Leiharbeit oder Arbeit allein auf Abruf mit Bereitschaftsdienst. Das 19. Jahrhundert kann so als Reflexionsmedium für die Gegenwart stehen und für Schülerinnen und Schüler eine Folie zur Widerspiegelung eigener Erfahrungen werden.

Büchners Blick auf die Französische Revolution gegen Ende des 18. Jahrhunderts ist geprägt von seinen Erfahrungen mit den Folgen der Revolution. Büchner sieht die Ideen der Revolution nicht eingelöst und bietet schonungslose, radikale Analysen, ausgedrückt in seinen Briefen, im Hessischen Landboten und in seinen literarischen Texten. Was Büchner dabei zu Papier bringt, scheint politische Staatsideen vorwegzunehmen, sodass Heinrich Böll bedauernd von einer verpassten Begegnung zwischen Büchner und bspw. Karl Marx schreibt: „Die kraftvolle, so volkstümliche wie materialgerechte Sprache des ‚Hessischen Landboten' ist zweifellos eine ebenso wirkungsvolle politische Schrift wie das ‚Kommunistische Manifest'" (Böll 2002, S. 378). In Gestalt von Robespierre wird aber auch schon implizit eine Kritik an jenem Gesellschaftsprinzip artikuliert, die sich darin ausdrückt, dass die Idee wichtiger wird als der Mensch. Auf den Satz gebracht: Wer sich nicht am Menschen orientiert, sondern an einer Idee (um des Menschen willen), vergeht sich am Menschen (um der Idee willen). Auch hier zeichnen sich Aktualität und eine lohnende Auseinandersetzung ab, denn Menschen sind oftmals von Ideen eingenommen, die sie zum Dogma erheben und kompromisslos verteidigen.

Hochaktuell erscheint Büchner auch mit Blick auf die jüngeren Entwicklungen in Deutschland, wenn man Peter Rühmkorf folgen mag, der Büchner auf die soziale Situation nach der Wende in den neuen Bundesländern auslegt. Er zitiert aus dem Hessischen Landboten: „Wehe über euch Götzendiener, ihr seid wie die Heiden, die das Krokodil anbeten, von dem sie zerrissen werden"! und kommentiert: „Das ließe sich den gewesenen Brüdern und Schwestern in den neuen Ostprovinzen vielleicht auch als Merkblatt für den Umgang mit den Werten der Freien Marktwirtschaft empfehlen." (Rühmkorf 2002, S. 524) Von Büchner kann man lernen, gerade weil er für Schülerinnen und Schüler keine fertigen Antworten liefert, sondern schonungslos darstellt und zu eigenen Reflexionen animiert.

Schließlich fragt sich Wolf Biermann: „[W]as einer wie Büchner in diesen Tagen wohl sagen und tun werde?" (Biermann, zit. Goltschnigg 2004, S. 66), und er mutmaßt, dass dieser im Angesicht von rassistischem Fremdenhass und der Wendehälse der SED – mit den Worten Büchners, entnommen dem sogenannten Fatalismus-Brief an seine Braut – den „grässlichen Fatalismus der Geschichte" beklagen würde. Teleologische Heilsfantasien, wie sie noch Hegel mit seinem „absoluten Geist" erträumte, sind Büchners Sache nicht. Die Geschichte geht nicht ihren zielgerichteten Gang und vollendet sich nicht im absoluten Geist oder sonstwo. Sie verhält sich eher ziellos, wogt mal hier-, mal dorthin und zeigt in ihrer Entwicklung insgesamt ein eher evolutives Verhalten. Dies meint wohl auch Büchner, wenn er von den Zufälligkeiten des Lebens spricht und das Genie nicht autonom handelnd sieht, sondern als Handelnden im Puppenspiel, der an den Fäden systemischer Ordnungen zappelt. Der Einzelne ist nur Schaum auf der Welle und die Welle verkörpert das System Gesellschaft, das sich entwirft. Von Büchner kann man so abermals lernen, pointiert formulieren und mit Schülerinnen und Schülern vielleicht auch kritisch diskutieren: So schlicht und eindimensional, wie Schiller & Co den Weltenlauf sich idealistisch verklärt erträumten, ist die Realität nicht zu haben. Da helfen keine Ideale und kein klassisches Theater mit fest umrissenen Vorstellungen oder fertigen Antworten. Sie operieren stets unterkomplex. Was es dagegen braucht, ist eine suchende, eine fragende Haltung und Heinrich Böll ist zuzustimmen, der schreibt: „Die Unruhe, die Büchner stiftet, ist von überraschender Gegenwärtigkeit. [...] über allem jener Hauch von Unfertigkeit" (Böll 2002, S. 376). In einer sich schnell wandelnden Gesellschaft wie der heutigen ist der Umgang mit dem Unfertigen vonnöten und darin eine Qualität zu entdecken.

„Dantons Tod" ist sehr sperrig und die Lektüre daher sehr mühsam. Dennoch wird vorgeschlagen, dass die Schülerinnen und Schüler vor Beginn der Auseinandersetzung mit der Lektüre das Drama zu Gänze gelesen haben sollten, damit sie eine grobe Vorstellung von den handelnden Personen und vom Handlungsverlauf haben. Als Hilfestellung kann bei schwächeren Kursen das dem Modell auf Seite 10 vorgestellte Papier „Die Hauptpersonen" ausgehändigt werden. Ebenfalls kann der 1. Teil der Inhaltsangabe auf Seite 11 kopiert und verteilt werden. Bei der Lektüre des Gesamtdramas helfen Arbeitsblätter zu Orten, Personen und zur persönlichen Hypothesenbildung mit Textbeleg, das komplexe Geschehen zu strukturieren. So kann auf die eine oder andere Weise vor Eintritt in die eigentliche Auseinandersetzung ein Gesamtbild entworfen werden. Innerhalb des eigentlichen Modells stehen immer ausgewählte Szenen im Zentrum, von denen aus Querbezüge zu anderen Textstellen gezogen werden, sodass es grundsätzlich auch möglich wäre, auf eine Gesamtlektüre im Vorfeld zu verzichten. Über die Auseinandersetzung mit den Kernszenen würde dann sukzessive das Gesamtdrama erschlossen. Wenngleich eine solche Vorgehensweise aufgrund der Bausteingliederung und deren inhaltlicher Ausgestaltung prinzipiell möglich ist, wird von ihr abgeraten.

Klausuren und Facharbeiten

a) Klausuren

Aufgabe 1:

- Analysieren Sie, ausgehend von Szene II.1, Dantons Haltungen im Drama.
- Setzen Sie Ihre Ergebnisse zu folgendem Zitat in Beziehung: „Die Perversität Dantons wird nicht als statische Eigenschaft seines Charakters verstanden, sondern als Resultat seiner Loslösung vom Volk" (M. Šmulovič).

- Alternativ zum Zitat von Šmulovič könnte auch das folgende Zitat Verwendung finden: „Die Trägheit Dantons, seine Müdigkeit, [ist] Ausdruck der Reduktion der Hoffnung auf Befriedigung. Politik, in deren Zentrum er als Führer einer revolutionären Fraktion steht, ist ihm nur Mühe, nicht Vehikel zur Durchsetzung seiner Ziele und Bedürfnisse" (Thorn-Prikker).

Aufgabe 2:

- Leistungskurs: Analysieren Sie die Stellung des einfachen Volkes im Drama daraufhin, inwiefern es die Revolution in seinem Sinne vorantreibt oder nicht.
- Grundkurs: Analysieren Sie die Szenen I.2, III.4, III.6, III.9 u. III.10 daraufhin, wie der Wille des Volkes im Drama sich Ausdruck verleiht und Gehör (oder nicht) findet.
- Ergänzend zu der gewählten Aufgabenstellung, wird folgende zweite Aufgabe gestellt: Nehmen Sie – unter Berücksichtigung Ihrer Ergebnisse – Stellung zu den beiden folgenden Zitaten: **A:** „Wir sind das Volk und wir wollen, dass kein Gesetz sei; ergo ist dieser Wille das Gesetz, ergo im Namen des Gesetzes gibts kein Gesetz mehr, ergo totgeschlagen!", I.2, S. 15, Z. 21 – 24. **B:** „Das Volk hat einen Instinkt, sich treten zu lassen und wäre es nur mit Blicken, dergleichen insolente Physiognomien gefallen ihm", III.6, S. 64, Z. 28.

Aufgabe 3:

- Analysieren Sie in den Szenen I.2, III.4, III.6, III.9 u. III.10 unter Berücksichtigung der Lebenswirklichkeit des einfachen Volkes.
- Nehmen Sie unter Zuhilfenahme Ihrer Ergebnisse zu Héraults Aussage Stellung: „Die Revolution muss aufhören und die Republik muss anfangen. In unsern Staatsgrundsätzen muss das Recht an die Stelle der Pflicht, das Wohlbefinden an die der Tugend und die Notwehr an die der Strafe treten. Jeder muss sich geltend machen und seine Natur durchsetzen können" (I.1, S. 10, Z. 6–11).

Aufgabe 4:

- Analysieren Sie – unter besonderer Berücksichtigung von Szene I.6 – die Positionen Dantons und Robespierres zur gesellschaftlichen Ordnung und beurteilen Sie diese. (Im Grundkurs reicht allein die Analyse der Szene I.6. Im Leistungskurs sollte ebenfalls diese Szene zum Ausgang genommen werden. Es sollten allerdings weitere Szenen herangezogen werden).

Aufgabe 5:

- Analysieren Sie die Szenen II.3, IV.1, IV.6 u. IV.8 daraufhin, wie die Rolle der Frau in Büchners Drama ausgestaltet ist.

Aufgabe 6:

- Analysieren Sie den Redebeitrag der Grisette Marion in Szene I.5 unter Zuhilfenahme und kritischer Darstellung von Dantons epikureischem Lebensprinzip.
- Zeigen Sie auf, inwieweit die Person Marion und ihr Redebeitrag als Kommentar zum Drama gewertet werden könnten.

Aufgabe 7:

- Analysieren Sie die Auseinandersetzung der Inhaftierten in Szene III.1 unter besonderer Berücksichtigung der Argumentation Paynes in Szene III.1.

Aufgabe 8:

- Analysieren Sie die Diskussion der Inhaftierten in Szene IV.5 und arbeiten Sie die dort vertretenen Positionen heraus.

17

● Führen Sie in einem zweiten Schritt eine fiktive Person ein und schreiben Sie unter Zuhilfenahme von Handlungsausschnitten aus dem Drama einen eigenen Redebeitrag, der sich gegen Philippeaus Vorstellung einer Weltordnung richtet.

Aufgabe 9:

● Analysieren Sie das pointiert formulierte Gedicht von Erich Fried unter Berücksichtigung der Briefe Büchners und zentraler Aussagen im „Hessischen Landboten" (S. 123) bzgl. seiner Relevanz.

Erich Fried: Im Namen der Republik

Um zu verstehen
Warum
Am Ende von Dantons Tod
Lucile
Die Republikanerin
Ruft:
„Es lebe der König!"
müssten wir heute rufen:
„Es lebe die RAF!"*

Die Folgen
wären
dann wieder
die rechtlichen Folgen

*Terroristengruppe, die in den 70er-, 80er-Jahren für zahlreiche Morde, Mordanschläge und andere Verbrechen in der Bundesrepublik Deutschland verantwortlich zeichnete. Sie wollte ein anderes Gesellschaftssystem herbeibomben und -morden.

Aufgabe 10f.:

● Die Reden von Robespierre, Danton und von St. Just bieten sich durchweg als Klausurtexte an (vgl. Baustein 4): Analysieren Sie die Rede von ... in Szene ...

b) Facharbeiten

● Darstellung der historischen Personen Ludwig XVI. und seiner Frau Marie Antoinette
● Darstellung eines französischen Philosophen der Aufklärung (z. B. Rousseau, Voltaire, Diderot) und seiner zentralen Ideen
● Darstellung der politischen Gremien und ihrer Aufgaben (siehe Seite 174 die schematische Darstellung der Französischen Verfassung von 1791, die differenziert zu kommentieren ist)
● Der „Terreur" des Robespierre in differenzierter Darstellung
● Wer waren die historischen Persönlichkeiten Desmoulins und St. Just wirklich, und welche Rolle spielten sie in der Revolution?
● Darstellung der historischen Persönlichkeiten Lucile und Julie und ihr tatsächlicher Lebensweg (ggf. Ermitteln von Gründen für Büchners Abweichung)
● Die Lage des Volkes vor der Französischen Revolution
● Die Französische Revolution und ihre Auswirkungen auf Europa
● Rousseau – Robespierre – Büchner – Marx und der Kommunismus. Eine mögliche Gedankenlinie?
● Epikur – Adam Smith – Danton – der Kapitalismus. Eine logische Verkettung?
● Rezeptionsgeschichte von Büchners Danton in der Bundesrepublik Deutschland und in der ehemaligen DDR
● Vergleich der Französischen Verfassung der Menschenrechte mit dem Grundgesetz und Darstellung möglicher Anleihen und Unterschiede
● 1989 – Die Wiedervereinigung. Ursache – Umbruch und Folgen
● Vom Martern, Rädern und Vierteilen zur Guillotine und zur Giftspritze – Fortschritt oder fortgesetzte Barbarei?

Die Konzeption des Unterrichtsmodells

Das vorliegende Unterrichtsmodell ist in sieben Bausteine gegliedert. Jeder Baustein bietet eine Fülle an Anregungen, die in der Summe gar nicht bearbeitet werden können. Vielmehr kann daraus ein auf den Kurs zugeschnittenes Unterrichtskonzept entworfen werden. Manche Unterrichtsvorschläge sind bspw. szenisch angelegt. In dem Bewusstsein, dass nicht jede Klasse sich in einem szenischen Rollenspiel wohlfühlen muss, sind nachfolgend in solchen Fällen stets auch rein textbezogene Vorschläge zur Erschließung gegeben, die alternativ oder auch ergänzend bearbeitet werden können. Obwohl die einzelnen Anregungen sequenziell miteinander verzahnt sind, also aufeinander aufbauen, können sie demnach auch modular genutzt werden und aus dem Gefüge des Bausteins herausgelöst werden.

Baustein 1 sucht die Auseinandersetzung mit dem Begriff der Revolution. Es wird der Frage nachgegangen, welche Faktoren erfüllt sein müssen, damit man von einer Revolution sprechen kann. Die historischen Gegebenheiten der Französischen Revolution und Lebensumstände zu dieser Zeit spielen in diesem Zusammenhang ebenfalls eine Rolle.

Baustein 2 widmet sich der Person Georg Büchners. Ziel ist es hier, das politische Denken darzulegen, das Büchner bewegte, und auch, unter welchen gesellschaftlichen Bedingungen ein solches Denken reifen konnte. Am Beispiel des Lebenslaufes und des „Hessischen Landboten" werden entsprechende Positionen nachgezeichnet.

Zentraler Baustein in diesem Modell ist **Baustein 3**, der die aus unterschiedlichen Richtungen getroffene Auseinandersetzung mit Danton und mit dessen Gegenspieler Robespierre sucht. Dabei wird auch von den beiden Protagonisten abstrahiert und es werden die weltanschaulichen Leitbilder der beiden herausgearbeitet, die auf allgemeingesellschaftliche Prozesse hin gewendet werden. Die im Drama angesprochenen Aspekte werden schließlich zur Person Büchner und seinen persönlichen Haltungen rückgekoppelt und aus der Rückkopplung heraus auf das Drama hin ausgelegt.

In **Baustein 4** steht die Sprachanalyse im Zentrum. Prominent im Vordergrund stehen dabei die politischen Reden von Danton, Robespierre und St. Just, die – abgesehen von St. Just – deshalb lohnenswert zu untersuchen sind, weil es sich im Wesentlichen dabei um die tatsächlich gehaltenen, historischen Reden handelt. Ganz grundsätzlich wird aber auch die sprachliche Gestaltung im „Danton" berücksichtigt und untersucht.

Baustein 5 setzt sich mit der Vielfalt der im „Danton" auftretenden weiteren Personen auseinander. Im Besonderen sind dies Lucile, Julie, Marion wie auch das „einfache Volk". Motive und die Personen auszeichnende Eigenschaften werden dabei beleuchtet. Über die Auseinandersetzung mit dem einfachen Volk wird auch der Brückenschlag zur Gegenwart und hier zu den Vorgängen rund um die deutsche Wiedervereinigung geleistet. Dies liegt auch deshalb nahe, da die Losung von 1989 „Wir sind das Volk" in genau diesem Wortlaut schon von Büchner dem einfachen Volk in den Mund gelegt wurde.

Die Französische Revolution ist ein Kind der Aufklärung. Daher widmet sich **Baustein 6** den Ideen der Aufklärung und setzt zentral Kants Ausführungen zur Frage, was denn Aufklärung eigentlich sei. Büchners Verhältnis zum Verstand kommt dabei zur Sprache. Nachgegangen wird schließlich auch den philosophischen Reflexionen im Danton zu Glaubensaspekten, die mithilfe vernünftigen Denkens infrage gestellt werden.

Der **Baustein 7** befasst sich mit der offenen Dramenkonzeption, die sekundärwissenschaftlich erschlossen und am Drama überprüft wird. Insgesamt kommt in diesem Baustein Büchners Literatur- und Kunstauffassung zum Tragen, der eine realistische Auffassung gegenüber einer idealistisch-klassischen vertritt. Aufgegriffen und behandelt wird in diesem Baustein auch die Rezeptionsgeschichte des „Danton".

Die thematischen Bausteine des Unterrichtsmodells

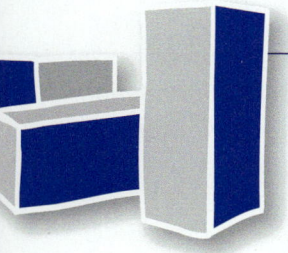

Baustein 1

Die Französische Revolution – Fakten und Erfahrungen

1.1 „Revolution" – Annäherung an einen Begriff

Die folgende Auseinandersetzung mit dem Begriff der Revolution kann als Einstieg in das Unterrichtsvorhaben dienen, sie kann aber auch im Verlag der thematischen Auseinandersetzung mit dem Danton geführt werden.

Jeder Mensch hat eine implizite Vorstellung davon, was eine Revolution ist. Diese Vorstellung soll explizit gemacht werden. Was ist genau eine Revolution? Worin liegt bspw. der Unterschied zwischen einer Revolution und eine Revolte? In welchem Verhältnis stehen darüber hinaus Revolution und Reform? Lassen sich Verwandtschaften ausdrücken oder sind Inkompatibilitäten darin ausgedrückt? Sind Revolutionen kritikwürdig oder zu begrüßen?

Die Schülerinnen und Schüler erhalten als Aufgabe, den Begriff der „Revolution" zu definieren. (Denkbar wäre es an dieser Stelle aber auch, schon die weiteren Begrifflichkeiten „Revolte" oder „Reform" mit in den Definitionsauftrag einzubeziehen.)

- *Definieren Sie den Begriff „Revolution" (die Begriffe „Revolution", „Revolte" und „Reform").*

- *Stehen Sie dem Begriff der „Revolution" eher positiv oder eher ablehnend gegenüber? Begründen Sie Ihre Meinung.*

Im Unterrichtsgespräch werden einige Definitionsvorschläge vorgestellt und aus der Diskussion heraus ausdifferenziert. Die Nachfrage nach der persönlichen Wertschätzung ist nicht ganz unwichtig, da mit Revolutionen neben Umbrüchen und unkalkulierbaren Neuanfängen in der Regel auch Gewalt einhergeht, was von vornherein negative Assoziationen auslöst. Trotz des vielleicht mancherorts bedenklichen Beiklangs, den der Begriff mit sich führt, wird die Bedeutung der Französischen Revolution in Wissenschaft und Gesellschaft höchst anerkannt. Wie kommt es zu dieser möglichen Diskrepanz?

In einem nächsten Schritt erhalten die Schülerinnen und Schüler das **Arbeitsblatt 1**, S. 28: „Zu Revolutionen, Reformen und Revolten", und sie gleichen ihre eigene Definition(en) mit den vorgegebenen ab.

- *Vergleichen Sie Ihre Definition mit der von Arbeitsblatt 1: „Zu Revolutionen, Revolten und Reformen".*

- *Arbeiten Sie den Unterschied zwischen den einzelnen Begrifflichkeiten heraus.*

Diese Unterscheidungen zwischen den einzelnen Begrifflichkeiten sich zumindest einmal vor Augen zu führen ist allein deshalb schon relevant, weil die Unterschiede im Alltagsgebrauch gelegentlich verschwimmen. Auch die Wertigkeiten zu den Begrifflichkeiten unterliegen Moden und sind von Zeit zu Zeit unterschiedlich angelegt. Nicht ganz ohne Grund hat man in den 60er-Jahren von der „sexuellen Revolution" gesprochen und nicht von Reform.

■ *Das Arbeitsblatt 1 „Zu Revolutionen, Revolten und Reformen" spricht nicht nur von politischen Revolutionen, sondern sieht diese auch in anderen Bereichen gegeben. Nennen Sie diese Bereiche und geben Sie konkrete Beispiele.*

■ *Gehen Sie folgenden Begrifflichkeiten nach und untersuchen Sie, inwiefern Sie die für Revolutionen kennzeichnenden Merkmale erfüllen: Industrielle Revolution, informationstechnologische Revolution, kopernikanische Revolution, Newton'sche Revolution, sexuelle Revolution. Ordnen Sie die Begriffe zeitlich ein.*

■ *Kennen Sie weitere revolutionäre Bewegungen?*

Beschließend kann folgende Diskussion den Blick auf die eigene Gegenwart schärfen: Sind die Reformen der Gegenwart – von Bildungsreform, Gesundheitsreform, Arbeitsmarktreform – eigentlich Reformen im ureigensten Sinne oder können sie vom Charakter durchaus mal völlig, mal mehr, mal weniger als Revolutionen bezeichnet werden? Spiegelt sich bspw. in Hartz IV eine Reform oder eher eine Revolution? „Der Reformer unserer Tage macht im Grunde keine Reformen, sondern Umstürze. Von der Sprache bis zu den Abstimmungsstrategien atmet alles eher den Geist einer raschen und abrupten Umdrehung der Verhältnisse, riecht es manchmal ein bisschen nach Putsch, werden Gesetze ,durchgepeitscht', kommt vieles, wie sogar reformfreundliche Medien dann schreiben, ,überfallsartig'. [...] Wer damals in den Sechziger- und Siebzigerjahren des 20. Jahrhunderts [...] für Reformen eintrat, war für das Langsame, Bedächtige, das Umbauen der Gesellschaft Stück für Stück, war für den evolutionären Prozess, [...]. Ist heute von Reformen die Rede, wird in der Regel das Gegenteil intendiert. Entstaatlichung, Privatisierung, Risikobereitschaft, Eigenverantwortung und Eigenvorsorge, Flexibilisierung, Kürzung der Sozialausgaben, Erhöhung der Sozialbeiträge, Elitenbildung und Zugangsbeschränkung sind dafür die Stichworte" (Liessmann 2006, S. 163 f.).

■ *Machen Sie folgendes Experiment: Ersetzen Sie bei den heutigen Gesetzgebungen den Begriff der „Reform" durch den der „Revolution". Welche Merkmale treffen zu, welche nicht?*

■ *Der Philosoph Konrad Paul Liessmann setzt tatsächlich die heutigen Reformen mit Revolutionen gleich. „Der Reformer unserer Tage macht im Grunde keine Reformen, sondern Umstürze." Gehen Sie – unter Berücksichtigung der Ergebnisse Ihres Experiments – der Frage nach, inwiefern es legitim ist, von Revolutionen zu sprechen.*

Insgesamt dient dieser erste Abschnitt für die Schülerinnen also zur Begriffsdefinition. Er dient ebenso der Vergewisserung der Positionierung und der Reflexion zumeist unbewusst gepflegter Haltungen.

1.2 Daten und Zeitumstände

Die Auseinandersetzung mit dem Bausteinabschnitt 1.2 erfolgt als Hinführung zum Drama. Da nach Möglichkeit das Gesamtdrama beim Einstieg in die Lektüre zur Gänze gelesen sein sollte, kann dieser Bausteinabschnitt genutzt werden, um sich wichtige Fakten zur Zeit zu erschließen, währenddessen die Schülerinnen und Schüler die Lektüre zuhause lesen. Ein weiterer Einstieg zum Drama ist über den Text von Roland Vocke zur Französischen Revolution möglich (S. 171–177). Ggf. können auch die Texte von Jostein Gaardner, S. 143–146, und Ernst Schulin, in der Textausgabe S. 179–187, eingebracht werden. Auch besteht noch nicht die Notwendigkeit, das Drama gelesen zu haben. Nach einer Stillarbeitsphase, in denen die Schülerinnen und Schüler den Text in Einzelarbeit lesen und auf wichtige Daten hin sondieren, werden Gruppen gebildet, in denen die Schülerinnen und Schüler ihre Daten zusammentragen und sortieren. Zugleich erhalten sie einen Karton oder ein Plakat, auf dem sie in Gestalt eines Schaubildes ihr Bild jener Zeit skizzieren sollen. Zusätzlich zum Karton/ Plakat erhalten sie auch noch das **Arbeitsblatt 2**, S. 29 „Köpfe" (ggf. auf doppelte Größe kopiert), dessen Abbildungen sie in ihr Schaubild integrieren sollen.

- *Tragen Sie Fakten zur Französischen Revolution zusammen.*

- *Gestalten Sie ein aussagekräftiges Schaubild zur Französischen Revolution.*

- *Integrieren Sie in Ihr Schaubild die „Köpfe der Revolution" und bestimmen Sie, welchem Lager der Revolutionäre diese zuzuordnen sind.*

Dargestellt werden sicher die schwierigen wirtschaftlichen Umstände, die zur Französischen Revolution führten, die ständische Gesellschaft und die Privilegien von Adel und Kirche, die sie gegen das einfache Volk, trotz dessen Not und Elend, mit allen Mitteln egoistisch zu erhalten trachteten. Die mangelnde Einflussnahme über die politischen Gremien (Generalstände) dürfte ebenso genannt werden wie die Ausrufung der Nationalversammlung. Der Sturm der Bastille und die Neuordnung des Staates wird sich in den Ergebnissen widerspiegeln. Die Darstellungen dürften ebenfalls die Folgen der Revolution im In- und Ausland (von Sympathiebekundungen hin zur Bündnisschmiede und zum Kriegszug gegen die neue Ordnung, Gegenrevolution, Hinrichtung des Königs, „Terreur" Robespierres) thematisieren. Als Ideengeber für eine so grundsätzliche Neuordnung der Gesellschaft sind die Ausführungen von Gaardner eine wichtige Hilfe. So können die Schaubilder, ergänzend zu den politischen Geschehnissen, mit Begleitgedanken der Aufklärungsphilosophen unterfüttert oder dadurch kommentiert werden. Die Integration der führenden Köpfe in das Schaubild bietet einen zusätzlichen informativen Aspekt.

Da die Erstellung eines solchen Schaubildes von einiger Komplexität ist, ist es auch denkbar, die unterschiedlichen Themenfelder, die hier in ein Schaubild zusammenzuführen sind, zu trennen. Eine Gruppe widmet sich dann den historischen Gegebenheiten, eine andere den Aufklärungsphilosophen und deren Grundideen, eine dritte wiederum nimmt die politischen Köpfe in Augenschein.[1] So können sich bei einer späteren Präsentation die unterschiedlichen Informationen gegenseitig ergänzen.

---

[1] Teilweise liefern die schon genannten Texte in der Textausgabe Informationen zu den auf dem Arbeitsblatt 2, S. 29, („Köpfe") abgebildeten Personen, teilweise sind die Schülerinnen und Schüler hierbei aber auch auf eigene Recherchen angewiesen. Schwer dürfte es sein, Informationen zu Robespierre d.(em) J.(üngeren) zu finden, da zum Stichwort Robespierre stets der ältere Maximilian dominieren wird. Hier kann man den Schülerinnen und Schüler die Zusatzinformation geben, dass es sich bei Robespierre, dem Jüngeren, um den Bruder des Revolutionsführers Robespierres handelt.

Präsentiert werden die Ergebnisse durch einen Aushang. Nach einer fünfminütigen Phase, in der sich die Schülerinnen und Schüler die Arbeitsergebnisse anschauen können, darf jede Gruppe ihren Schaubild-Entwurf zur Französischen Revolution vorstellen und herausstellen,
- was ihnen besonders wichtig erschien,
- was ihnen durch die Lektüre als Information neu zugänglich wurde,
- was sie das Schaubild so und nicht anders hat gestalten lassen.

 Im Plenum wird anschließend zu folgender Aufgabe ein diese Phase beschließendes Unterrichtsgespräch geführt:

■ *Welche Errungenschaften sind der Französischen Revolution zu verdanken?*

■ *Was lässt die Französische Revolution auch heute noch als wichtiges Ereignis würdigen oder eben nicht würdigen?*

Ergänzend kann das **Zusatzmaterial 2**, S. 139 f., „Erklärung der Rechte des Menschen und des Bürgers vom 26. August 1789" eingebracht werden.
Diese Einstiegsphase kann folgendermaßen beendet werden: Die Schülerinnen und Schüler nehmen zwei Blatt Papier. Auf das eine schreiben sie folgenden Anfang und beenden ihn je nach persönlicher Maßgabe:

> **Ich halte die Französische Revolution für wichtig, weil …**

Auf das zweite schreiben sie den Satz:

> **Ich halte die Französische Revolution für falsch, weil …**

Dabei sollte es den Schülerinnen und Schülern überlassen bleiben, ob sie beide Blätter ausfüllen oder ob ihnen eine positive oder negative Wertschätzung hinreichend erscheint, was nicht ausgeschlossen ist. Diese gesammelten Stellungnahmen werden getrennt nach positiver oder negativer Wertschätzung jeweils auf eine Wand gehängt oder auf jeweils eine Wandzeitung übertragen (oder geklebt) und können abschließend auf Gemeinsamkeiten überprüft werden. Auf alle Fälle sollen diese Stellungnahmen, ob als Wandzeitung oder als Zettelsammlung, erhalten bleiben und am Ende des Unterrichtsvorhabens noch einmal hervorgeholt werden, um zu vergleichen, ob sich Haltungen verändert oder bestätigt haben.

1.3 Erfahrungen und Reflexionen[1]

Auch dieser Bausteinabschnitt kann noch ohne Kenntnis der Lektüre bearbeitet werden. Die hier eingebrachten Aufgaben liefern – während der vorangegangene Abschnitt eine „Makroanalyse" zur Zeit bot – eine Mikroanalyse gesellschaftlicher Zustände. Die Bearbeitung der Aufgaben bietet sich ebenfalls begleitend zur häuslichen Lektüre an. So wird nach der Makroanalyse in Bausteinabschnitt 1.2 in einem nächsten Schritt (oder auch zum Einstieg) ein szenisches Spiel angeregt. Hierzu wird auf die **Arbeitsblätter 5 und 6**, S. 32 ff. „Der Alltag der Pariser Volksschichten" und „Der Alltag des Pariser gehobenen Bürgertums" sowie auf das **Arbeitsblatt 7**, S. 36, „Szenisches Spiel" zurückgegriffen. Das letztgenannte Arbeitsblatt ist aber nur für den Fall gedacht, dass die Schülerinnen und Schüler im Szenischen Spiel noch ungeübt sind und ergänzende Informationen dazu brauchen. Über die Informationen

---

[1] Der Abschnitt 1.2 ist maßgeblich angelehnt an: Ingo Scheller: Die Französische Revolution als Revolution bürgerlicher Männer. In: Zeitschrift Praxis Geschichte 1997, Bd. 2, S. 20–25

wird – abseits der politischen Großwetterlage – ein detailliertes Bild der unterschiedlichen Volksschichten vorgestellt und über das Schreiben von Rollenbiografien verinnerlicht. Wünschenswert ist für das szenische Spiel zudem, dass einige wenige Requisiten vorhanden sind, mit deren Hilfe man ein standestypisches Bild stilisieren könnte. Damit das eine oder andere Requisit auch Eingang in den Unterricht findet, sollte der Lehrer oder die Lehrerin in der vorangegangenen Stunde dazu auffordern, den häuslichen Kleiderschrank zu sichten.

Bürgertum	**Sansculotte (einfaches Volk)**
● Fächer	● Mütze,
● Stab, der als eleganter Spazierstock umgedacht werden könnte	● Schürze
● (ggf. ausladender) Hut	● Halstuch
● Taschentuch	● Schal
● Puderdose	● ältere, verschlissene Jacke
● Kniebundhose	● grober (Kartoffel-)Sack

Die Gruppen setzen sich mit nur jeweils einer Schicht auseinander. Innerhalb der Gruppe bekommen alle dasselbe Zusatzmaterial und jeder schreibt seine Rollenbiografie. Hierzu erhalten sie das **Arbeitsblatt 7**, S. 36, „Szenisches Spiel".

■ *Lesen Sie die Materialien über den Alltag der Bürger.*

■ *Schreiben Sie aus der Ich-Perspektive eine Rollenbiografie. Lassen Sie sich dabei von den Leitfragen inspirieren.*

Ergänzende Fragestellungen können eingebracht werden, die aus dem **Arbeitsblatt 7** abgeleitet wurden:

■ *Entwickeln Sie für die Präsentation Ihrer Rollenbiografie Vorstellungen, welche Gestik und Mimik Ihrer Rolle entspricht.*

■ *Welche Körperhaltungen halten Sie für Ihre Rolle angemessen?*

■ *Versuchen Sie, auch eine Ihrer Rolle angemessene Sprechhaltung zu entwickeln.*

■ *Überlegen Sie, wie Sie die vorhandenen Requisiten einsetzen könnten.*

Die Präsentation geschieht zunächst in der Gruppe, wobei sich die Schülerinnen und Schüler ihre Ergebnisse – dabei eine figurentypische Haltung einnehmend sowie gestisch und mimisch agierend – gegenseitig vorlesen. Innerhalb der Gruppe wird entschieden, welches Arbeitsergebnis im Plenum zum spielerischen Vortrag kommt. Damit endet diese Arbeitsphase.
Durch die Entscheidung in der Gruppe ist die Präsentationsphase im Plenum zeitlich schon begrenzt. Nach jeder Präsentation können die Zuschauer Fragen zur Person stellen, während der Spielende diese aus seiner Rolle heraus beantworten soll.
In einer weiteren Gruppenarbeitsphase werden die Gruppen gemischt, jeweils zwei oder drei „Sansculotten" treffen auf zwei oder drei gutsituierte Bürger. Aufgabe ist es, innerhalb der Gruppe ein typisches Standbild zu entwerfen, das das Verhältnis zwischen beiden Volksgruppen spiegelt.

Mit Beendigung dieser Phase dürfte ein vertretbares Gesellschaftsbild des Dritten Standes erfahren worden sein. Deutlich dürfte auch geworden sein, dass es sich in beiden Fällen um Angehörige des gleichen Standes, des Dritten Standes, handelt, dass aber trotz der gleichen Standeszugehörigkeit Welten zwischen ihnen liegen. Weiterhin existieren massive gesellschaftliche Ungleichheiten und es kann der Eindruck gewonnen werden, dass die Leerstelle, die durch den Wegfall von Adel und König entstanden ist, durch gutsituierte Vertreter des Dritten Standes ausgefüllt wurde. So heißt es ja auch bei Vocke: „[I]nnerhalb des ‚Dritten Standes' [hatte sich] ein reiches und gebildetes und darum auch selbstbewusstes Bürgertum entwickelt, das von den einflussreichen Ämtern, von der Macht im Staate ausgeschlossen war. Diesem Bürgertum ging es *nicht* um *soziale* Reformen, sondern um die *Beteiligung an der Macht,* also um eine Reform der politischen Verhältnisse, nicht um eine Revolution oder um die Beseitigung der Monarchie" (Textausgabe, S. 172, Z. 27–34). Und als die Monarchie weggefegt war, war Teilen des Dritten Standes die Gleichberechtigung nicht das oberste Anliegen, sondern sie verfolgten persönliche Machtinteressen.

1.4 „Köpfe" und „Orte" – Anregungen für den Lektüreprozess

Dieser Bausteinabschnitt enthält Vorschläge, wie der Leseprozess zielgerichtet vonstatten gehen kann. Die Schülerinnen und Schüler sollen, während sie die Lektüre lesen, das **Arbeitsblatt 3**, S. 30, „Orte und Personen" sowie das **Arbeitsblatt 4**, S. 31, „Erste Eindrücke – Zitate und Begründungen" begleitend ausfüllen. Bei dem Erstgenannten geht es darum, die Vielzahl der Personen den Protagonisten Danton und Robespierre zuzuordnen. Zum Zweiten geht es darum, die Ortsverhältnisse im Paris des ausgehenden 18. Jahrhunderts besser kennenzulernen und dabei festzustellen, dass der Wirkungskreis der Protagonisten im Drama relativ eng umgrenzt ist. Es spielt sich nahezu alles im engeren Zirkel von Paris ab.

 ■ *Ordnen Sie die im Drama auftretenden Personen den beiden Personen zu.*

Dantonisten		Jakobiner
• Camille Desmoulins	⬅ **Danton/Robespierre** ➡	• St. Just
• Hérault Séchelles		• Jacques Nicolas Billaud-Verennes
• Lacroix		
• Louis Legendre		• Barrère
• Pierre Nicolas Philippeau		• Collot d'Herbois
***		• Antoine Quentin Fouquier-Tinville
• Julie (Gattin Dantons)		• Hermann
• Lucile (Gattin Camilles)		• Jean Baptiste André Amar
• Marion		• Réne-François Dumas

Manche der genannten Personen haben im Drama nur einen kleinen Auftritt. Hier ist es denkbar, die Schülerinnen und Schüler eigeninitiativ weiter recherchieren zu lassen, um deren Position zur Französischen Revolution zu klären. Wer waren bspw. die Männer „Amar" und „Dumas"?[1]

---

[1] Amar (1756–1819): Abgeordneter im Konvent, Vertreter der Bergpartei und Mitglied im Sicherheitsausschuss, beförderte den Sturz Robespierres. Dumas (1753–1794): Präsident des Revolutionstribunals, starb unter dem Fallbeil.

■ *Halten Sie – soweit möglich – zu jeder dieser Personen einen Satz fest, der ihre Haltung zur Revolution oder deren Charakter spiegelt.*

Das **Arbeitsblatt 4**, S. 31, „Erste Eindrücke – Zitate und Begründungen" soll helfen, erste Arbeitshypothesen zum Text und zu den Protagonisten zu formulieren. Auch wird eine erste Stellungnahme zu Danton und Robespierre eingefordert, auf die im Verlaufe oder auch zum Ende des Unterrichtsgeschehens zurückgegriffen werden kann. Es kann dabei geprüft werden, inwiefern Eindrücke ihre Bestätigung erfahren haben oder revidiert werden mussten.

■ *Halten Sie während der Lektüre Zitate der genannten oder auch von anderen Personen fest, die Ihnen auffallen. Begründen Sie jeweils Ihre Auswahl.*

■ *Halten Sie nach der Erstlektüre Ihren Eindruck von Danton und Robespierre fest.*

Auf diese Zitate wird im weiteren Verlauf des Modells nicht näher eingegangen. Sie sollen aber in der Auseinandersetzung mit den Szenen immer wieder herangezogen werden. Das geschieht entweder zu Beginn einer Szene, indem die eigenen Aufzeichnungen daraufhin gesichtet werden, ob innerhalb dieser Szene von den Schülerinnen und Schülern Zitatwürdiges protokolliert worden ist. Das wird dann zum Ausgangspunkt der weiteren Überlegungen genommen. Oder es geschieht während der Auseinandersetzung mit einer Szene, bspw. wenn bestimmte Hypothesen zu Personen gebildet werden. Diese können dann über die selbst gefundenen Belege, nebst den eigenen Kommentaren, bestätigt werden. Andererseits können Querbezüge zu anderen Szenen geschlossen werden, sodass aus einer Szene abgeleitete Hypothesen über die eigenen Aufzeichnungen mit ähnlichen Belegen und Gedanken zu anderen Szenen führen können, in denen sie ihre Verfestigung finden.

Notizen

_____

_____

_____

_____

_____

_____

_____

_____

_____

_____

_____

_____

_____

_____

Zu Revolutionen, Reformen und Revolten

Reform:

[D]ie Umgestaltung größerer Teile der Rechtsordnung (Strafrechtsreform, Steuerreform usw.) im Rahmen der Staatsverfassung [...].

Revolte:

[D]ie Auflehnung unzufriedener kleinerer Gruppen gegen das Regierungssystem [...].

Rudolf Weber Fas: Das kleine Staatslexikon. Frankfurt/M. (Suhrkamp) 2000, S. 417/432

Revolution:

(Umwälzung), im politischen Sinn die von Evolution und Reform zu unterscheidende fundamentale, meist gewaltsame Umgestaltung der Verfassungs- und Gesellschaftsordnung eines Staates bzw. der nachhaltige Versuch durch eine auf Umsturz gerichtete Bewegung [...]

Rudolf Weber Fas: Das kleine Staatslexikon. Frankfurt/M. (Suhrkamp) 2000, S. 432

Revolution:

Unter Revolution (R.; von lat. *revolutio* = Zurückwälzen, Umdrehung, Umwälzung) versteht man die grundlegende und dauerhafte strukturelle Veränderung eines oder mehrerer Systeme. Entspr. gibt es ökonom., technische, soziale, polit., wissenschaftl. Revolutionen.
1. Unter polit. R. wird – im Gegensatz zu Staatsstreich oder Revolte – eine grundlegende Umgestaltung der polit. Institutionen mit einem Austausch der Eliten verstanden. Die statt eines allmählichen Übergangs vergleichsweise abrupte Veränderung kann friedlich oder gewaltsam erfolgen. Zum Erfolg ist ab einem bestimmten Stadium eine breite Bevölkerungskoalition notwendig. Die empirisch-sozialwisschaftl. Forschung hat neben diesen Kriterien Verlaufsmuster nach charakteristischen Phasenabfolgen oder nach Verschiebungen in der lokalen Machtverteilung herausgearbeitet und die Kausalität von R. nach exogenen (z. B. Krieg, wirtschaftl. Abhängigkeiten) und endogenen Faktoren (verbreitete Unzufriedenheit, Modernisierungsprozesse und ihre Folgen, Wertewandel, Ideologien) ausdifferenziert.

Ulrich Weiß: Revolution. In: Kleines Lexikon der Politik. Herausgegeben von Dieter Nohlen. Beck'sche Reihe Band 1418, Verlag C. H. Beck oHG, München (ISBN: 3-406-45958-7)

Köpfe

Prominente Abgeordnete der Bergpartei im Nationalkonvent; von links oben nach rechts unten: Danton, Marat, Camille Desmoulins, Collot d'Herbois, Hébert, Hanriot, Robespierre, Couthon, Saint-Just, Robespierre d. J., Pétion. Zeitgenössischer Stich

■ *Integrieren Sie in Ihr Schaubild die „Köpfe der Revolution" und bestimmen Sie, welchem Lager der Revolutionäre diese zuzuordnen ist.*

Orte und Personen

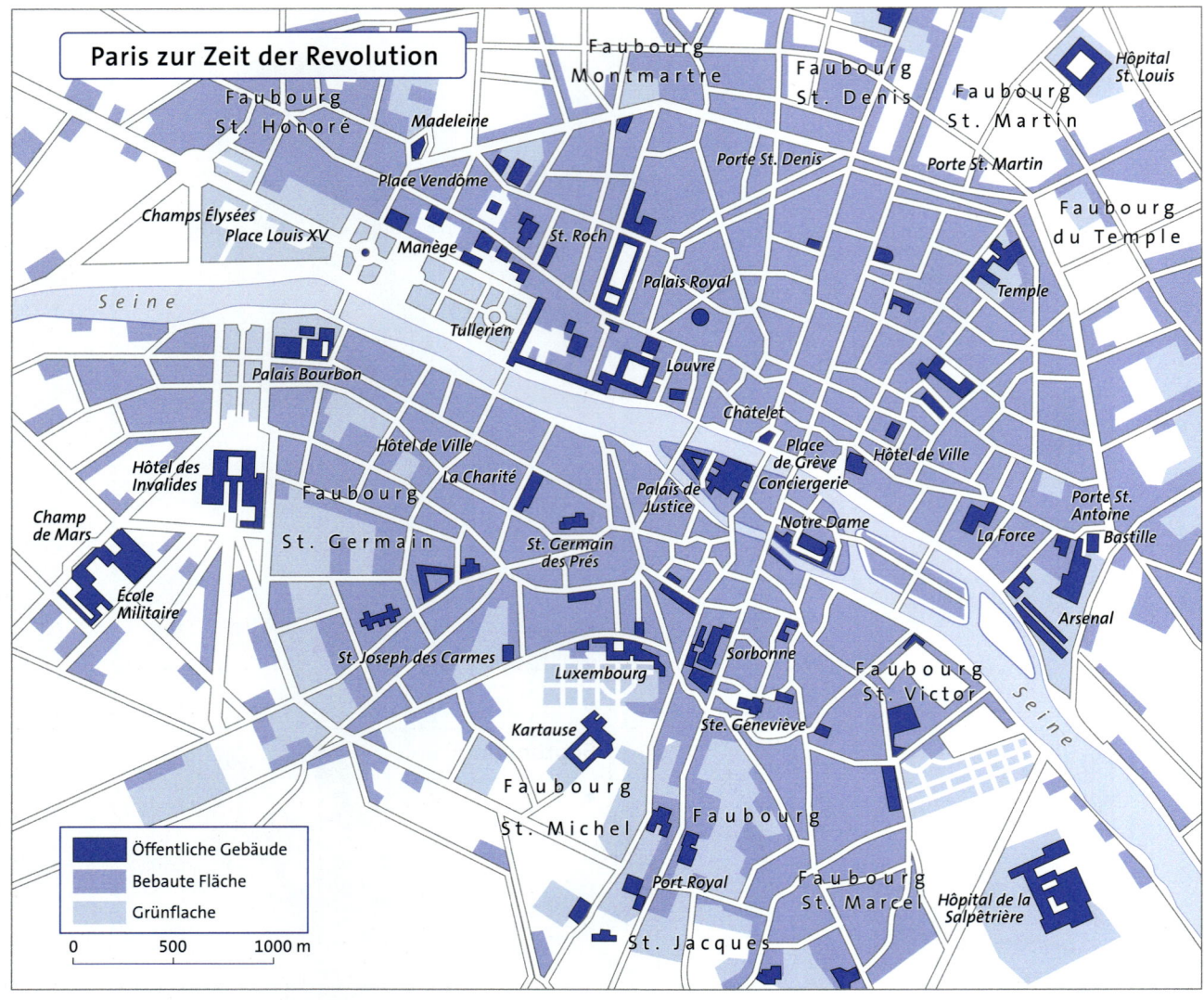

Paris zur Zeit der Revolution

Dantonisten		Jakobiner
• …	⬅ **Danton/Robespierre** ➡	• …
• …		• …
• …		• …
•		•
•		•
•		•
•		•
•		•
•		•
•		•
•		•
• etc.		• etc.

■ *Ordnen Sie die im Drama auftretenden Personen den beiden Personen zu.*

Erste Eindrücke – Zitate und Begründungen

Danton:	Begründung:
•	• . . . .
•	• . . . .
•	• . . . .
•	• . . . .
•	• . . . .
Robespierre:	**Begründung:**
•	• . . . .
•	• . . . .
•	• . . . .
•	• . . . .
•	• . . . .
Camille:	**Begründung:**
•	• . . . .
•	• . . . .
•	• . . . .
St. Just:	**Begründung:**
•	• . . . .
•	• . . . .
•	• . . . .
?:_____	**Begründung:**
•	• . . . .
•	• . . . .
•	• . . . .
?:_____	**Begründung:**
•	• . . . .
•	• . . . .
•	• . . . .

■ *Halten Sie während der Lektüre Zitate der genannten oder auch von anderen Personen fest, die Ihnen auffallen. Begründen Sie jeweils Ihre Auswahl.*

■ *Halten Sie nach der Erstlektüre Ihren Eindruck von Danton und Robespierre fest.*

Mein Ersteindruck von Danton ist:	Mein Ersteindruck von Robespierre ist:
. . . .	. . . .
. . . .	. . . .
. . . .	. . . .

Der Alltag der Pariser Volksschichten

Du wohnst im fünften Stockwerk eines Hauses in der Faubourg St.-Antoine im Zentrum von Paris in einer kleinen Dachkammer mit deiner Familie. Die Miete für die Wohnung könnt ihr kaum aufbringen, sie
5 schluckt ein Viertel eures Verdienstes; alle müssen arbeiten. Die Einrichtung ist kärglich, es gibt ein Bett für jeweils zwei Personen: Ihr schlaft nackt auf Strohsäcken, die Decken sind aus minderwertiger Wolle. Kochen müsst ihr unten auf dem Hinterhof.
10 Im Mittelpunkt des Zimmers steht ein Kamin bzw. Ofen, der zum Heizen und als Lichtspender dient, aber auch zur Abfallbeseitigung. Außerdem befindet sich hier ein Schrank bzw. eine Truhe zur Unterbringung der wenigen Kleider, ein Tisch, Stühle, Bänke
15 oder Hocker. Die Fenster sind ohne Scheiben. Wenn es draußen kalt ist, werden sie mit Holzläden verschlossen. Zum Hausrat gehören ein Eimer, eine Pfanne oder ein Kochtopf, ein paar Teller, Krüge bzw. Becher und etwas Besteck.
20 Die Wasserversorgung ist schlecht. Mit Eimern müsst ihr draußen am Brunnen Schlange stehen, Trinkwasser müsst ihr manchmal kaufen. Die Körperwäsche macht ihr besser in der Badeanstalt unten am Fluss (wenn überhaupt). Wäsche wascht ihr an der Seine
25 oder auf den Kähnen. Toiletten gibt es nicht: Ihr geht auf den Hof, häufig auch oben auf die Dächer oder an den Straßenrand. Das stinkt zwar fürchterlich, aber daran habt ihr euch schon gewöhnt. Überhaupt der Abfall: Am besten wirft man ihn auf den Hof, lässt
30 ihn auf der Treppe liegen oder gleich auf der Straße. Die Straßenkehrer werden ihn schon mitnehmen oder auch nicht.
Euer Hauptproblem ist die Ernährung. In der Regel gibt es nur eine größere Mahlzeit am Abend. Früh-
35 morgens esst ihr vielleicht ein Stück Brot, dazu Milchkaffee. Abends gibt es dann ein warmes Essen, meist nur eine dünne Gemüsesuppe, manchmal mit Petersilie oder einem Stück Käse belegt. Brot gibt es selten: Ihr braucht für eine Familie mit 4 – 5 Personen täglich
40 etwa 5 Pfund Brot. Schon um Mitternacht, auf jeden Fall im Morgengrauen, macht ihr euch auf zum Bäcker. Dort steht ihr in der Schlange, achtet genau auf die Reihenfolge, wartet oft stundenlang, bis sich die Tür öffnet.
45 Nur am Wochenende macht ihr euch, häufig mit der ganzen Familie, auf den Weg in eine Schänke: Dort wird getrunken und getanzt. Billiger Wein fließt in Strömen, ihr diskutiert, spielt Karten, lest Zeitungen.
50 Der Kontakt zu den Nachbarn ist sehr direkt. Aufgrund der Wohnsituation spielt sich sowieso alles in der Öffentlichkeit ab: Gespräche, Meinungsverschie-

Sansculotten zur Zeit der Französischen Revolution

denheiten. Streitereien enden nicht selten in Prügeleien. Das ist ganz normal. Allerdings muss alles seine Grenzen haben, sonst entsteht Chaos. Im Verhältnis 55 zwischen Männern und Frauen muss Ordnung herrschen, Sitte und Anstand, sonst kann der Alltag nicht bewältigt werden: Die Frau versorgt den Haushalt und kümmert sich um die Kinder. Die Sitte der reichen Bürger, ihr ausschweifendes Leben der Öffent- 60 lichkeit zu präsentieren, findet ihr abstoßend. Vor allem ihre Neigung, sich mit unanständig angezogenen und aufreizend lächelnden Grisetten (Prostituierten) zu umgeben, findet ihr empörend, zumal es sich meist um Frauen aus eurem Stand handelt. 65 Schlimm genug, dass viele Mädchen und Frauen ihren Körper verkaufen müssen, um überleben zu können.
Euer Verhältnis zur Politik ist gebrochen. Ihr habt die Revolution begeistert verfolgt, habt selbst am Sturm 70 auf die Bastille teilgenommen. Als der König von Versailles nach Paris geholt und später hingerichtet wurde, wart ihr auf der Straße. Obwohl sich in den letzten Jahren einiges verändert hat, bist du misstrauisch geworden: Die Politiker im Konvent sind gut geklei- 75 det und ernährt, machen Versprechungen, die sie nicht einhalten, bekämpfen sich gegenseitig und haben kein Verständnis für deine Alltagssorgen. Noch immer fehlt es an Brot, an Lebensmitteln und Seife. Der Verdacht, dass sich Vertreter des Konvents, aber 80 auch Mitglieder des Jakobinerklubs bereichert haben, ist weit verbreitet.
Natürlich diskutiert ihr täglich untereinander die po-

litische Lage, stellt Forderungen in den Volksgesell-
schaften, Sektionen und Klubs, nehmt, wenn die
Versorgungslage es erlaubt, an Demonstrationen teil.
Solche Journees finden meist spontan statt: Irgendje-
mand ruft dazu auf, die Glocken läuten, die Leute
laufen zusammen und man marschiert zum Rathaus,
dem Sitz der Kommune, wo sich dann alles trifft und
Forderungen stellt.

Am meisten achtet und respektiert ihr Robespierre:
Er ist immer sauber und ordentlich angezogen, lebt
in einer kleinen Mietwohnung beim Tischler Duplay,
ist sparsam, diszipliniert und arbeitsam und treibt
sich nicht mit Grisetten herum. Wie man hört, soll
er der Tochter Duplay, einer von euch, versprochen
sein, im Wohlfahrtsausschuss und im Jakobinerklub
setzt er sich fürs Volk ein und bekämpft diejenigen,
die in der Politik immer nur an sich selbst denken.
Mehr Spaß macht es allerdings, Danton zuzuhören:
Er ist ein großer Redner, nimmt kein Blatt vor den
Mund und sagt allen seine Meinung. Oft hat er euch
angefeuert, wenn ihr nicht mehr weiter wusstet.
Dann stört es euch nicht, dass er – wie man immer
wieder hört – bestechlich ist, dass er ein ausschweifendes Leben führt und viele Frauen hat. Allerdings
ist er ziemlich unzuverlässig, denkt vor allem an sich
und seine Genüsse, das Volk interessiert ihn eigentlich nicht oder er versteht es nicht.

Als Frau hast du dich an Spendensammlungen für das
Militär beteiligt, hast in Sektionen, Volksgesellschaf-
ten, im Jakobinerklub, im Generalrat und auch schon
mal im Konvent auf der Tribüne gesessen und Forderungen eingebracht, auch wenn euch das Wahl- und
Rederecht verweigert wird. Ihr habt euch das Wort
nicht nehmen lassen, habt Petitionen (von Männern) verlesen lassen, dazwischengerufen, bis die
Männer euch zuhören mussten. Ihr habt dadurch
und durch Aktionen auf der Straße (Demonstrationen, Ladenstürme, Verfolgung von verdächtigen
Abgeordneten) viel erreicht: das Beenden des Terrors,
die Einführung der Kokarden usw.

Es hat euch nichts ausgemacht, als halsstarrig, als
„Jakobinische Strickweiber" (natürlich strickt ihr auf
der Tribüne) verschrien zu werden. Seit einigen Mo-
naten hat sich die Situation geändert: Die Männer
haben die Auseinandersetzung zwischen den Markt-
weibern und den revolutionären Republikanerinnen
um das Maximum und das Tragen der Kokarde zum
Anlass genommen, alle Frauenvereinigungen zu verbieten. Sie wollen euch an Haus, Herd, an den Ar-
beitsplatz oder ins Freudenhaus zurückverbannen.
Für den Lebensunterhalt der Familien aber sollt ihr
sorgen.

Aus: Scheller, Ingo: Die französische Revolution als Revolution bürgerlicher Männer. Szenische Interpretation durch Rollenschreiben. In: Zeitschrift Praxis Geschichte 1997, Bd. 2, S. 23

■ *Schreiben Sie eine Rollenbiografie aus der Ich-Perspektive. Lassen Sie sich dabei von den Informationen inspirieren und die eine oder andere davon in Ihre Biografie mit einfließen. Verfügen Sie über weitergehende Informationen zur Zeit und zu den Lebensumständen, können
Sie diese auch berücksichtigen.*

Der Alltag des gehobenen Bürgertums

Du wohnst in einer eleganten 5-Zimmerwohnung in Saint Germain in der Nähe des Club der Cordeliers. Die weiträumige Wohnung – du hast sie gemietet oder sie gehört dir – besteht aus hohen, stuckver-
5 zierten Räumen mit großen Fenstern, kostbaren grünlich bzw. bläulich gehaltenen Tapeten und Parkettfußböden. Die Möbel sind aus massivem Holz und zum Teil mit kostbaren Stoffen bezogen. Vor den Fenstern hängen schwere Vorhänge, an den Wänden
10 Spiegel und Gemälde, von der Decke hängt ein besonders schöner Leuchter; auf den Fußböden liegen große Teppiche. Die Wohnung besteht aus einem Salon mit Kamin, einem Speisezimmer, einem Herrenzimmer (gleichzeitig Arbeitszimmer), einem Da-
15 menzimmer und einem Schlafzimmer; die Küche liegt jenseits vom Flur etwas abseits, ebenso die Zimmer für die Bediensteten.
Ihr habt Bedienstete; einen Koch (oder eine Köchin), ein oder zwei Zimmermädchen, einen Diener. Die Be-
20 diensteten erledigen alle Angelegenheiten des Hauses und werden von der Frau des Hauses beaufsichtigt. Sie kaufen die Lebensmittel ein, kochen, sorgen für Ordnung, waschen, reinigen, richten die Kleidung her usw. Die Mahlzeiten werden – neben dem morgendlichen Kaffee – ein- bis zweimal am Tag eingenom-
25 men; meist habt ihr Gäste. Gegessen wird im Speisesalon an einem großen Tisch von kostbarem Porzellan bei Kerzenschein. Es gibt mehrere Gänge: Vorspeise, zwei Hauptgänge und eine Nachspeise, dazu natürlich gute Weine, die ihr in der Regel direkt aus der Provinz
30 bezieht. Die Speisekarte ist reichhaltig: Fleisch, Fisch, Meeresfrüchte, Gemüse, Weißbrot (was sich früher nur der Adel leisten konnte), Käse und Früchte.
Als Mann bist du von Beruf Advokat (Journalist, Geschäftsmann, Schriftsteller). Seitdem du im Konvent
35 (oder Generalrat) bist, hast du nur noch wenig Zeit zur Ausübung deines Berufes. Sicherlich bringt dir dieser durch Beziehungen noch einiges ein, aber jetzt bist du eigentlich Politiker, und davon kann man auch sehr gut leben. Die Hauptzeit verbringst du in
40 Sitzungen des Nationalkonvents, des Stadtrates, in den Klubs, in den Ausschüssen (Wohlfahrtsausschuss,

„Le mariage à la mode". William Hogart, 1745

Revolutionstribunal) und in den Sektionen. Dort
werden Beschlüsse vorbereitet, Reden gehalten, Ent-
45 scheidungen diskutiert, Absprachen getroffen.
Dabei ist es gegenwärtig besonders wichtig, in den
entscheidenden Sitzungen anwesend zu sein, weil es
um Leben und Tod geht. Einige radikale Jakobiner
haben mit ihren ökonomisch egalitären Positionen
50 und einer rigorosen Entchristlichungskampagne für
viel Unruhe gesorgt und wurden gerade aufs Schafott
geschickt.
Die gemäßigteren Jakobiner um Danton, Desmoulins
und Philippeau, die die Revolution auf dem gegen-
55 wärtigen Stand halten wollen, geraten nicht zuletzt
wegen ihres genussreichen Lebens und Korruptions-
verdachts in die Schusslinie des Wohlfahrtsausschusses. Und schließlich die Gruppe im Wohlfahrtsausschuss um den „unbestechlichen" Robespierre, die
60 immer mächtiger wird und mit diktatorischer Härte
den tugendhaften Staat fordert, der den Interessen
des Volkes entspricht.
Diese drei Fraktionen bekämpfen sich. Wer die Macht
und die Mehrheit hat – das sind oft auch die, die am
65 besten reden können und den größten Überblick haben – kann Beschlüsse herbeiführen, die die anderen
auf das Schafott bringen. Die Politik ist unbehaglich
geworden: misstrauisch muss man sein, Absprachen
treffen, Spitzel haben, wissend, dass man selbst be-
70 spitzelt wird, immer auf dem Laufenden sein. Neben
der aufreibenden Arbeit in den Sitzungen sind deshalb Diskussionen im kleinen Kreis notwendig, Reden und Zeitungsartikel müssen geschrieben werden.
Für das Privatleben bleibt da häufig nur wenig Zeit.
75 Als Frau siehst du deinen Ehemann nur wenig, in der
Regel zu den Mahlzeiten, gelegentlich trefft ihr euch
im Cafe oder geht abends ins Theater oder zu einem
Fest. Nachts kommt er selten vor Mitternacht nach
Hause. Gott sei Dank fahrt ihr ab und zu aufs Land,
80 dann hast du mehr von ihm. Dein Mann hat eine
Geliebte. Du findest das zwar nicht gut, aber es ist
üblich.
Du selbst hast keinen Beruf erlernt, wurdest für die
Ehe erzogen und bist mit einer angemessenen Mitgift
85 in diese gegangen. Deine Arbeit beschränkt sich im
Wesentlichen auf das Haus: Du stellst den Arbeits-
und Essensplan auf, beaufsichtigst das Dienstperso-
nal, bereitest Feste vor, sorgst für die angemessene
Kleidung. Hast du Kinder, dann kümmerst du dich
90 – natürlich mit Unterstützung durch ein Mädchen –
um deren Erziehung. Im Übrigen sorgst du für deine
Schönheit, liest Romane, strickst und häkelst, fährst

„Libertinage". Restif de la Bretonne, 1791–1794

nachmittags mit der Equipage aus oder machst Spa-
ziergänge mit der Freundin auf der Promenade in den
Tuilerien oder lädst sie zum Nachmittag zu dir nach 95
Hause ein.
An abendlichen Vergnügungen nimmst du häufig
teil: Du gehst ins Theater, zu einer Lesung, Kunstaus-
stellung oder nur zu einem Fest in einen Salon; da
braucht dein Mann auch nicht immer dabei zu sein, 100
es gibt genügend Bekannte, die dich mitnehmen und
dich dort erwarten. Aus der Politik hältst du dich
mehr oder weniger heraus. Zwar nimmst du Anteil
an den Ereignissen, aber die Politik machen die Männer; nur gelegentlich nimmst du mal an einer Ver- 105
sammlung teil oder engagierst dich mit anderen
Frauen in einem Wohltätigkeitsverein (wo ihr für die
Armen sammelt oder für die Soldaten im Krieg).

Aus: Scheller, Ingo: Die französische Revolution als Revolution bürgerlicher Männer. Szenische Interpretation durch Rollenschreiben. In: Zeitschrift Praxis Geschichte 1997. Bd. 2, S. 22

■ *Schreiben Sie eine Rollenbiografie aus der Ich-Perspektive. Lassen Sie sich dabei von den In-*
formationen inspirieren und die eine oder andere davon in Ihre Biografie mit einfließen. Verfügen Sie über weitergehende Informationen zur Zeit und zu den Lebensumständen, können
Sie diese auch berücksichtigen.

Szenisches Spiel

■ *Setzen Sie sich mit Ihrer Rollenbeschreibung auseinander, sodass die Gefühlslagen der von Ihnen verkörperten Person zum Ausdruck kommen.*

1. Schritt: Fragen zur Rollenbiografie (10 min.):

Die Gruppe teilt sich auf in „Dantons" und „Robespierres", sodass jeder innerhalb der Gruppe eine der beiden Personen verkörpert. Die ganze Gruppe entwickelt anschließend Fragen zur Biografie, zum sozialen Umfeld, zur Arbeit, zum Selbstbild und so zu den Motiven des Handelns. So können sich die Darsteller, nach Beantwortung der Fragen, später leichter mit den Personen identifizieren.

Biografie/Gesellschaftl. Stellung:	Arbeitsalltag:	Selbstbild:
• Welcher Schicht entstammen Sie? • Wie sind Ihre finanziellen Verhältnisse? • Wie und wo wohnen Sie? • Haben Sie Kinder/Familie? • Wie sehen Sie andere? • Wie stehen Sie zur Revolution? Sehen Sie sich gefährdet? • Was halten Sie von Robespierre (bzw. von Danton)? …	• Welchen Beruf bekleiden Sie? • Welche Aufgaben haben Sie zu erfüllen? • Wie sieht Ihr Tagesablauf aus? • Haben Sie Freunde im Berufsleben? • Macht sich die Revolution im Beruf bemerkbar? …	• Wie alt sind Sie? • Welche Gedanken beschäftigen Sie die meiste Zeit? • Wie treten Sie gegenüber anderen Menschen auf? • Welche Bedürfnisse oder Sorgen haben Sie? • Haben Sie noch Ziele? • Genießen Sie das Leben? • Wie ist Ihr Verhältnis zu Frauen (Männern)? …

2. Schritt: Rollenbiografie schreiben (15 min.):

Mit den gesammelten Fragen und dem Arbeitsblatt 5 oder 6 ziehen sich die Darsteller zurück und schreiben aus der Ich-Position ihre ganz persönliche Charakterrolle.

3. Schritt: Das Erproben der Rolle im Spiel mit dem Partner (20 min.):

Jeweils ein Danton und ein Robespierre setzen mit dem Text in der Hand die Szene um. Dabei müssen die Spielpartner Vorstellungen entwickeln und festlegen, welche Gegenstände für das Bühnenbild benötigt werden und wie ggf. die Kleidung herzurichten oder zu ergänzen ist, damit jeder der verkörperten Rolle entspricht.
Im Spiel selbst ist dann das lebendige, ausdrucksstarke Spiel wichtiger als der getreue Wortlaut. Klammern Sie sich nicht an Formulierungen und Worte. Probieren Sie aber aus,
• welche Gestik und Mimik Ihrer Rolle entspricht,
• welche Körperhaltungen der Rollensituation angemessen sind,
• die Art und Weise, wie die von Ihnen dargestellte Person sprechen mag.

4. Schritt: Das Spiel vor der Gruppe (20 min.):

Die Präsentation erfolgt.

5. Schritt: Ergebnispräsentation im Plenum (25 min.):

Die ausgewählten Arbeiten werden im Plenum vorgespielt. Dabei sollte das Spiel der anderen unter folgender Fragestellung betrachtet und später diskutiert werden:

■ *Was wird Wesentliches über die Personen und ihre Beziehungen zum Ausdruck gebracht?*

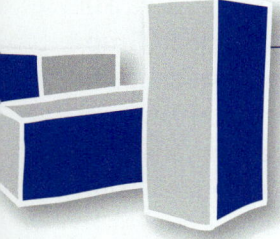

Zeitenwende

Den politischen Zeitgenossen Büchner sowie die Zeit, in der er lebte, Schülerinnen und Schülern nahezubringen scheint unverzichtbar vor dem Hintergrund eines Dramas, das sich als Sozialdrama versteht und in den Bedingungen der Gesellschaft ursächlich seinen Entstehungsgrund findet. Es scheint auch deshalb wichtig, weil es eine politisch und sozial sehr unruhige Zeit war: Die Französische Revolution mit ihren Ideen und Leitbildern beschäftigte viele Zeitgenossen und beunruhigte die Führungseliten der Gesellschaft, die um ihre Positionen und Pfründe fürchteten. Zu Beginn des 19. Jahrhunderts wurde der französische Staat mit Napoleon an der Spitze wieder streng hierarchisch geführt, zumindest bis 1814, als Napoleon abdanken musste, um bald darauf sein eigentliches Waterloo zu erleben. Auf dem „Wiener Kongress" wurde versucht, die Zeit zurückzudrehen, restaurativ zu wirken und so zu tun, als ob es eine über die Landesgrenzen Frankreichs hinauswirkende Revolution und einen Kriege führenden Imperator Napoleon samt Folgewirkungen nicht gegeben hätte. Auf dem in Fürstentümern zersplitterten Territorium, das später im Jahr 1871 einmal den Nationalstaat Deutschland bilden sollte, gefielen sich die Fürsten weiterhin in ihrer Kleinstaaterei und mussten sich mit einem zunehmend selbstbewusst auftretenden Bürgertum auseinandersetzen. Ereignisse wie das Wartburgfest, auf dem – was als Hochverrat galt – für die Deutsche Einheit eingetreten wurde, oder auch die Karlsbader Beschlüsse, die die freie Meinungsäußerung reglementierten und zensierten, destabilisierten den Absolutismus und die vermeintliche Regentschaft „von Gottes Gnaden". Die Impulse, die von Frankreich ausgegangen waren, hatten das Bewusstsein weit über die Landesgrenzen hinaus nachdrücklich infiziert. Geistesgeschichtlich war es eine Zeit des Positivismus mit dem uneingeschränkten Glauben an die Kraft der Vernunft, womit die Stellung von Kirche und Religion erschüttert wurden. In der Vernunft hatte man eine neue Religion gefunden. Als Folge davon fand der Materialismus eine breite Anhängerschaft. Mit dem Positivismus einher gingen im weiteren Verlauf des 19. Jahrhunderts die Industrialisierung mit der einsetzenden Landflucht und der Verelendung breiter Bevölkerungsschichten.
Zentral geht es in diesem Baustein um folgende Themen:

- Die historische Person Georg Büchners: konkret um die Stationen seines Lebens – Schulzeit, Studium, Politik, Privatleben – und damit auch um die „Briefzeugnisse", die einen lebendigen und politischen Menschen zeichnen.
- Der „Hessische Landbote", mit dem Büchner ins politische Geschehen eingriff, wird thematisiert.
- Zugleich geht es auch um die gesamtgeschichtliche Situation, in der Büchner und sein Wirken standen.
- Abschließend wird der Frage nachgegangen, wie Büchners Haltung zur Gewalt einzuordnen ist und wie diese unter gegenwärtigen Umständen zu beurteilen ist.

2.1 Der Mensch Büchner und sein Leben

Der Lebenslauf (Textausgabe S. 102–117) soll in ein „Interview" zwischen Fragendem und Antwortgeber umgeschrieben werden. Über diese Transformationsaufgabe wird eine intensivere Auseinandersetzung als üblich mit der Person Büchners geleistet.

Die Schülerinnen und Schüler werden in mehrere Gruppen zu vier Personen aufgeteilt. Für die Gruppen stehen zwei Arbeitsaufgaben zur Verfügung, von denen arbeitsteilig jede Gruppe eine zu bearbeiten hat. Die Zuweisung kann über die Lehrperson oder in Absprache mit den Gruppen erfolgen. Da die Informationen zum Tod, eingebettet in ein Interview, ein paradoxes Szenario erzeugen würden, sind sie hier ausgeklammert. Sie können anschließend, nach der Gruppenarbeit und ihrer Auswertung, gemeinsam gelesen werden bzw. sind der häuslichen Privatlektüre überstellt.

 ■ *Sie führen ein Interview mit Georg Büchner und beschäftigen sich entweder a) mit der Jugend- und Studienzeit Büchners (S. 102–107) oder b) mit dem politischen und literarischen Wirken (S. 107–111). Berücksichtigen Sie darüber hinaus auch das, was ihn in diesen Jahren jeweils privat bewegte. Erarbeiten Sie in der Gruppe Fragen und Antworten mithilfe der Informationen aus Ihrer Textausgabe.*

 ■ *Nehmen Sie eine Rollenverteilung vor („Journalist" und „Büchner") und proben Sie eine szenische Präsentation.*

Die Gruppen stellen ihre Arbeitsergebnisse vor, wobei die jeweils anderen Gruppen mit der komplementären Arbeitsaufgabe darauf achten sollen, ob das ihnen Vorgespielte nachvollziehbar ist bzw. ob es für sie offensichtliche Fragen hinterlässt; die Gruppen mit der arbeitsgleichen Aufgabe sollten das Vorgestellte daraufhin überprüfen, ob sie in ihren eigenen Ausführungen etwas vergessen haben, ob sie eventuell etwas ergänzen können bzw. ob gegebene Informationen überflüssig sind.

 Mit den so erarbeiteten Ergebnissen ist ein grober Rahmen gesteckt, innerhalb dessen weiteres Detailwissen erschlossen und mit dem Bekannten verknüpft werden kann.
Gemeinsam werden zur Entstehung von „Dantons Tod" anschließend die Seiten 111–113 gelesen und im Unterrichtsgespräch ausgewertet.

Fakten und Daten um „Dantons Tod"

- Büchner gilt als Kind der neuen Zeit.
- Er spricht gesellschaftliche, „zeitlose" Probleme an.
- Er vertritt eine realistische Darstellung.
- „Dantons Tod" wird unter Zeitdruck mit der enttäuschten Hoffnung auf ein Honorar zwecks Flucht geschrieben.
- Hauptquellen: Adolphe Thiers: 10-bändige *Histoire de la Révolution française*; 36-bändiges Lexikon *Unsere Zeit*
- Büchner zitiert zum großen Teil originalgetreu aus den Quellen.
- Büchner konnte auf die Theatralik der Revolutionäre setzen.
- 1835 Erstpublikation in redigierter Fassung durch Gutzkow in der Zeitschrift „Phönix"
- 1893 Uraufführung einiger Szenen
- 1902 Uraufführung des ganzen Dramas
- bis heute gespieltes und bearbeitetes Werk auf der Bühne, im Film, für die Musik

2.2 Der Revolutionär Büchner

Die Briefe spiegeln Büchners Ansichten über Politik und zeichnen auch ein Bild dessen, was er von den Menschen dachte. Den Zorn über die sozialen Missstände lebendig werden zu lassen ist unverzichtbar, soll eine Beschäftigung mit dem Drama nicht zu einer reinen, sich nur selbst genügenden Analysearbeit geraten.

Mithilfe der Briefe (Textausgabe S. 118–123) sollen zum einen Aussagen gesammelt werden, die begründen, warum Büchner der Staatsgewalt gefährlich schien, zum anderen sollen Aussagen gesammelt werden, die Aufschluss über sein Menschenbild geben.

■ *Untersuchen Sie die Briefe „An die Familie v. 5.4.33", „An die Familie v. 5.2.34"*
(S. 118f.) und „An Gutzkow" (S. 121/123) auf mögliche Gründe, warum die
Staatsmacht Büchner zum steckbrieflich Verfolgten erklärte.

■ *Arbeiten Sie in diesem Zusammenhang Büchners Menschenbild und seine politi-*
schen Einstellungen heraus.

Büchners Geisteshaltungen

Politisches Bild

- Bekenntnis zur Gewalt (S. 118, Z. 22)
- Nur durch Zwang sind den Mächtigen winzige Verbesserungen abgezwungen. (vgl. S. 118, Z. 24 ff.)
- Darstellung der miserablen Verhältnisse (S. 118, Z. 9)
- Kampf gegen das bestehende gewalttätige Gesetz (S. 119, Z. 12–16)
- Das Verhältnis zwischen Arm und Reich ist revolutionär bestimmt. (vgl. S. 123, Z. 3–11)
- Gesellschaft ist nicht von der gebildeten Klasse aus zu reformieren. (vgl. S. 123, Z. 15–19)
- Vorschläge zur Aushebelung der gebildeten Minorität (vgl. S. 123, Z. 15–19)

➡ Absage an die existierende Gesellschaftsordnung (S. 123, Z. 23–27), Befürwortung einer Neuordnung von „unten".

Menschenbild

- Die Verhältnisse bestimmen über das Lebenslos sowie über geistige Kompetenzen.
- Verachtung gegenüber Dummheit und Elend ist daher unangebracht.
- Gleiche Voraussetzungen würden gleiche Lebensentwürfe bedingen.
- Der Mensch ist nicht durch seinen Verstand und seine Bildung qualifiziert, der Mensch ist durch ganz andere Qualitäten bestimmt.
- Bildung ist eine angehäufte Äußerlichkeit.

➡ Absage an die gebildete Schicht, die mit äußerlicher Gelehrsamkeit Verachtung zeigt für jene, die diese nicht haben.

Die Aussagen stellen auf der einen Seite eine schonungslose Abrechnung mit der herrschenden Klasse dar, die ihren Besitzstand auf Kosten der Majorität, der armen Bevölkerung, mehrt und dieser ein lebenswertes Leben vorenthält. Dem Volke zugute kommende Reformen sind selten, fallen höchst unzureichend aus. Die gesellschaftlichen Strukturen werden als überlebt dargestellt. Bestehende Gesetze dienen nur dazu, Gewalt am Volke auszuüben, und nicht dem Volk. So ist gleichfalls Gewalt zulässig zur Überwindung der Verhältnisse. Veränderungen können nicht aus der gebildeten Klasse heraus über abstrakte „Ideen" ausgelöst werden, sondern das Volk muss die konkrete, materielle Notwendigkeit zur Veränderung selber spüren, erfassen und umsetzen.

Diese Gedanken zum Umsturz sind im wesentlichen Maße auch von Büchners Menschenbild bestimmt: Der „Arme" kann nicht viel dafür, dass er arm ist. Die Verhältnisse haben dieses Lebenskonzept in den Raum gestellt und keinen anderen Raum zur Entwicklung zum Besseren gelassen. Die geistige Schulung in Form von Bildung ist eine lächerliche Äußerlichkeit und beschreibt nur ein winziges Teilstück des geistigen Lebens, das den eigentlichen Menschen ausmacht. Dummheit existiert wohl in der Welt, ist somit aber kein Grund, jene mit Spott zu überhäufen, die mit ihr geschlagen sind. Zu bekämpfen sind dagegen die geistig Gebildeten, die hier hochmütig Spott walten lassen.

Mit den gesammelten Informationen sind die Schülerinnen und Schüler in die Lage versetzt, der Person Büchner ein lebendiges Gesicht zu verleihen.

■ *Versetzen Sie sich in die Person Büchners und schreiben Sie aus der Ich-Position Motive für Ihr Handeln auf. Warum sieht sich Büchner im Widerspruch zu den Verhältnissen? Legen Sie auch dar, wie Büchner zum Menschen seiner Zeit steht.*

Falls diese Darstellung aus der Ich-Perspektive Gefahr läuft, lediglich die im Tafelbild gesammelten Informationen zu wiederholen, kann alternativ auch folgendermaßen vorgegangen werden. Die Schüler lesen in der Textausgabe die Texte auf den Seiten 133–142 und machen sich ein Bild von der politischen und gesellschaftlichen Lage. Anschließend schreiben sie einen Brief an Büchners Braut, Minna Jaegli, oder an einen fiktiven Adressaten, der Motive von Büchners Denken und Handeln spiegelt und dabei Argumente für dieses Denken aus den genannten Texten ableitet.

Deutlich wird in den Texten Folgendes:

- Die Herrscher Europas versuchten den Errungenschaften der Französischen Revolution restaurativ zu begegnen. Wer anderes verfolgte, wurde verfolgt (Demagogenverfolgung).
- Trotz Abschaffung der Leibeigenschaft blieben – aufgrund der weiterhin gegebenen Ständeordnung – die alten Abhängigkeiten bestehen.
- Die Landwirtschaft lag (in Hessen) als Folge von Missernten und der Napoleonischen Kriege völlig am Boden. Die Versorgung der wachsenden Bevölkerung war nicht gewährleistet.
- Verfassungsbestrebungen, die das Volk als Mitwirkungsorgan einbeziehen sollten, wurden so von den Herrschenden vorangetrieben, dass das einfache Volk praktisch außen vor, rechtlos und der Willkür ausgeliefert blieb.
- Das alte Wertegefüge war – trotz aller Restaurationsbestrebungen – zerbrochen.
- Mit den Karlsbader Beschlüssen wurde die Meinungsfreiheit stark eingeschränkt und praktisch ein Denkverbot verhängt.
- Trotzdem machten die neuen, aufrührerischen Ideen unter der jugendlichen Bevölkerung ihre Runde.

■ *Lesen Sie in der Textausgabe die Seiten 133–142.*

■ *Versetzen Sie sich anschließend in die Person Büchners und schreiben Sie aus der Ich-Position einen Brief, der Motive für Ihr Handeln aufzeigt. Warum sieht sich Büchner im Widerspruch zu den Verhältnissen? Beziehen Sie beim Schreiben Ihres Briefes auch Argumente ein, die Sie den Texten entnommen haben. Legen Sie auch dar, wie Büchner zum Menschen seiner Zeit steht.*

2.3 Der „Hessische Landbote"

Büchner denkt – die Bezugnahme auf die Briefe macht dies deutlich – radikal. Diese Radikalität setzt sich in der Schrift des „Hessischen Landboten" fort, die im Folgenden zur Analyse ansteht, weil hier deutlich wird, dass Büchners Denken nicht allein im Privaten blieb.
Mit dem **Arbeitsblatt 8**, S. 47, „Steckbrief" werden im Unterrichtsgespräch erste Anhaltspunkte über den politisch engagierten Menschen Büchner ermittelt. Hierzu berücksichtigt man zunächst nur den abgebildeten Steckbrief mit den vorgelegten Fakten. Es kann dabei festgehalten werden: Zeitpunkt und Ort des Geschehens, der revolutionäre Aspekt, der zum Ausdruck kommt, und verbunden damit die Bereitschaft zum Umsturz, die Büchner von Seiten der Staatsgewalt unterstellt wird. Nunmehr kann der Landbote zum Thema gemacht werden, der u. a. explizit auch auf die Französische Revolution zu sprechen kommt und an diesem Beispiel deutlich macht, dass ein Eintreten für die Rechte des einfachen Volkes zum Erfolg führen kann und dass eine absolutistische Staatsgewalt zuletzt dem Willen des Volkes sich fügen muss.

- *Erstellen Sie eine Zusammenfassung der von Büchner im „Hessischen Landboten" vertretenen Thesen.*

- *Untersuchen Sie den Aufbau des Textes, indem Sie ihn gliedern.*

- *Arbeiten Sie mithilfe von Arbeitsblatt 9 „Sprachliche Mittel und rhetorische Figuren im Hessischen Landboten" die sprachlichen Mittel heraus, mit denen Büchner seinen Leser zu überzeugen versucht.*

Zu den möglichen Ergebnissen – siehe **Arbeitsblatt 9**, S. 48, „Sprachliche Mittel und rhetorische Figuren im Hessischen Landboten" – mögliche Ergebnisse

Die Textarbeit zur Aufgabe der Gliederung kann im folgenden Tafelbild zusammengefasst werden und wird anschließend im Zusammenhang mit den Ergebnissen des Arbeitsblattes 9 besprochen:

Der „Hessische Landbote" – Textaufbau

Autorität durch die Absenderwahl: Darmstadt

1. Warnung an den Leser (S. 124, Z. 4 ff., Z. 16 f.)
2. Aufruf zum Widerstand: „Friede den Hütten, Krieg den Palästen" und Autorität vermittelnde Hypothese mithilfe der Glaubenswelt: Bibel (S. 124, Z. 18–33)
3. Autorität vermittelnde Argumentation mithilfe der Vernunftwelt: Zahlen der Statistik (S. 124, Z. 34–S. 125, Z. 7)
4. Detailanalyse im Stil eines Frage- und Antwortspiel (S. 125, Z. 25)
5. Autorität durch die Vorbildfunktion der Französischen Revolution mit ihren Errungenschaften und Folgen
6. Aufruf zum Widerstand, Schlussfolgerung, Urteilsspruch über die weltliche durch die göttliche Autorität (S. 130, Z. 11–S. 132, Z. 4)

Die Ortsangabe zu Beginn werden die Schülerinnen und Schüler möglicherweise überlesen haben, ist aber interpretationswürdig und sollte von der Lehrperson zum Thema gemacht werden.

Darmstadt war Residenzstadt, und von hier ausgehende Schriften hatten in der Regel autoritativen Charakter. Der „Hessische Landbote", so überschrieben, konnte demnach auf den ersten Blick als Gesetzesschrift missverstanden werden. Dadurch, dass des Weiteren von der „Erste[n] Botschaft" die Rede ist, wird suggeriert, dass es sich hier um ein kontinuierlich erscheinendes Organ handelt.

Die nachfolgende Warnung, die im Übrigen – genauso wie der Schluss des Landboten – von Weidig, mit dessen Hilfe Büchner die Schrift publizierte, verfasst wurde und die in der Neuauflage fehlte, stellt gleich klar, dass es ein gefährliches Unterfangen ist, diese Schrift zu lesen, weil sie unzumutbare Verhältnisse anprangert. Der zwischen Ortsangabe und Warnhinweis offensichtlich zutage tretende Widerspruch kann das Interesse wecken zu erfahren, worum es sich bei dieser Schrift handelt. Weiterer Gliederungsschritt ist der Bibelvergleich, das Arbeiten mit Bildern aus der heiligen Schrift, die dem Volk geläufig und ihm wahrhaftig sind. In Gegenüberstellung zu den gleichnishaften Bildern sind die realen Verhältnisse beschrieben, die damit als der Bibel zuwiderlaufend dokumentiert werden. Diesen Schluss zu ziehen ist allerdings der Leser aufgefordert, da das Gesagte konjunktivisch ausgelegt ist. „Im Jahr 1834 siehet es aus, als würde die Bibel Lügen gestraft. Es sieht so aus, als hätte Gott die Bauern und Handwerker am fünften Tage, und die Fürsten und Vornehmen am sechsten gemacht" (S. 124, Z. 19 ff.). Wenn die Bibel aber die Wahrheit spricht, sind die Verhältnisse und die maßgeblichen Verantwortlichen anzuklagen und ist die über den Konjunktiv notwendige Konklusion nahezu zwangsläufig und im Sinne des Autors zu ziehen. Die Bibel, die ansonsten von interessierten Kirchenfürsten eher zur Aufrechterhaltung der weltlichen Macht und Ordnung herangezogen wurde, ist nun für die Interessen des Volkes eingesetzt.

Der „Bote" nutzt ein weiteres Überzeugungsinstrument, um das eigene Wort zu stützen: die Evidenz der Zahl im Feld der Statistik, die dem Lesenden unbezweifelbare Fakten vorführt. Der Leser kann sich nicht nur ein Bild von der Lage machen, sondern auch explizit die Ungleichverteilung von Vermögenslagen und Geldausgaben nachrechnen, Glaube und Vernunft stützen sich also wechselseitig.

Dieses Zahlenwerk wird in einem nächsten Differenzierungsschritt in Einzelposten zerlegt. Dabei wird zu einer prägnant kurzen Fragestellung gleich die ausführliche Antwort geliefert, wobei im Zuge dieses Frage-/Antwortspiels die soziale Ungerechtigkeit beispielhaft und detailgenau ausgeführt wird.

Schließlich bezieht sich Büchner explizit auch auf die Französische Revolution und macht daran deutlich, welche Möglichkeiten ein Volk hat, sofern es sich nur selbstbewusst und mutig für seine Rechte eintritt: Der Absolutismus wurde hinweggefegt und die Menschenrechte wurden eingesetzt. Gerade hieran wird deutlich: Revolutionäre Veränderungen im Sinne des Volkes sind tatsächlich möglich und keine reinen Hirngespinste. Wo das Volk aber Schwäche zeigt und zum oberflächlichen Ruhme drängt, verliert es seine Macht, wie das Beispiel Napoleon zeigte.

Der Bezug auf die Französische Revolution ist auch deshalb interessant, weil der Revolution eine Finanzkrise des Staates vorausging, zu deren Lösung der König die Steuerlast nicht mehr vornehmlich den Bürgern und einfachen Volksschichten aufbürden, sondern auch den Adel und die Kirche einbeziehen wollte. Beide lehnten brüsk ab. „Vor allem die adligen Kleriker lehnen den Eingriff in ihre Vergünstigungen strikt ab" (Otto 2006, S. 39). Mit der Entlassung des Finanzministers Necker am 11. Juli 1789, der beim Volk einen guten Ruf hat und dem man die Beilegung der Staatskrise zugetraut hatte, beginnen am Folgetag die Unruhen. „Die Entlassung Neckers wurde zum Fanal im ganzen Land: War bisher der Konflikt räumlich auf Paris und die Verwaltungsmittelpunkte beschränkt gewesen und das übrige Land nur durch die Presse und Wahlen in die politische Auseinandersetzung einbezogen worden, so ergriff diese jetzt das ganze Land, zuerst die Städte, dann Landgemeinden, und sie entschieden den Konflikt zwischen König und Nationalversammlung zugunsten der Nationalversammlung" (Wunder 2001, S. 36 f.). Einer der Männer, die in diesen Tagen sich hervortaten und Bekanntheit erlangten, war Camille Desmoulins. Camille Desmoulins sprach vor dem Café de Foy zum aufgebrachten Volke: „Bürger […] Ihr wisst, die Nation hatte gefordert, dass Necker ihr erhalten bleiben solle, ja dass man ihm ein Denkmal errichten solle: Man hat ihn davongejagt! Kann man euch eigentlich noch unverschämter herausfordern? […] Zu den Waffen! Zu den Waffen" (Desmoulins, zit. n. Otto 2006, S. 68).

An dieser Revolution nimmt sich Büchner ein Vorbild, stellt dieses dem eigenen Volke als Vorbild vor und zeigt, was ihm möglich ist, wenn dieses nur will.

Zuletzt enden diese vergleichende Aufrechnung und der Bezug auf eine erfolgreiche Revolution in einem Appell zum Umsturz: Die höhere Macht wird noch einmal zum Fürsprecher der Volksinteressen erhoben, um deutlich zu machen, dass der Aufstand gegen die weltliche Macht von der göttlichen Macht gebilligt wird. So endet der Appell auch folgerichtig mit der Gebetsschlussformel „Amen".

Mit dem Aufruf zum Umsturz erhält zugleich die gesamte Ausführung der Verhältnisse einen Rahmenbau, da die eigentliche Argumentation mit den Worten beginnt: „Friede den Hütten/ Krieg den Palästen". Dies aber war der Wahlspruch des Französischen Revolutionsheeres, und so ist darin implizit schon eine Aufforderung zur Volkserhebung enthalten. Und auch in dieser Formel wird die Gegenüberstellung genutzt, wie sie fast die gesamte büchnerische Argumentationskette durchzieht.

Insgesamt wird so die Ungleichverteilung im Staat angeprangert, der eigentlich die Gesamtheit der Bürger umfasst und in dem die Mehrheit das Geld verdient, das eine kleine Minderheit mit vollen Händen ausgibt. Das Volk wird, wie Büchner sagt, gemolken durch seine „Schinder" (vgl. S. 125, Z. 35.). Zugleich wird deutlich gemacht, dass Gesetze dem einfachen Manne nicht dienen, sondern Gewalt am Volk ausüben. Einer solchen Gewaltherrschaft, die kein Interesse an für das Volk positiven Veränderungen hat, kann auch nur mit Gewalt begegnet werden. Vertieft werden die vertretenen Ansichten – auch mit Rückbezug auf die Briefe – auf folgende Weise:

■ *Erstellen Sie mit Ihren bisherigen Kenntnissen über Büchners politisches und Menschenbild ein Portrait, das den Menschen Büchner sowie dessen Gesellschaftsbild beschreibt. Leiten Sie aus Ihren Ergebnissen ein abschließendes Urteil ab.*

■ *Führen Sie – nach Kenntnis der gesellschaftlichen Rahmenbedingungen und Büchners Stellung dazu – eine Pro- und Kontra-Debatte und sammeln Sie entweder als Fürsprecher Gründe, die das Handeln Büchners zu rechtfertigen suchen, oder Gründe, die die Gesellschaftsstruktur und das Handeln der politisch Verantwortlichen legitimieren. Versuchen Sie, bei der Ausarbeitung Ihrer Argumentationskette gleich mögliche Gegengründe Ihrer späteren Kontrahenten mitzubedenken, damit Sie in der Diskussion auch auf Argumente der Gegenseite vorbereitet sind.*

Diese Gegenüberstellung von Pro und Kontra wird ein differenziertes Gesellschaftsbild entworfen, denn es genügt nicht allein, Schlagworte zu formulieren, sondern diese sind mit Argumenten zu stützen. Zur Grundlage der Erarbeitung können die weiteren Texte des Kapitels „Unruhige Zeiten, historischer Hintergrund" (Textausgabe S. 133 ff.) herangezogen werden. Während das „Gutachten" in Einzelarbeit erarbeitet werden sollte, kann in Gruppenarbeit eine gemeinsame, aufeinander abgestimmte Argumentationsstruktur erstellt und vom Kurs, aufgeteilt in das Lager der Fürsprecher und der die Gegenrede Führenden, vertreten werden. Auch ist es möglich, dass die gemeinsame Argumentationslinie von zwei Gruppensprecherinnen und -sprechern in Rede und Widerrede dargelegt wird.

2.4 Ein neuer „Büchner" heute: Revolutionär oder Terrorist?

Der Brückenschlag zur Gegenwart ist von hier aus zu leisten: Wie sähe es heute aus, wenn ein Büchner seine Thesen auf aktuelle Missstände bezogen in aktualisierter Form artikulierte? Eine solche Diskussion sollte unbedingt geführt werden, denn es fällt leicht, Büchner heute zuzustimmen und Empörung den Eliten von damals gegenüber zu äußern, da wir in der Rückschau zu Recht das Handeln der Herrschenden als ungerecht beurteilen können und das Handeln Büchners und das seiner Mitstreiter als gerechtfertigt.

In einer abschließenden Erörterung sollte daher im Unterrichtsgespräch dieser Punkt explizit angesprochen werden, ob nämlich die geäußerte, zur Gewalt auffordernde Anlage des Landboten nicht heute ganz ähnlich geahndet würde.

Diese Diskussion kann man in Szene setzen, indem man auf die Äußerung Erich Frieds in der Textausgabe (S. 118, Z. 13–18) verweist, der Büchner Seite an Seite mit den Tätern der ersten Generation der RAF sah. Ergänzend kann auf das **Arbeitsblatt 8**, S. 47, „Steckbrief" und dort auf das Gedicht „Aporie" von Heinz Jacobi zurückgegriffen werden. Als provokativer Impuls werden eine Äußerung von Büchner aus einem Brief an die Familie vom 5.4.1833 und die folgende These an die Tafel geschrieben:

Georg Büchner:	„Meine Meinung ist die: Wenn in unserer Zeit etwas helfen soll, so ist es Gewalt". (Textausgabe S. 118, Z. 22 f.)
These:	Recht besehen, war Büchner doch nichts anders als ein der Gewalt zusprechender Terrorist! Wer solche Thesen vertritt, gehörte damals genauso wie heute ins Gefängnis.

■ *Erörtern Sie diese These.*

 Folgende ergänzende Fragen können ggf. die Diskussion weiter entfalten helfen:

■ *Waren die damaligen Gesetzesvertreter nicht im Recht, als sie Büchner als potenziellen Aufrührer das Handwerk legen wollten?*

■ *Büchner hat mit seiner Flugschrift zum gewalttätigen Sturz der Regierung aufgerufen. Mit welchen Folgen müsste man heutzutage rechnen, wenn man ähnlich verführe? (Gibt es Berichte in den Medien über solche Fälle? Wie werden sie beurteilt?)*

Schülerinnen und Schüler mögen die Auffassung vertreten, dass z. Zt. Büchners ungerechte Zustände herrschten, gegen die sich aufzulehnen Büchner das Recht hatte. Heute wäre die Situation eine andere: Man lebt in einem Rechtsstaat. Deshalb würde ein solcher Aufruf heute zu Recht gesetzliche Konsequenzen haben. So einsichtig eine solche Argumentation sein mag, sie ist nicht unproblematisch, da die Monarchie in jener Zeit von den Führungseliten und der Kirche gar als gottgegeben („von Gottes Gnaden") und rechtens betrachtet wurde. Vor dem Hintergrund einer angeblich gottgewollten Gesellschaftsform operierte die Rechtssprechung. Die Berechtigung eines ungesetzlichen Handelns kann erst aus der Distanz geschehen. Ein zweiter Aspekt tritt hinzu, an einem aktuellen Beispiel demonstriert: Mit dem zivilen Ungehorsam 1989 hat die ostdeutsche Bevölkerung gegen DDR-Gesetze verstoßen, was von westdeutscher Seite anerkannt wurde. Mit dem Zusammenbruch und der Wiedervereinigung wurde der zivile Ungehorsam legitimiert und zum Heldentum erhoben. Die DDR war ein Unrechtstaat. Was wäre aber gewesen, wenn der zivile Ungehorsam (aus welchen Gründen auch immer) im Westen geleistet worden wäre und die DDR als Sieger der Geschichte hervorgegangen wäre? Die DDR hätte diesen Ungehorsam genauso legitimiert, weil in ihren Augen die Bundesrepublik ein Unrechtssystem verkörperte. Erst aus der Distanz *und* aus dem Blickwinkel „der Sieger der Geschichte" wird die eine Gewalt als berechtigt anerkannt und die andere verurteilt. Ergo: Damals wie heute bezeugen Aufrufe zur Gewalt zeit- und systemimmanent zunächst einmal einen Rechtsbruch! Aber: Was damals Unrecht war, kann aus späterer Sicht Recht sein. Der umgekehrte Satz gilt genauso: Was damals Recht war, kann heute durchaus Unrecht sein und könnte mit Blick auf den Politiker Filbinger, der das nie wahrhaben wollte, auch gegenwartsrelevant diskutiert werden (Filbinger: „Was damals Recht war, kann heute nicht Unrecht sein").

- *Wer bestimmt eigentlich über den Maßstab, ob Gewalt gegen eine Obrigkeit gerechtfertigt ist oder nicht?*

- *Skizzieren Sie eine gesellschaftliche Lage, die einen Aufstand nicht nur legitimierte, sondern moralisch zwingend geboten erscheinen ließe.*

- *Kann es überhaupt so etwas wie eine eindeutig bestimmbare Lage geben, die Gewalt rechtfertigt, oder bewegen sich die Akteure nicht immer in einem Grenzbereich, der erst im Nachhinein eine Qualifizierung (durch die „Sieger der Geschichte") erfährt?*

Diese Diskussion ist höchst anspruchsvoll. Gewalt ist – wenn überhaupt – nur ganz selten, um Schlimmeres zu verhüten oder um einem mörderischen Treiben ein Ende zu bereiten, zu rechtfertigen (z. B.: Attentat auf Hitler und vergleichbare Massenmörder[1]), und fast immer bewegen sich die Akteure in einem unauslotbaren Grenzbereich. Das eigene Gewissen kann in diesen Fällen nur zu Rate gezogen werden und muss sich stets vor der Moral und ggf. auch vor der Rechtsprechung verantworten.

Büchners Gewaltaufrufe können so als Unrecht deklariert und doch später für rechtens erklärt oder zumindest als verständlich und mutig betrachtet werden. Heinrich Böll hat den Büchner'schen Aufruf zur Gewalt einmal auf die jüngere Vergangenheit der 60er-Jahre bezogen und für gerechtfertigt befunden: „Die Kerkertorturen des Studenten und Büchnerfreundes Minnigerode mit jenen zwei, auf offener Straße, durch amtliche Personen begangenen Morde in Beziehung zu bringen: der Erschießung des Berliner Studenten Ohnesorg und des Bundeswehrsoldaten Corsten, beides ungeheuerliche Fälle öffentlichen Mordes durch die Staatsgewalt. [...] Wie anders als durch Unruhen, eindeutig formulierten Widerspruch in Kleidung und Haarwuchs sollen sie sich Ausdruck verschaffen, da ihnen das Wählerkreuzchen, mit dem Verantwortung delegiert wird und das keine andere Wahl mehr lässt,

---

[1] Selbst in diesen Fällen wird aus moralischen Gründen nicht jeder zustimmen.

nicht genügen kann: […]" (Böll 2002, S. 376/378). Vor diesem Hintergrund ist auch die Diskussion um Büchner zu führen. Die im Tafelbild geäußerte These spiegelt mit anderen Worten Erich Frieds Sicht und klingt provokativ und radikal, aber Büchner ist auch in seinen Aussagen radikal. „Die politischen Verhältnisse könnten mich rasend machen. Das arme Volk schleppt geduldig den Karren, worauf die Fürsten und Liberalen ihre Affenkomödie spielen. Ich bete jeden Abend zum Hanf und zu den Laternen". (Büchner in einem Brief v. 9.12.1833 an August Stöber 1986, S. 253)

Ob man schreibt oder auch aktiv wird, ist aber noch ein Unterschied: Peter Rühmkorf machte einmal darauf aufmerksam, dass diese Radikalität sich allein schreibend darbot, da Büchner nach seinem gescheiterten Versuch, die hessischen Bürger zum Aufruhr zu stimulieren, nicht in den Untergrund ging, um von dort aus revolutionär zu agieren, sondern mit „Dantons Tod" lieber eine vergangene Revolution beschrieb (vgl. Goltschnigg 2004, S. 47). Darüber hinaus widmete er sich seiner bürgerlichen Karriere. Radikal bleiben aber seine Ansichten und Schriften. Šmulovič schreibt: „Man kann ohne Übertreibung behaupten, dass das gesamte Schaffen des Autors einen künstlerischen Aufruf zu aktivem revolutionärem Handeln darstellt" (Šmulovič 1981, S. 213). Gleichzeitig war sich Büchner nur zu bewusst, dass gesellschaftlich-relevante Veränderungen, die dem einfachen Volke zukommen sollten, nicht von oben dem Volk angetragen werden konnten. Revolutionen mussten aus dem Volk entspringen. „Die Gesellschaft mittelst der *Idee*, von der *gebildeten* Klasse aus reformieren? Unmöglich! Unsere Zeit ist rein *materiell*, wären Sie je direkter politisch zu Werk gegangen, so wären Sie bald auf den Punkt gekommen, wo die Reform von selbst aufgehört hätte. Sie werden nie über den Riss zwischen der gebildeten und ungebildeten Gesellschaft hinauskommen". (Textausgabe, S. 123, Z. 5–11)

Ergänzend kann folgende Hausarbeit in Auftrag gegeben werden …

■ *Erörtern Sie, ob Büchners Handeln – gemessen nach heutigen Maßstäben, wie politische Auseinandersetzungen geführt werden sollten – zu verantworten ist.*

Notizen

_____

_____

_____

_____

_____

_____

_____

_____

_____

_____

_____

_____

Steckbrief

Heinz Jacobi
Aporie
oder
Büchner grüßt aus dem Knast

Der Dichter Georg Büchner
unser Genosse
verfasst eine große illegale
Flugschrift
5 und forderte offen
gewaltsamen Umsturz
wie er ihn heute
fordern würde, gehetzt
durch die §§ 88a und 130a
10 und gründete – § 129a – eine
bewaffnete „terroristische
Vereinigung"

Wie schizophren ist
oder taktisch geschickt
15 doch unser Herrschafts-Gelichter
das *ihn* ehrt
ihm einen Preis widmet
seine Stücke spielt
während es sich fürchtet
20 vor kommunistischen Lokführern
vor sozialistischen Friedhofsgärtnern
vor linken Krankenschwestern
vor demokratischen Lehrern?

Müssen wir denn erst
25 alle und lange tot sein
bis die Schaben
uns wieder für sich
reklamieren?

Heinz Jacobi: Aporie. In: Der Martin Greif Bote
(München) 8 (1978), S. 22

2493. **Steckbrief.**
Der hierunter signalisirte Georg Büchner, Student der Medizin aus Darmstadt, hat sich der gerichtlichen Untersuchung seiner indicirten Theilnahme an staatsverrätherischen Handlungen durch die Entfernung aus dem Vaterlande entzogen. Man ersucht deßhalb die öffentlichen Behörden des In- und Auslandes, denselben im Betretungsfalle festnehmen und wohlverwahrt an die unterzeichnete Stelle abliefern zu lassen.
Darmstadt, den 13. Juni 1835.
Der von Großh. Hess. Hofgericht der Provinz Oberhessen bestellte Untersuchungs-Richter, Hofgerichtsrath
Georgi.

Personal-Beschreibung.
Alter: 21 Jahre,
Größe: 6 Schuh, 9 Zoll neuen Hessischen Maaßes,
Haare: blond,
Stirne: sehr gewölbt,
Augenbrauen: blond,
Augen: grau,
Nase: stark,
Mund: klein,
Bart: blond,
Kinn: rund,
Angesicht: oval,
Gesichtsfarbe: frisch,
Statur: kräftig, schlank,
Besondere Kennzeichen: Kurzsichtigkeit.

■ *Recht besehen, war Büchner doch nichts anders als ein der Gewalt zusprechender Terrorist! Erörterung: Wer solche Thesen vertritt, gehörte damals genauso wie heute ins Gefängnis.*

■ *Setzen Sie sich mit dem Gedicht von Heinz Jacobi auseinander. Er deutet an, dass eine Gesellschaft, die lebende Personen vom Schlage Büchners ächtet, Verstorbene gleichen Sinnes oftmals ehrt. Erscheint Ihnen diese in den 70er-Jahren formulierte, sicherlich intentiöse These zeitlos, ggf. gar plausibel? Falls Sie dieser These zustimmen, überlegen Sie Gründe für dieses „schizophrene" Verhalten.*

■ *Recherchieren Sie: Worauf spielt Jacobi an? Was sind das für Paragraphen? Zu welchem Anlass sind sie erlassen worden? Was wollte man damit bezwecken?*

Sprachliche Mittel/rhetorische Figuren im „Hessischen Landboten"

Sprachliche Mittel/rhetorische Figur	Beispiel aus der Flugschrift	Aussagefunktion/Intention der Verfasser
Modus		
Antithese		
Aufzählung – Reihung		
Wiederholung		
Bilder (Metapher, Personifikation), Vergleich		
Anapher		
Parallelismus		
Klimax, Antiklimax		
Rhetorische Fragen		

■ Arbeiten Sie mithilfe des vorliegenden Arbeitsblattes die sprachlichen Mittel heraus, mit denen Büchner seinen Leser zu überzeugen versucht.

48

Sprachliche Mittel und rhetorische Figuren im „Hessischen Landboten" – mögliche Ergebnisse

Sprachliche Mittel/rhetorische Figur	Beispiel aus der Flugschrift	Aussagefunktion/Intention der Verfasser
Modus	• Konjunktiv: „Im Jahre 1834 siehet es so aus, als würde [...]" (S. 124, Z. 19) • Indikativ: „Das Leben der Vornehmen ist ein langer Sonntag" (S. 124, Z. 24f.) • Imperativ: „Seht nun, was man in dem Großherzogtum [...], seht nun, was man [...]" (S. 125, Z. 19f.)	• Konjunktiv: Da die Autorität der Bibel nicht angezweifelt werden kann, muss an der Wirklichkeit etwas faul sein. • Indikativ: Beschreibung des „Ist"-Zustandes der Gesellschaft. • Imperativ: Fordert zur Erkenntnis und Veränderung des Ist-Zustandes auf.
Antithese	Gegensatz: Langer Sonntag, langer Werktag (S. 124, Z. 24f./30f.) Herren in Fräcken, Volk nackt (S. 128, Z. 6f.) Leichenfeld/Paradies (S. 131, Z. 8)	Gegensatz zwischen Arm und Reich wird vertieft.
Aufzählung – Reihung	„Staatsräte und Regierungsräte, Landräte und Kreisräte, Geistliche Räte und Schulräte, Finanzräte und Forsträte [...]" (S. 125, Z. 31ff.)	Die Vielzahl der Beamten und die Überflüssigkeit des Beamtenapparates werden verdeutlicht.
Wiederholung	Volk als Herde, Ackergäule (S. 125, Z. 22) „Wahrheit" wird immer in Verbindung mit dem Staat problematisiert (S. 124, Z. 3ff.; S. 130, Z. 25/35)	Intensivierung, Vertiefung, Einhämmern der Thesen.
Bilder (Metapher, Personifikation), Vergleich	Das Volk aber liegt vor ihnen wie Dünger auf dem Acker" (S. 124, Z. 27) „Die Justiz ist seit Jahrhunderten die Hure der deutschen Fürsten" (S. 127, Z. 17) „wie man ein Vieh schont, [...]" (S. 128, Z. 10)	Bildlichkeit spricht die einfache Bevölkerung an, da die Bilder und Vergleiche der bäuerlichen Lebenswelt entnommen sind. Anhand ihrer alltäglichen Erfahrung wird die Unterdrückung verdeutlicht.
Anapher	„Seht nun, [...], seht" (S. 125, Z. 19f.) „Klagt einmal, [...], klagt [...], klagt [...]" (S. 127, Z. 30f.) „Denkt an das Stempelpapier, denkt an euer Bücken [...]. Denkt an [...]" (S. 127, Z. 20ff.)	Erhöhung der Eindringlichkeit
Parallelismus	Friede den Hütten, Krieg den Palästen (S. 124, Z. 18)	Durch den parallelen Bau gleicher syntaktischer Fügungen gewinnt das Gesagte einen schlagwortartigen Charakter.
Klimax, Antiklimax	„An 700000 Menschen schwitzen, stöhnen und hungern dafür" (S. 125, Z. 9f.)	Durch die dreigliedrige Steigerung erhöht sich die Eindringlichkeit des Gesagten.
Rhetorische Fragen	„Wo sind die Gerichtshöfe, die eure Klage annähmen, wo die Richter, die Recht sprächen?" (S. 127, Z. 31)	Die Frage impliziert die Antwort, dass es Gerichtshöfe, die für die Armen Partei ergreifen, nicht gibt.

Der Epikureer und der Moralist

Danton ist eine facettenreiche Persönlichkeit, die im Vergleich zu Robespierre die Sympathien der Schülerinnen und Schüler haben dürfte. Er plädiert bspw. für das Ende des Terrors und den Beginn der Republik, was fraglos Zustimmung hervorrufen wird, und er erscheint mit seinen Bedürfnissen, die er lebt, geradezu „menschlich". Eine Gegenüberstellung von Danton/Robespierre könnte danach plakativ in dem binären Schema einer Gut/Böse-Zuschreibung enden. Zudem tritt Danton am Ende des Dramas den schweren Gang zur Hinrichtung an. Auch schon vom Ende her betrachtet dürften daher die Sympathien in der Regel ganz eindeutig verteilt sein. „Ausgegangen werden kann bei der Interpretation Dantons von dem Faktum, dass ihm mehr Sympathien Büchners gehören als Robespierre" (Thorn-Prikker 1978, S. 37).

Aber auch Danton war ein Mann des Terrors: Er war als „Mann des September" (I.5, S. 27, Z. 31) mitverantwortlich für die blutigen Septembermorde. Nüchtern hält er zwar vor dem Revolutionstribunal fest: „Ich bin nicht stolz darauf" (III. 4, S. 61, Z. 8), doch hatte er sie für notwendig erachtet. Wie sagte doch der historische Danton: „Seien wir schrecklich [...], damit das Volk es nicht zu sein braucht" (Danton, zit. n. Albig 2006, S. 148).

Dantons Plädoyer im Drama für das Ende des Terrors scheint im Übrigen mehr in dem Überdruss zu liegen, den er darüber empfindet, als in moralischer Entrüstung. Diesen Überdruss oder diese Antriebslosigkeit aber hat Danton nicht immer ausgezeichnet. Deutlich wird dies gerade in der Szene III.4, als Danton vor das Revolutionstribunal gestellt wird, vor dem er seine Leistungen im Dienste der Revolution herausstellt. Er war ein Mann der Tat, der die Grausamkeit nicht scheute.

Seine frühere Tatkraft wiederum geschah nicht allein für die Sache der Revolution. Sein Einsatz für die Revolution diente zwar dem Volk, aber zunächst einmal ihm selbst und einem persönlich motivierten Sinnstreben. Seine Entscheidung, ob er sich für eine Sache einsetzt oder nicht, lässt Hérault folgende Worte wählen: „zum Zeitvertreib, wie man Schach spielt", I.1, S. 11, Z. 33f. Das Motiv des Zeitvertreibes wirft kein günstiges Licht auf Danton.

Auch in der abenteuerlichsten Revolution mit all ihren Folgen drückt sich irgendwann die Wiederkehr des Immergleichen aus, was Danton verdrießt, schließlich langweilt. So erlahmt das Interesse und mit dem Interesse die Tatkraft, und an deren Stelle tritt die Langeweile. Und die Langeweile ist ein Danton wesentlich beschäftigendes Thema. Gefragt von Lacroix, warum er die Entwicklung in der Politik so lange habe schleifen lassen, antwortet er: „es war mir zuletzt langweilig", II.1, S. 36, Z. 1. Einem strahlenden Helden sind solche Zuschreibungen oder Worte nicht zu eigen. Die Ausführungen verdeutlichen, dass das Gut/Böse-Schema, nach dem Danton für moralische Integrität stünde und Robespierre für den Terror, nicht trägt. Es gibt also hinreichend Indizien dafür, dass die Auseinandersetzung mit Danton von einem kritischen Impetus getragen sein sollte.

Dies gilt umso mehr, wenn man darüber hinaus Georg Büchners Briefe mit in die Analyse einbezieht, die dessen Vorstellungen entfalten, unter welchen Voraussetzungen eine gerechtere Gesellschaft entstehen könnte. Dann erscheint Danton noch weniger als strahlender Held, aber umso mehr als ein Mann, der einer gerechteren Gesellschaft eher im Weg steht denn umgekehrt. Danton, der gutsituierte, intellektuell geschulte Bürger genießt, das Volk leidet Hunger und Not. Büchner kritisiert in seinen Briefen dieses Gefälle zwischen Arm und

Reich und benennt dies als einen „Riss". Das Ausrufen der Republik, das Danton im Drama befördert sehen möchte, könnte diesen „Riss zwischen der gebildeten und ungebildeten Gesellschaft" (Büchner, Textausgabe S. 123, Z. 9 f.), den Büchner feststellt, manifest werden lassen. Der Grund, den Büchner dafür anführt, ist folgender: „[D]ie gebildete und wohlhabende Minorität, [...], wird nie ihr spitzes Verhältnis zur großen Klasse aufgeben wollen" (ebd., Z. 12 ff.). Das Gefälle zwischen Genießenden und Leidenden würde mit dem Ausrufen der Republik nur festgeschrieben, aber nicht überwunden. Büchner stellt Liberale wie Danton und Absolutisten auf die Seite der zu Bekämpfenden: „Die ganze Revolution hat sich schon in Liberale und Absolutisten geteilt und muss von der ungebildeten und armen Klasse aufgefressen werden" (Büchner, Textausgabe S. 121, Z. 15 ff.).

Ein Dilemma entsteht: Der Terror eines Robespierre aus idealistischen Motiven generiert – *erzeugt* wie noch zu sehen sein wird – nur neuen Terror, der Genussmensch Danton wiederum *zum Ausdruck bringen* manifestiert nur die bestehenden ungerechten Zustände, die die Revolution in Gang gesetzt haben. Stand das einfache Volk zuvor in Abhängigkeit zum feudalen Herrscher, so würde es nun in alleinige trostlose Abhängigkeit geraten zum gebildeten liberalen Bürgertum. Weder Robespierre noch Danton sind für Büchner unbedingt zu begrüßende Wegbereiter einer Republik (auch wenn Gutzkow, um Büchners Produktionstätigkeit zu befördern, einmal Büchner mit Danton verglich: „Sie haben selbst viel Ähnlichkeit mit ihrem Danton: genial und träge" (Gutzkow, zit. n. Büchner 1986, S. 301)). In Danton und Robespierre sieht man die Ratlosigkeit Büchners, unter welchen Umständen eine gerechte Gesellschaft Gestalt annehmen könnte.

„Es fällt auf: im Stück erscheinen die politischen Positionen durchweg fragwürdig. Die Resignation Dantons entfernt den aktionsmüden ‚Epicuräer' zu weit vom kollektiven Handeln. Weit schlimmer, ja unerträglich und außerdem historisch gründlich widerlegt: die kalte Ideologie des Tugendapostels und tatsächlichen ‚Blutmessias' Robespierre" (Buck 2000, S. 16), wobei man festhalten muss, dass Robespierre keineswegs immer dieser Blutmessias gewesen ist, zu dem er schließlich wird. Noch im Jahr 1791, am 30. Mai, spricht er sich in der Nationalversammlung im Rahmen einer Erörterung zur Hinrichtungsfrage und Einführung der Guillotine vehement gegen die Todesstrafe aus. „Die Diskussion wird dann vor allem von Robespierres flammender Rede gegen die Todesstrafe geprägt, in welcher er aufzeigt, dass diese gleichzeitig ungerecht und als Instrument der Abschreckung wirkungslos sei" (Arras 1988, S. 30).

Es gilt also im Folgenden, ein differenziertes Charakterbild von Danton zu zeichnen, das dem allzu schlichten Schwarz/Weiß-Schema entgeht.

- Es erfolgt eine Auseinandersetzung mit den historischen Personen Danton und Robespierre und deren grundsätzlichen Charakterzügen.
- Die Motive und Weltanschauungen, die Danton und Robespierre leiten, werden herausgestellt und kritisch beurteilt.
- Die Auseinandersetzung mit Büchners Brief an Gutzkow aus dem Jahr 1836, der Büchners Position zu den Bedingungen der Möglichkeit einer Umwälzung der Gesellschaft klärt, ist Thema innerhalb dieses Bausteins.
- Die Beziehung zwischen Lebensansichten und Örtlichkeiten wird untersucht.

3.1 Die historischen Vorbilder Danton und Robespierre

Die Begegnung mit den historischen Personen Danton und Robespierre soll helfen, einen – jenseits jeglicher dramatischer Ausgestaltung – realistischen Eindruck zu bekommen. In Stillarbeit wird der Text von Ernst Schulin auf Seite 179 ff. im Schülerband gelesen, wesentliche Merkmale werden im Tafelbild festgehalten und gegenübergestellt.

■ *Stellen Sie die historischen Personen Danton und Robespierre mithilfe des Textes von Ernst Schulin vor, Textausgabe, S. 179 ff. und S. 184–186.*

Danton	Robespierre
● Anwalt von Beruf	● Anwalt von Beruf
● imposante, unattraktive Erscheinung, brutal wirkend	● Eher unscheinbare Gestalt, stets akurat auftretend
● dem Luxus nicht abgeneigt, permanente Geldsorgen	● Asketisch und diszipliniert lebend
● patriotisch orientiert, aber nicht ideologisch verblendet	● von Rousseau inspiriert, idealistisch motiviert (verblendet)
● mehr für den großen politischen Wurf, weniger für die Detailarbeit geeignet	● gewissenhafter Arbeiter, aber schablonenhaftes S/W-Denken, daher zur Grausamkeit neigend
● nur zeitweise vom Volk gefeiert	● vom Volke respektiert
● hielt das gewöhnliche Volk für unmündig und der Führung bedürftig	● Hochachtung vor den Tugenden und vor der Mündigkeit des Volkes
➡ Praktisch veranlagter Genussmensch	➡ Genussfeindlicher und bürokratisch veranlagter Idealist

Aus dieser Charakterzeichnung wird die Unterschiedlichkeit beider Personen deutlich. Der Lebemann und Mann für den großen Ideenwurf auf der einen Seite, der Asket und Pedant auf der anderen. Ergänzend zu Robespierre ist anzumerken, dass er nur einen bestimmten Typus von „Volk" achtete und zwischen Volk und Volk unterschied. Ehrbaren, redlich arbeitenden Vertretern einfacher Volksschichten zollte er Hochachtung. „Die ungezügelten Haufen auf der Straße jedoch, die mit dem Bauch denken und angesichts von Inflation und chronischer Wirtschaftskrise immer wieder die Pariser Läden plündern – diese Leute lehnte Robespierre ab: Sie sind eigentlich überhaupt kein Volk, sondern ‚ein Mob aus Frauen', wie er bisweilen mutmaßt, ‚angeführt von Dienern der Aristokratie'" (Albig 2006, S. 145). Für die breiten Volksmassen in ihrem Elend zeigt er also wenig Verständnis. Er ersinnt sich auch hier ein Ideal. „[D]as Volk [sieht] er lieber aus der Ferne: als ideales Geschöpf, als Verkörperung von Natur und Tugend" (ebd.). Zu diesem Bild passt auch, dass er die rote Mütze, „welche ‚die Frisur verdirbt'" (Robespierre, zit. n. ebd.), das Erkennungszeichen der Sansculotten, ablehnte. Ebenfalls von Relevanz ist, dass es sich bei beiden Protagonisten zwar um Vertreter des Dritten Standes handelt, die als Anwälte aber dem gutsituierten Bürgertum und nicht dem einfachen Volk zugehörig sind. Das ist wichtig anzumerken, weil beide im Verlauf des Dramas aus diesem privilegierten Blickwinkel heraus für das einfache Volk sprechen.

Sofern dies nicht schon in der Einführung zum Drama geschehen ist, können an dieser Stelle auch die **Arbeitsblätter 5** und **6**, S. 32–35 „Der Alltag der Pariser Volksschichten" und „Der Alltag des gehobenen Bürgertums" eingebracht werden, die sehr anschaulich verdeutlichen, dass innerhalb desselben Standes die Lebensqualitäten extrem weit auseinanderklafften.

3.2 Danton – Revolutionär oder Fatalist? (Szenen I.1, II.1, II.4)

Bei der Erstlektüre von „Dantons Tod" fällt vor allen Dingen die Antriebslosigkeit und die latente Todessehnsucht auf, von der die titelgebende Figur im Stück befallen ist.

- Antriebslosigkeit und Todessehnsucht sollen im Folgenden erschlossen und untersucht werden.

- In diesem Zusammenhang wird von der Person Dantons abstrahiert und werden auf einer Metaebene Begrifflichkeiten wie Materialismus, Fatalismus und Nihilismus als das ausgehende 18. Jahrhundert und das 19. Jahrhundert bewegende Strömungen benannt und mit der Person Dantons in Verbindung gebracht.

- Zugleich werden die Haltungen sowohl aus dem zeitgenössischen als auch aus dem gegenwärtigen Blickwinkel kritisch beleuchtet.

- Die Schülerinnen und Schüler sollen im Erstzugang die Danton bewegende Grundhaltung erschließen. In den Fokus wird dabei zunächst die pessimistische Weltsicht genommen. Dazu wird die nähere Beschäftigung mit den Szenen I.1, II.1 und II.4 vorgeschlagen.

■ *In den Szenen I.1, II.1, II.4 wird Danton in unterschiedlichen Lebenssituationen gezeigt. Stellen Sie Dantons Lebensansichten heraus und charakterisieren Sie ihn.*

■ *Welche Gründe führt Danton an, den Terror zu beenden?*

Szene I.1: Hervorstechendestes Merkmal in Szene I.1 dürften die vielen Todesmotive sein. Schon ganz zu Beginn zeichnet sich darin das Ende ab, das Danton erwartet, sind seine Worte in der ersten Szene doch von Todesahnungen durchdrungen, bspw. wenn er zu Julie sagt: „ich liebe dich wie das Grab. […] Im Grab sei Ruhe und Grab und Ruhe seien eins. Wenn das ist, lieg ich in deinem Schoß schon unter der Erde. Du süßes Grab, deine Lippen sind Totenglocken, deine Stimme ist mein Grabgeläute, deine Brust mein Grabhügel und dein Herz mein Sarg" (I.1, S. 8, Z. 5ff.).
Ebenfalls kennzeichnend in dem Auftritt von Danton in dieser Szene ist die Kommunikationslosigkeit, die er beklagt, die nicht nur zwischen ihm und Julie herrscht, sondern die er als prinzipiell unter den Menschen als gegeben sieht. „[W]ir sind sehr einsam" (I.1, S. 7, Z. 13).

Szene II.1: In dieser Szene zu Beginn des II. Aktes ist ebenfalls eine grundständige Lebensunlust zu beklagen, wenn Danton vor allem die „Langeweile" herausstellt, von der er erfüllt ist, und wenn er aufgrund dieser Empfindung das Leben vom Epos zum Epigramm verkürzt sehen möchte (vgl. II.1, S. 37, Z. 18–20). Die Nichtigkeit des Einzelnen und seine mangelnden Möglichkeiten, aus der Gleichförmigkeit auszubrechen, drücken sich in jener Szene aus – allerdings aus dem Blickwinkel von jemandem, der im Leben des Epos keine Not leidet. Und dort, wo man in die Geschicke eingreift, sind die Fäden weniger als Zügel in die Hand gegeben, sondern eher ist man selbst ins Geschirr gelegt und wird von den Umständen geführt. „Wir haben nicht die Revolution, sondern die Revolution hat uns gemacht" (II.1, S. 36, Z. 18f.). So sieht er die Möglichkeiten des Individuums, in die sich entfaltenden Geschicke lenkend oder steuernd einzugreifen, stark begrenzt, wenn nicht ausgeschlossen. Die Steuerungsfunktion sieht er an anderer Stelle – in den Umständen – lokalisiert. Insofern wähnt er sich weniger als aktiv Handelnder, sondern weit mehr als Marionette, die in diese und jene Richtung hin gelenkt wird. In einer anderen Szene dieses Aktes wird dieser Gedanke noch einmal explizit aufgenommen: „Was ist das, das in uns hurt, lügt, stiehlt und mordet?

Puppen sind wir, von unbekannten Gewalten am Draht gezogen, nichts, nichts wir selbst" (II.5, S. 46, Z. 22–25).

Szene II.4: Und in Szene II.4 wird abermals der ganze Überdruss deutlich, wenn Danton den Gedanken an die Flucht aufgibt in der Hoffnung auf den Tod und das Vergessen (II. 4, S. 44, Z. 4–12). Auch wenn Dantons Rede immer wieder vom Vokabular des Todes durchdrungen ist, heißt dies nicht, dass er sich explizit vom Tode bedroht fühlt. Er glaubt sich vor den Schergen der Revolution sicher. „Sie werden's nicht wagen" (II.1, S. 37, Z. 30 f.; diese Aussage wiederholt er in II.4, S. 44, Z. 21). So glaubt er nicht ganz daran, dass seine Widersacher ihn in Haft nehmen und dem Tod zuführen, gleichwohl ist die Stimmung des Liebäugelns mit dem Tod, wie Danton es ausdrückt, prinzipiell gegeben.
Zentrale Motive mit Belegstellen seiner pessimistischen Sicht werden im Tafelbild festgehalten.

Danton – zentrale Motive

- **des Lebens müde:** „Ich liebe dich wie das Grab" (I.1, S. 8, Z. 5), vgl. weiter S. 8, Z. 7–12, „mir gibt das Grab mehr Sicherheit, [...]! Es tötet mein Gedächtnis" (II.4, S. 44, Z. 10 ff.).

- **Kommunikationslosigkeit/Einsamkeit:** „Wir wissen wenig voneinander. Wir sind Dickhäuter, wir strecken die Hände nacheinander aus, aber es ist vergebliche Mühe, [...]" (I.1, S. 7, Z. 10 ff.), vgl. weiter S. 7, Z. 16–21.

- **weniger Handelnder denn von den Umständen Getriebener:** „Wir haben nicht die Revolution, sondern die Revolution hat uns gemacht" (II.1, S. 36, Z. 18 f.).

- **Langeweile:** „Das ist sehr langweilig, immer das Hemd zuerst und dann die Hosen drüber zu ziehen und des Abends ins Bett und morgens wieder herauszukriechen und einen Fuß immer so vor den andern zu setzen, da ist gar kein Absehens, wie es anders werden soll. [...] Das ist sehr traurig" (II.1, S. 35, Z. 7–15), vgl. weiter S. 36, Z. 1–8).

➡ Hang zum Fatalismus

 Ein produktiver Schreibauftrag soll das Für und Wider der Haltungen reflektieren helfen.

> ■ *Sie sind Danton: Schreiben Sie einen inneren Monolog, der Ihre Haltung zur Politik und zu den Menschen wiedergibt. Bei diesem Monolog meldet sich aber auch Ihr „zweites Ich", das die Welt- und inneren Zustände nicht ganz so negativ sieht. Führen Sie also einen inneren Monolog, der paradoxerweise einen Dialog ausficht.*

Jenseits von aller Revolutionsdramatik kann dabei als Ergebnis des Schreibauftrages in einigen Punkten möglicherweise Verständnis für die Haltung Dantons herauskommen. Der Hang zum Fatalismus dürfte ansatzweise schon zum Ausdruck kommen. Wünschenswert und wahrscheinlich ist es auch, dass der Monolog Gründe für die pessimistische Sicht benennt. Die folgenden Bausteinabschnitte arbeiten sukzessiv Gründe für diese Haltung heraus.

Alle Einlassungen Dantons spiegeln eine verneinende Haltung gegen den Menschen, gegen die Gesellschaft, gegen das Leben und so eine fatalistische, ja eine nihilistische Sicht. Der biologischen Bedingtheit des Menschen, der mangelnden Kommunikationsfähigkeit, dem grundsätzlich fehlerhaften Handeln und den auf das Individuum rückwirkenden Verhältnissen ist nicht beizukommen, sodass die Gesellschaft nicht vom Individuum aus verändert werden kann. Die Einflussmöglichkeiten des Einzelnen erscheinen nichtig. Die Haltungen, die Danton pflegt, sind zuletzt materialistisch verankert. Der Mensch erscheint bei Danton fremdbestimmt bewegt und weniger als jemand, der von sich aus bewegt. Der Materialismus ist zur Zeit Büchners und auch zu Zeiten der Französischen Revolution schon eine wichtige philosophische Strömung gewesen und Folge eines zunehmend aufklärerischen Denkens. Es wird daher angeregt, die Seiten 159 f. in der Textausgabe zu lesen, um einen kleinen Eindruck von jener Ideenlehre zu bekommen. Erwähnenswert ist in diesem Zusammenhang, dass Büchners Bruder Ludwig ein führender Materialist war, wie auch jenen Seiten zu entnehmen ist.

Aus dieser materialistischen Grundposition resultiert der Hang zum *Fatalismus,* zum *Nihilismus* (vgl. auch **Arbeitsblatt 15**, S. 120: „Der Nihilismus und das neue Zeitempfinden", das ggf. eingebracht werden kann).

Die Schülerinnen und Schüler werden im Wesentlichen eher der Gedankenlinie Dantons folgen, selbst wenn einige der These, dass ein vollkommen tugendhaftes Leben nicht möglich sei, vielleicht widersprechen. Robespierres Haltung, die immer nur weiteren Terror nach sich zieht, werden sie sicherlich ablehnen. Die folgenden Ausführungen werden diese einseitige Präferenz relativieren.

3.3 Danton und Robespierre im Disput (Szene I.6)

Danton ist der Revolution überdrüssig, während Robespierre für deren Fortsetzung plädiert. Diese Grundhaltungen werden über Szene I.6 zunächst für beide präzisiert und anschließend für die jeweilige Person differenziert weiterentwickelt (Kapitel 4.3.1 und 4.3.2). Ein zentraler Satz in diesem Disput ist der Satz Dantons „Es gibt nur Epikureer", I.6, S. 30, Z. 18), von dem im Grunde nicht nur dieser Disput, sondern das ganze Drama getragen wird. Das folgende Tafelbild zu den Aufgaben ist daher auch von dieser Kernidee getragen. Um eine erste Vorstellung davon zu gewinnen, was die Lehre Epikurs beinhaltet, wird auf Seite 93 der Spiegelstrich 20 zu Epikur gelesen, der schon deutlich macht, dass die Lust beim Streben nach Glück eine erhebliche Rolle spielt: Ohne Lustgewinn oder ohne Genuss ist ein glückseliges Leben nicht möglich. Von dieser Idee ist auch Danton getragen, und von dieser Einstellung ist auch der Dialog zwischen Danton und Robespierre bestimmt, der diese Haltung ablehnt. Zwecks Vertiefung dieses Gedankengangs kann an dieser Stelle auch der Bausteinabschnitt „3.3.2 Danton – Der Egoismus als Vorbild für alles Handeln", S. 58, vorgezogen und das **Arbeitsblatt 14**, S. 119 „Epikur – Über die Seelenruhe" eingebracht werden.

■ *Wie stehen Danton und Robespierre zur Revolution?*

■ *Welche Lebenseinstellungen kommen in dem Disput zum Ausdruck und wie begründen die beiden Protagonisten diese?*

■ *„Es gibt nur Epikureer", I.6, S. 30, Z. 18. Danton unterstellt damit Robespierre ebenfalls eine epikureische Haltung, die von Robespierre selbst als lasterhaft gekennzeichnet wurde. Wie argumentiert er?*

■ *Stellen Sie Ergebnisse in einer Tabelle gegenüber.*

Danton	Robespierre
➡ Plädoyer für die Beendigung der Terror-herrschaft, er sieht die Revolution am Ziel: „Ich sehe keinen Grund, der uns länger zum Töten zwänge", I.6, Z. 10 f.	➡ Plädoyer für die Fortsetzung des Terrors, um die Revolution zu einem erfolg-reichen Abschluss zu bringen
➡ Individualinteresse: vertritt die Position, dass der Mensch seinen Bedürfnissen und seiner Natur nach leben möge.	➡ Allgemeininteresse: Der Mensch habe sich allgemeinen Prinzipien unterzuord-nen: Tugend
● Es gibt nur Epikureer. Idee einer tu-gendhafte Gesellschaft ist töricht: Auch Robespierre „handelt seiner Natur ge-mäß" und „tut, was ihm wohltut", I.6, S. 30, Z. 21 f.	● Bedenklicher Wechsel von der Aristo-kratie zur „guten Gesellschaft": „Weg mit einer Gesellschaft, die der toten Aristokratie [...] Aussatz geerbt hat", I.6, Z. 24 f.
● Indem R. tugendhaft lebt, „bloß um des elenden Vergnügens willen, andre schlechter zu finden", I.6, S. 29, Z. 27 f., ist er Epikureer.	● Überwindung der „guten Gesellschaft" zur neuen: „Die soziale Revolution ist noch nicht fertig, wer eine Revolution zur Hälfte vollendet, gräbt sich selbst sein Grab", I.6, Z. 12 f.
● Moral ist ohne Laster nichts wert: „du bist ihm zu viel schuldig, durch den Kontrast nämlich", I.6, S. 30, Z. 28 f.	● Das Laster gefährde die Revolution: „Er will die Rosse der Revolution am Bordell halten machen", I.6, S. 31, Z. 3 f., vgl. auch ebd., Z. 16–23
	● Ergo: „Laster ist zu gewissen Zeiten Hochverrat", I.6, Z. 25 f.

3.3.1 Robespierre – Ein allgemeines Prinzip als Vorbild für alles Handeln (Szene I.3)

Robespierre ist ein genusshaftes Leben, wie dies Danton lebt, Verrat an der Moral, Verrat an der Sache der Tugend und so auch an der Sache der Revolution. „Danton, das Laster ist zu gewissen Zeiten Hochverrat" (I.6, S. 30, Z. 25 f.). Wer wie Danton der epikureischen[1] Lehre folgend seinen Seelenfrieden sucht, wechselt unvermeidlich nach Robespierres Dik-tion in das Lager der Gegner. Robespierre verficht Ideale (die Tugend bspw. als Wert an sich), die er höher einschätzt als den Menschen selbst. In Robespierre manifestiert sich ein Menschentypus, der in der Menschheitsgeschichte immer wieder aufgetreten ist und für menschliche Tragödien verantwortlich ist: Das propagierte Ideal erscheint nicht als Ange-bot, für das man Menschen gewinnen will, sondern als ein Gebot, zu dem man Menschen zwingen will.

■ *Stellen Sie anhand der Szene I.3 und Robespierres Rede die Bedeutung von Mensch und Ideal für Robespierre heraus.*

■ *Konkretisieren Sie seine Haltung mit weiteren Belegen aus dem Drama.*

Robespierre ist mit einem geradezu messianischen Sendungsbewusstsein ausgestattet. Sein apodiktisches Hochhalten der Tugend beschreibt ein solches unkritisch gepflegtes Ideal um des Ideals willen. Indem dieses vergötterte Ideal der Notwendigkeit einer Begründung im

---

[1] Auch hier wäre es denkbar, eine erste Vorstellung davon zu gewinnen, was die Lehre Epikurs beinhaltet. Falls dies bei der Behandlung im Vorfeld mit Danton noch nicht geschehen ist, wird im Textband auf Seite 93 der Spiegelstrich 20 zu Epikur gelesen, der schon deutlich macht, dass die Lust beim Streben nach Glück eine er-hebliche Rolle spielt: Ohne Lustgewinn oder ohne Genuss ist ein glückseliges Leben nicht möglich.

Einzelfall entzogen und als ein allgemeingültiges, für gut befundenes Gebot betrachtet wird, kann Robespierre mit der Tugend jeden Terror begründen. „Die Waffe der Republik ist der Schrecken, die Kraft der Republik ist die Tugend. Die Tugend, weil ohne sie der Schrecken verderblich, der Schrecken, weil ohne ihn die Tugend ohnmächtig ist. Der Schrecken ist ein Ausfluss der Tugend, er ist nichts anders als die schnelle, strenge und unbeugsame Gerechtigkeit" (I.3, S. 19, Z. 28–34). Nicht mehr der Mensch steht im Zentrum, sondern das quasi heiliggesprochene Ideal der Tugend.

Robespierres Ideal und seine Folgen

Grundannahmen/Haltungen:

- Es gibt Werte an sich: Die Tugend als Ideal.
- Dem Ideal ist unbedingt Folge zu leisten.

Folgen:

- Vernachlässigung der konkreten Lebenswirklichkeit zugunsten eines Gesellschaftsideals
- Die Welt teilt sich in Freunde (Leben nach dem Ideal) und Feinde.
- Menschen werden ohne Rücksicht auf eine Idee gezwungen oder verfolgt.

In Robespierre haben wir also einen Ideologen vor uns, dem für die „gute" Sache, an die er glaubt, alle Mittel recht sind. Auf ihn passen die Worte Blaise Pascals, der einmal sagte: „Niemals tut man derart vollständig und heiter das Böse, als wenn man es mit ruhigem Gewissen tut" (Pascal 2001 1, S. 417), was bei Nietzsche ganz ähnlich klingt, wenn er von der Guten „rücksichtslose[n] Rechtschaffenheit" (Nietzsche 1999, S. 273) spricht. Auf die Formel gebracht, kann man sagen: Mit gutem Gewissen unter anderen wüten ist das Ergebnis einer Moral, die sich ihrer selbst und ihres „Gutseins" vermeintlich sicher ist.

Dieser Sachverhalt ist jenseits von Robespierre auf einer allgemeinen Ebene zu diskutieren. Dabei kann man auf unterschiedliche Art und Weise vorgehen: Zum einen bietet sich, um ein zügiges Unterrichtsfortschreiten zu garantieren, diese Diskussion als schriftliche Erörterung zu Hause an, zum zweiten wäre eine Auseinandersetzung ausschließlich im Unterrichtsgespräch möglich, zum dritten schließlich – und diese Vorgehensweise wird bevorzugt – wäre eine Pro- und Kontra-Diskussion möglich, zu der zunächst in Gruppen entweder  Pro- oder Kontra-Argumente arbeitsteilig erstellt werden. Nach der jeweiligen Gruppenarbeitsphase werden je eine Pro- und eine Kontra-Gruppe zusammengeführt, die in dieser Großgruppe die unterschiedlichen Positionen austauschen und die Diskussion führen sollen. Zum Abschluss dieser Phase soll ein gemeinsames Papier erstellt werden, das entweder eine gemeinsame Position wiedergibt oder das die Unvereinbarkeiten formuliert. Diese Papiere werden dann im Plenum vorgestellt. Ausgangspunkt aller Pro- und Kontra-Überlegungen stellen der folgende Satz vom Autor dieses Modells und die folgende Aufgabe dar:

■ *Nehmen Sie Stellung zu folgender Sentenz:*

Wer sich nicht am Menschen orientiert,
sondern an einer Idee (um des Menschen willen),
vergeht sich am Menschen (um der Idee willen).

***

Selbst die bestgemeinte Idee verkehrt sich dabei in ihr Gegenteil.

Die Verabsolutierung von Idealen (Überzeugungen, Wertvorstellungen) bringt leicht Überzeugungstäter hervor, die das eigene Ideal nicht mehr kritisch hinterfragten, sondern für sakrosankt erklären. Vermeintlich unantastbare Ideale, die möglicherweise noch Gebote des Handelns enthalten, werden – einmal akzeptiert – in blindem Gehorsam befolgt und nicht mehr von Fall zu Fall an der Lebenswirklichkeit überprüft. „Werte sind Stoppregeln der Reflexion, *inviolate levels,* die uns die Verunsicherungen des Nachdenkens und des Lernens ersparen" (Bolz 1999, S. 54). Man stellt also das Denken ein und gefällt sich im bloßen Gehorchen. Auch keines der 10 Gebote aus der Bibel kann für sich Allgemeingültigkeit für jeden Fall reklamieren. Dazu sind sie – in Anbetracht einer komplexen Wirklichkeit – zu schlicht bzw. hoffnungslos unterkomplex formuliert. Es gibt immer Fälle und Situationen, in denen sie bekanntermaßen in der strikten Anwendung ohne Befragung der Situation, in der sie zur Anwendung kommen sollen, zu Tragödien führen würden. Überzeugungen und Gebote, denen man blindlings folgt, entheben folglich auch nie der Verantwortung für die Folgen, die sie zeitigen, auch wenn getreu Folgende aufgrund jener Kanonisierung sich frei von aller Verantwortung und Schuld wähnen.

Die Diskussion im Unterricht sollte den Aspekt ins Auge fassen, dass auch die scheinbar bestmögliche und menschenfreundlichste Idee immer wieder kritisch hinterfragt werden und auf die jeweilige Situation ausgelegt und ggf. modifiziert oder revidiert werden muss.

3.3.2 Danton – Der Egoismus als Vorbild für alles Handeln

Die Prämisse für die Fortsetzung der Revolution, die Robespierre anführt, stimmt für Danton nicht. Robespierre kann gemäß Danton seinen eigenen Ansprüchen nicht gerecht werden, da auch die Tugend nach seiner Argumentation ein Laster ist bzw. aus dem Blickwinkel des Lasters her sich definiert: Das Allgemeininteresse, das Robespierre mit seinem Bezug auf die Tugend zu vertreten vorgibt, ist nach Danton ein verkapptes Individualinteresse. Das ist natürlich eine starke These, da sie nicht weniger besagt, als dass es ein altruistisches Verhalten im Leben unmöglich geben kann.

■ *Beurteilen Sie Dantons These, dass es nur Epikureer gibt (vgl. Szene I.6, S. 30, Z. 18), für das menschliche Handeln in anderen Bereichen. Kann es nach Danton überhaupt selbstloses Handeln geben?*

Dies ist mit den Schülerinnen und Schülern ggf. auch gegenwartsbezogen zu diskutieren: Wer für sich selbst die größten Mühen und Entsagungen auf sich nimmt, um anderen wo auch immer in der Welt zu helfen, tut dies immer auch für sich selbst, da er aus dem Gefühl des Mitwirkens und Helfens für sich einen wie auch immer gearteten Gewinn (Genuss, soziale Anerkennung, ein im Helfen gutes Gefühl, Sinnerfüllung?) zieht. Das relativiert zwar die generelle moralische Wertschätzung entsprechender Handlungen, minimiert aber deren Nutzen nicht.[1] Trotzdem wird diese Haltung Dantons in der Regel bei Schülerinnen und Schülern auf massive Ablehnung stoßen, weil es den Egoismus zum Primat jeglichen Handelns macht und ein tatsächlich selbstloses Handeln prinzipiell negiert. Herangezogen werden kann in diesem Zusammenhang auch der Satz von Epikur: „[E]s gilt [...] unsern vollen Eifer dem zuzuwenden, was uns zur Glückseligkeit verhilft; denn haben wir sie, so haben wir alles, fehlt sie uns aber, so setzen wir alles daran, sie uns zu eigen zu machen" (vgl. **Arbeitsblatt 14**, S. 119, „Epikur – Über die Seelenruhe", Z. 6–9).

---

[1] Eine Mutter Theresa bspw. hat gemäß dieser Haltung nicht in erster Linie aus Selbstlosigkeit den Armen und Ärmsten in dieser Welt geholfen, sondern das Motiv des Helfens entsprang aus dem Eigennutz. Sie selbst konnte – diese These konsequent angewendet – im Helfen einen wie auch immer gearteten Lustgewinn verzeichnen.

3.3.3 Epikur – Über die Seelenruhe

Diesem Bekenntnis Dantons zur Lehre Epikurs, woraus sich auch die Selbstbezogenheit ableitet, soll im Folgenden über das **Arbeitsblatt 14**, S. 119: „Epikur – Über die Seelenruhe" nachgegangen werden. Der Einzelne geht in seinen Überlegungen nicht von der Gemeinschaft aus, sondern von sich selbst. Deutlich wird dabei werden, dass die zentralen Positionen, die Danton vertritt, *alle* bei Epikur vorformuliert sind.

■ *Erläutern Sie Epikurs These, wie der Mensch seinen Seelenfrieden findet.*

Ein wesentlicher Aspekt bei Epikur ist das Philosophieren, das aber nicht um des Philosophierens willen geschieht; vielmehr geht es dabei um die „Seelengesundheit", was man auch mit „Seelenfrieden" übersetzen kann. Ziel menschlichen Strebens ist, über das Vermeiden von Unlust mit sich ins Reine zu kommen. Die „Seelengesundheit" findet der Epikureer über den Weg gewonnener „Glückseligkeit". Wichtig ist dabei das rechte Maß, wenn es darum geht, „Wählen und jedes Meiden in die richtige Beziehung zu setzen zu unserer körperlichen Gesundheit und zur ungestörten Seelenruhe; denn das ist das Ziel des glückseligen Lebens", Z. 27–30. Dieses rechte Maß zu finden ist Aufgabe des Philosophierens und daher immer auch der *reflektierenden Vernunft*. Die Vernunft spielt also eine nicht unerhebliche Rolle bei diesem Vorgang.

Nach einer Stillarbeitsphase werden die Eckpunkte der Lehre Epikurs im Tafelbild festgehalten:

Epikur – Weg zu einem glückseligen Leben

- Ziel eines glückseligen Lebens: körperliche Gesundheit und ungestörte <u>Seelenruhe</u>
- Streben des Menschen: das Vermeiden von Schmerz (Unlust)
- Die <u>Lust</u> ist Anfang und Ende eines glückseligen Lebens
- Ausgangspunkt/Richtschnur bei Beurteilung für alles Wählen/Meiden: die <u>Lust</u>
- Die <u>Lust</u> ist kein Selbstzweck, sondern Mittel, um Seelenruhe zu erzielen.
- <u>Nüchterne Verständigkeit</u> geht den Gründen für alles Wählen und Meiden nach.
- Grundlage für ein lustvolles Leben: die <u>vernünftige</u> Einsicht, aus der sich die Tugenden ableiten
- Vernünftige Einsicht, Sittlichkeit und Gerechtigkeit sind Grundlage für die Lust.
- <u>Lust und Tugend</u> stehen in einem Wechselverhältnis.

■ *In welchem Verhältnis stehen Lust und Tugend zueinander?*

Die reflektierende Vernunft wägt die Lust, die wählt und meidet, und liefert Einsichten, die zu Tugenden (Sittlichkeit und Gerechtigkeit) sich ausbilden. Es ist ein Wechselverhältnis, das abgebildet ist. Die gelebte Lust berät sich sozusagen mit der Vernunft, die prüft, wie Lust und Tugend sich am besten zueinander verhalten, damit dem obersten Ziel, dem Seelenfrieden, zugearbeitet wird.

■ *Damit der Mensch seinen Seelenfrieden finden kann, muss der Mensch auch seine Angst vor dem Tod bewältigen. Geben Sie die Argumentationslogik Epikurs wieder.*

Die Angst vor dem Tod beruht auf Empfindung, und die Empfindung gründet allein im Leben. Leben (Bewusstsein) und Tod sind aber überschneidungsfrei, vgl. Z. 18–20. So braucht man nicht zu fürchten, was ohne Empfindung ist und was wir nicht erforschen können, solange wir Empfindung haben. Deshalb kann Danton im Drama seine Sehnsucht nach der Ruhe im Grab zum Ausdruck bringen.

■ *Weisen Sie in „Dantons Tod" Aspekte der Lehre Epikurs mit Belegstellen nach.*

■ *Stellen Sie gefundene Aussagen ausgewählten Zitaten Epikurs gegenüber.*

Danton	Epikur
• „Jeder handelt seiner Natur gemäß, d.h. er tut, was ihm wohltut", I.5, S. 30, Z. 21f.	➡ „[D]ie Lust [ist], wie wir behaupten, Anfang und Ende des glückseligen Lebens", Z. 43ff.
• Dantons Plädoyer für das Leben als Epigramm: „S' ist Zeit, dass man das bisschen Essenz nicht mehr aus Zubern sondern aus Liqueurgläschen trinkt", II.1, S. 37, Z. 20–23	➡ „Dem Epikureer kommt es „nicht darauf an, die Zeit in möglichster Länge, sondern in möglichst erfreulicher Fruchtbarkeit zu genießen", Z. 22ff.
• Dantons Einsatz für die Revolution ist der Lust geschuldet, in den Worten Héraults: „zum Zeitvertreib, wie man Schach spielt", I.1, S. 11, Z. 34f., sein Mangel an Einsatz gründet in fehlender Lust: „es war mir zuletzt langweilig", II.1, S. 36, Z. 1	➡ „Die Lust […] ist, […], unser erstes, angeborenes Gut, sie ist der Ausgangspunkt für alles Wählen und Meiden", Z. 43–46
• „Robespierre. Du leugnest die Tugend? Danton. Und das Laster. Es gibt nur Epikureer"	➡ „[D]ie Tugenden sind mit dem lustvollen Leben auf das Engste verwachsen, und das lustvolle Leben ist von ihnen untrennbar", Z. 87f.
➡ [N]iemand kann früh genug anfangen für seine Seelengesundheit zu sorgen, Z. 3f.	

(Von hier ist ein Querbezug zu Szene I.5 möglich, in der Marion, die Grisette, Danton ihre Lebensphilosophie erzählt, die epikureisch geprägt ist. Sie versucht, das zu leben, was ihr wohltut, und ist darin mit sich im Reinen, vgl. in diesem Modell den Bausteinabschnitt 5.3, S. 97).

3.4 Weltanschauungen treffen aufeinander (Szene I.3, I.5 u. I.6)

Die Annäherung an Robespierre erfolgt in Gegenüberstellung zu Danton. Es werden dabei deren unvereinbare politische Positionen herausgearbeitet und auf ihre politische Relevanz geprüft. Robespierre vertritt die Ideen der Aufklärung von einer Gesellschaftsidee aus, die das gesellschaftliche Ganze aus dem Blickwinkel einer reinen Lehre zum Maßstab nimmt und idealistisch motiviert ist. Danton dagegen vertritt die Ideen der Aufklärung von einer Haltung aus, die den Handlungsspielraum des Menschen und damit den der Vernunft begrenzt sieht. Weniger ist der Mensch Initiator, als dass vielmehr mit ihm geschieht. Dantons Losung vom individuellen Glück ist epikureisch, mithin materialistisch motiviert.

Diese beiden Positionen stoßen in „Dantons Tod" aufeinander. Keine scheint für Büchner vertretbar zu sein.

Dabei werden zunächst anhand der Szenen I.3 u. I.5 zentrale Aussagen und allgemeine Weltanschauungen abgeleitet. Danton erweist der Lehre des Epikur seine Referenz und Robespierre zeigt eine tugendtreue Haltung. Im ersten Fall spielt – neben metaphysischen Ansätzen – der Materialismus und ein spezifisches auf das Individuum ausgerichtetes Interesse eine Rolle, im zweiten der Idealismus mit einem vom Individuum losgelösten Moralbegriff, der sich ins Allgemeine wendet.

In einem Folgeschritt wird das einzige Aufeinandertreffen der beiden beleuchtet. Dabei sind ihre Zielvorstellungen (Beendigung des Terrors bzw. Fortsetzung des Terrors) von Relevanz.

Bezugspunkt für die folgende Arbeitsphase sind die Szenen I.3 und I.5, in denen die beiden Protagonisten wesentliche Aspekte ihres Denkens darlegen. Nach Szenenkenntnis werden arbeitsteilig in Gruppenarbeit jeweils Standbilder zu Danton und Robespierre erstellt, die deren Haltungen zu den Menschen und zur Politik spiegeln sollen.

> ■ *Erstellen Sie in Ihrer Gruppe – nach Lektüre der Szenen I.3 und I.5 – ein Standbild, das Danton charakterisiert, sowie eines, das Robespierre charakterisiert.*

Aus den Standbildern werden sich die unterschiedlichen Lebensanschauungen ableiten und diskutieren lassen: Auf der einen Seite der Genussmensch, der sich im Bordell vergnügt, auf der anderen Seite der strenge Jakobiner, der jeden Genuss verdammt und Tod und Terror verteidigt. Anschließend wird eine genauere Textarbeitsphase eingeleitet. Zu diesem Zweck erhalten die Schülerinnen und Schüler das **Arbeitsblatt 10**, S. 71 „Danton und Robespierre im Vergleich". Sie bearbeiten dies in Partnerarbeit – ggf. auch arbeitsteilig – und stellen die Einstellung sowie die Motive, die zur jeweiligen Einstellung führen, heraus. Zusätzlich sollen Belege aus dem Text angegeben werden. Aus der Diskussion der Ergebnisse leiten sich auch die Antworten für den Punkt „Folge" auf dem Arbeitsblatt ab.

> ■ *Arbeiten Sie zentrale Aussagen in Szene I.3 heraus, die Robespierres Lebenshaltung spiegeln. Verfahren Sie mit Danton mit Bezug auf Szene I.5 analog (→ Tafelbild Spiegelstrich „Zitate").*

> ■ *Bringen Sie die jeweilige Lebenshaltung auf den Begriff oder benennen Sie das dahinterstehende Leit- oder Vorbild. Wie stellt sich darüber hinaus aufgrund des gewählten Leitbildes die konkrete Lebenspraxis dar? (→ Tafelbild Spiegelstrich „Phil. Basis und Folgen").*

Diese Aufgaben werden in Partnerarbeit bearbeitet. Bei der Erstellung des Tafelbildes ist es aus ökonomischen Gründen völlig hinreichend, wenn auf relevante Textstellen lediglich mit Seitenzahl und Zeilennummer verwiesen wird. Das nachfolgende Tafelbild bietet zusätzlich noch einige Zitate im Wortlaut. Anhand der Fragen und mithilfe des Arbeitsblattes, das die Struktur des Tafelbildes wiedergibt, lässt sich dieses sukzessive entwickeln. Nach einer Auswertung im Unterrichtsgespräch mit der Teilerstellung des Tafelbildes zu den ersten beiden Punkten „Zitate/Belege" und „Phil. Basis und Folgen" werden die Folgeaufgaben gemeinsam im Unterrichtsgespräch erörtert und das Tafelbild komplettiert. Dabei wird auch auf Ergebnisse aus Bausteinabschnitt 3.2 und 3.3 zurückgegriffen.

- *Wen macht Danton für gesellschaftliche Entwicklungen verantwortlich und wen Robespierre (→ Tafelbild Spiegelstrich „Verantwortung")?*

- *Wen oder was stellen Danton und Robespierre ins Zentrum ihrer Überlegungen (→ Tafelbild Spiegelstrich „Verallgemeinerung")?*

- *Welche Konsequenzen ergeben sich aus der jeweiligen Haltung?*

Der Epikureer: Ganz offenkundig sind Danton vom Menschen absehende, idealistische Philosophien fremd. Wo der Mensch zur Erfüllung seiner Bedürfnisse angeregt wird, wird auf seine individuellen Interessen Wert gelegt. Der genießende Mensch in seiner Materialität ist angesprochen. Der Genussmensch zieht sich, zur Erfüllung seiner eigenen Bedürfnisse, aus dem öffentlichen Raum zurück. Bezogen auf die politische Tätigkeit verfängt sich Danton in der Passivität. Dantons politische Trägheit gründet (vgl. Bausteinabschnitt 3.2, S. 53) in dem mangelnden Genuss und der Lustlosigkeit, sich weiterhin noch politisch einzusetzen, und in dem erfahrenen Lebensüberdruss: Die Genusswelt erschöpft sich.

Der Moralist: Im Umkehrschluss und aus den Ergebnissen zu Danton abgeleitet dürfte es Schülerinnen und Schülern nicht schwerfallen, Robespierre mit einem Allgemeininteresse und Vorstellungen vom Idealismus in Verbindung zu bringen. Robespierre, der das Allgemeininteresse über alles stellt, fühlt sich aufgerufen, im öffentlichen Raum darauf hinzuwirken, dass diesem allgemeinen Prinzip unter allen Umständen auch jeder folgt. Interessant sind die Folgen, die sich aus der jeweiligen Position ableiten. Robespierre ist Idealist. Er glaubt an die sich selbst legitimierende Tugend. Die Tugend sieht er durch das Volk verkörpert. Ein tugendhaftes Leben verlangt er sich und allen Menschen ab. Durchzusetzen versucht er dies durch den Terror („terreur"), den er durch die von ihm gesetzten Ideale gerechtfertigt sieht. „Das Laster muss bestraft werden, die Tugend muss durch den Schrecken herrschen" (I.6, S. 29, Z. 17 f.). Daher bekämpft er auch all jene, die zur Mäßigung raten wie ehedem die Girondisten oder nun die Dantonisten. Sie gefährden durch ihre Nachsicht die Ideale der Revolution und werden dadurch in den Augen Robespierres und seiner Anhänger mit aller Härte zu bekämpfende Gegner. In den Augen des Volkes erscheint Robespierre als Vorbild, da er sich den proklamierten Ansprüchen selbst unterwirft und als unbestechlich gilt. Die Schwarz/Weiß-Zeichnung (Aristokratie = lasterhaft/Volk = tugendhaft) leistet ein Übriges, in Robespierre einen Sachwalter der Interessen des Volkes zu sehen, der „unter Blitzstrahlen und Donnerschlägen" (I.2, S. 16, Z. 7) Moral und Recht zum Sieg verhilft.
Neben dieser „Mission", von der er beseelt ist und die ihn rücksichtslos vorgehen lässt, ist es aber auch die „gigantische Gestalt" (I.6, S. 31, Z. 9) Dantons und der Schatten, in den er dadurch gestellt ist, die Robespierres Vorgehen beeinflussen, wie er sich insgeheim – leichten Zweifel an sich selbst zulassend – eingesteht.

Danton und Robespierre im Vergleich

Danton

Zitate: „Lacroix. Und außerdem Danton, sind wir lasterhaft, wie Robespierre sagt, d.h. wir genießen" (I.5, S. 28, Z. 1 f.).

„Jeder handelt seiner Natur gemäß, d. h. er tut, was ihm wohl tut" (I.5, S. 30, Z. 21 f.).

„Lacroix. Wir müssen handeln. Danton. Das wird sich finden" (I.5, S. 28, Z. 21 f.).

Robespierre

Zitate: „Der Schrecken ist ein Ausfluss der Tugend, er ist nichts anders als die schnelle, strenge und unbeugsame Gerechtigkeit" (I.3, S. 19, Z. 31 ff.).

„In einer Republik sind nur Republikaner Bürger, Royalisten und Fremde sind Feinde" (I.3, S. 20, Z. 12 f.).

„Das Laster ist das Kainszeichen des Aristokratismus. In einer Republik ist es nicht nur ein moralisches, sondern auch ein politisches Verbrechen; der Lasterhafte ist der politische Feind der Freiheit" (I.3, S. 20, Z. 22 – 24).

Phil. Basis und Folgen: Lehre von Epikur:

- liebt die schönen Dinge des Lebens, lebt seine Natur aus
- stellt die persönlichen Bedürfnisse des Einzelnen ins Zentrum, vertritt ein allgemeines Genusstreben
- Jeder soll leben wie er mag.
- gilt als Genussmensch

Phil. Basis und Folgen: allgemeine Moral

- lebt asketisch
- verabsolutiert die Tugend
- stellt die reine Lehre ins Zentrum, Ziele der Revolution stehen über dem individuellen Wohl,
- klares Freund/Feind-Schema
- gilt als der Unbestechliche

Verantwortung: Umstände
Verallgemeinerung: Der Mensch und seine realen, individuellen Interessen stehen im Zentrum.

↓
Individualinteresse
Materialismus

Verantwortung: Individuum
Verallgemeinerung: Eine abstrakte Idee steht im Zentrum.

↓
Allgemeininteresse
Idealismus

Folge: PASSIVITÄT – Danton zieht sich zunehmend in den Privatraum zurück. Er entzieht sich seinem drohenden Schicksal nicht.

Folge: AKTIVITÄT – Robespierre geht in die Öffentlichkeit. Er agiert infolge des sakrosankten Ideals erbarmungslos gegen alle, die dem Ideal nicht genügen, und erklärt ganz folgerichtig auch den Bürger Danton zum Feind.

3.4.1 Ortswechsel im Drama

Wenn Danton zum passiven Geschehenlassen neigt und Robespierre zur Tat, dann spiegelt sich das auch in Örtlichkeiten, in denen sich die Protagonisten aufhalten.

■ *Untersuchen Sie die Akte 1 und 2 daraufhin, wo sich die Protagonisten aufhalten.*

■ *Prüfen Sie, an welchen Örtlichkeiten Danton in den Akten auftritt.*

■ *Stellen Sie Überlegungen an, inwiefern die gewählten Örtlichkeiten möglicherweise mit den Grundhaltungen der Protagonisten korrespondieren.*

In Stillarbeit werden die örtlichen Zuordnungen zu den Personen getroffen, im Unterrichtsgespräch miteinander abgeglichen und die möglichen Gründe für die Ortswahl diskutiert. Der Rückzug in den weitgehend unpolitischen Privatraum (Danton) auf der einen und auf der anderen Seite das Auftreten im politisierten öffentlichen Raum (Robespierre) ist ganz konkret in den Szenen der Akte 1 und 2 nachzuweisen (Danton: Szene I.1 [Salon], I.5 u. I.6 [jeweils im Zimmer]; II.1, II.3 u. II.5 [jeweils im Zimmer]). Der II. Akt enthält zwei Ausnahmen, die Szenen II.2 u. II.4. Deutlich wird aber auch hier, dass Danton allein um seinen privaten Genuss besorgt ist – „Möchte man nicht drunter springen, sich die Hosen vom Leibe reißen und sich über den Hintern begatten wie die Hunde auf der Gasse?, S. 40, Z. 4 ff. – und ihm alles Anstrengende oder Politische fern liegt: „Danton *zu Camille.* Mute mir nichts Ernsthaftes zu", S. 40, Z. 28. Die Flucht in Szene II.4 ist praktisch ein politischer Akt, den er aber abbricht, weil der ihn überwältigende Lebensüberdruss ihn zur Rückkehr mahnt. Der letzte Genuss: Die Sehnsucht nach der Todesruhe. „In der zweiten Hälfte des Dramas kehren sich die Verhältnisse auf merkwürdige Weise um. Ihre Salons und Privatzimmer tauschen die Dantonisten mit dem Kerker, den man hinsichtlich seiner Funktion und der Mitgefangenen auch als eine Art öffentlichen Raum bezeichnen kann. Zieht man Dantons Auftritte vor dem Revolutionstribunal hinzu, kann man erkennen, wie die Dantonisten aus dem privaten in den öffentlichen Raum gelangt sind. Der öffentliche Raum besitzt nun aber nicht mehr die Merkmale, die er noch in der ersten Hälfte hatte: Es wird eben keine Politik gemacht. Das Merkmal geht auf den privaten Raum über. Politik im privaten Raum aber ist hier nichts anderes als Intrige. Die Zimmer im dritten Akt kann man sich allesamt als Hinterzimmer denken, in denen unter Ausschluss der Öffentlichkeit (dies gilt dann für III.6) Politik intrigant betrieben wird. Das wird besonders im dritten Akt durch die Pendelbewegung zwischen Kerker und ‚Oberwelt' deutlich. Die zwei Hälften des Dramas verhalten sich also in Hinblick auf die Handlungsorte und ihre Merkmale *spiegelverkehrt*" (Barke 2001, S. 63).

■ *Erstellen Sie eine Liste und dokumentieren Sie, wo die Protagonisten Danton, Robespierre und St. Just als seine Vertreter auftreten.*

■ *Prüfen Sie in diesem Zusammenhang auch anhand der Themen, die die Protagonisten in ihren Szenen vertreten, ob ihr Auftreten eher öffentlichen oder eher privaten Charakter hat.*

Es dürfte deutlich werden, dass Danton zunehmend in den Raum der Öffentlichkeit gezogen wird. Der Versuch, sich als Privatperson den eigenen Bedürfnissen zu widmen, gelingt. Spätestens von Akt III an wird er in den nicht-privaten Raum zurückgestoßen: das Gefängnis, das Revoultionstribunal und schließlich, im IV. Akt, auf den Richtplatz. Die Szenen I.6, II.2 und II.4 fallen etwas aus dem Rahmen. Zwar treffen Danton und Robespierre in Szene I.6 im Privatraum aufeinander, allerdings ist der Disput politisch motiviert und hat daher öffentlichen Charakter. Insofern nimmt diese Szene eine Zwitterstellung ein und könnte auch auf der linken Seite des Tafelbildes erscheinen. In den beiden weiteren Szenen taucht zwar Danton im öffentlichen Raum auf. Dort pflegt er aber ausschließlich private Gedanken.

Öffentlich

- I.2 Robespierre, Straße
- I.3 Robespierre, St. Just, Jakobinerclub
- I.6 Danton, Robespierre, Zimmer (zwar privater Raum, aber politische, öffentliche Gedanken austauschend)

- III.3 Danton, öffentliches Gefängnis
- III.4 Danton, Revolutionstribunal
- III.7 Danton, öffentliches Gefängnis
- III.9 Danton, Revolutionstribunal
- IV.3 Danton, öffentliches Gefängnis
- IV.5 Danton, öffentliches Gefängnis
- IV.7 Danton, Revolutionsplatz

Privat

- I.1 Danton, Salon
- I.5 Danton, Zimmer

- II.1 Danton, Zimmer
- II.2 Danton, Promenade (zwar öffentlich, allerdings eher nicht-öffentliche lustvolle Gedanken hegend)
- II.3 Danton, Zimmer
- II.4 Danton, Feld (zwar öffentlicher Ort allerdings alleine, in sich gekehrt (private Gedanken hegend))
- II.5 Danton, Zimmer
- III.6 St.Just (als Handlanger Robespierres geheime Intrigen spinnend)

Ein alternatives Tafelbild, das dem Band von Jürgen Barke, Georg Büchner Dantons Tod. Interpretationshilfe, Freising 2001, S. 64, entnommen wurde, könnte wie folgt aussehen:

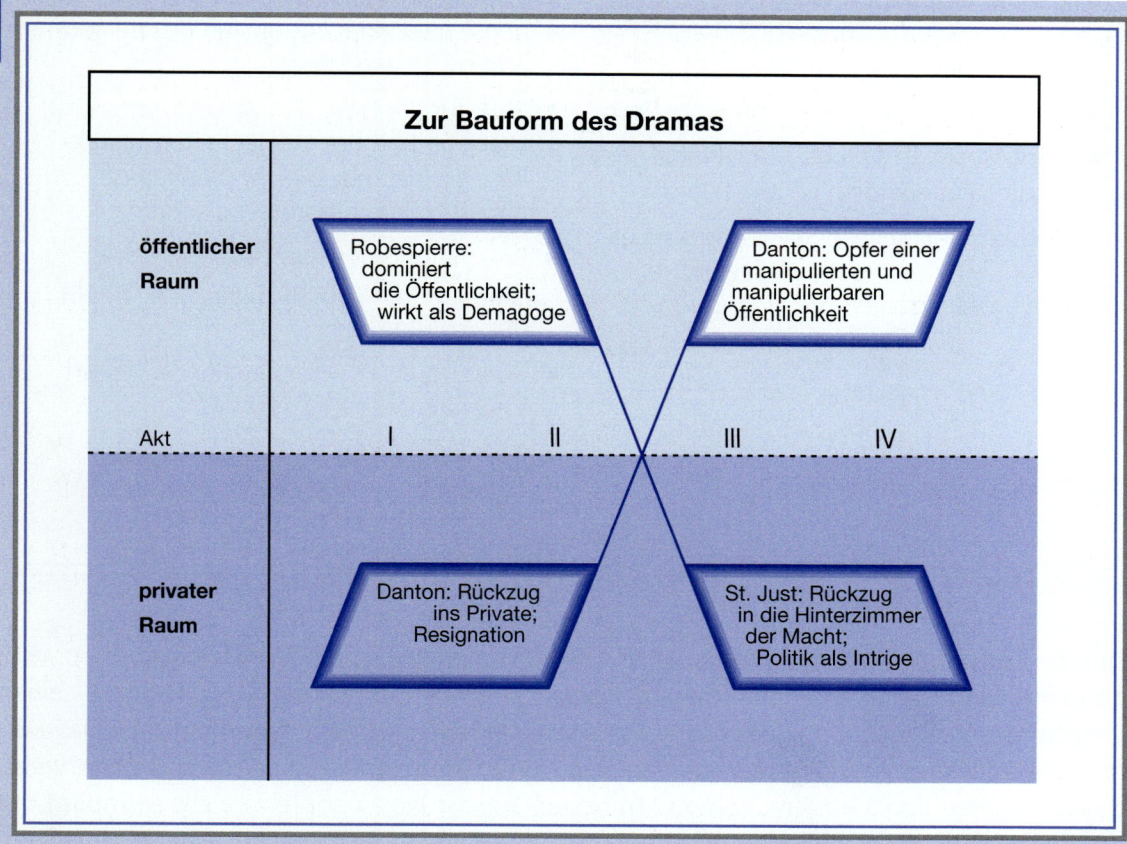

3.5 Kritik der Langeweile und des Genusses

Die im Vorangegangenen geleistete Gegenüberstellung von Dantons Haltungen mit Zitaten aus Epikurs Lehre leistet z. T. implizit schon eine Kritik an Danton und zeigt eine Einstellung, die an der Lebenswirklichkeit des einfachen Volkes vorbeigeht (das Motiv des Zeitvertreibs, das Motiv des Lebens als Epigramm). Die Schülerinnen und Schüler sollen die implizite Kritik explizit machen.

■ *Sie sind wie Robespierre ein Gegner von Danton und Gegner von dessen Lebensprinzip. Sie haben sich vorgenommen, dieses als für die Revolution schädlich zu entlarven. Dazu stellen Sie in einer Tabelle auf der einen Seite Dantons Befindlichkeiten und Lebensansichten zusammen und auf der anderen Seite stellen Sie die Folgen für die Revolution zusammen, wenn er diesen Gedanken Taten folgen lässt.*

■ *Verfassen Sie anschließend einen scharfen, pointiert gehaltenen Kommentar für eine Zeitung.*

Ergänzend könnte man folgende Fragestellungen einbringen:

■ *Welche Konsequenz zieht Danton aus seinen Haltungen? Worauf konzentriert sich Danton stattdessen? Welche Folgen haben Dantons Haltungen für seine eingenommene gesellschaftliche Funktion?*

Dantons Haltungen und deren Folgen

Befindlichkeiten und Lebensansichten	Folgen
● Danton empfindet Langeweile, die Revolution liefert nicht mehr hinreichend Anregungen.	● Vernachlässigung der konkreten Lebenswirklichkeit zugunsten des persönlichen Genussstrebens
● Proklamation des Lebens als Epigramm	● Blick für die Nöte des Volkes trübt sich: Umdefinition des Unglücks zum glücklichen Umstand; Gleichgültigkeit gegenüber dem bitteren Los anderer
● Der Mensch ist von den Umständen bedingt: Alles Handeln ist zwecklos.	● Beendigung des Kampfes: Die Umformung der Gesellschaft erlahmt, Gefahr der Restauration.
● Streben, persönliche Bedürfnisse zu erfüllen, um den eigenen „Seelenfrieden" zu finden	● Rückzug ins Private: Revolution verliert einen maßgeblichen Führer.
	● Der Verantwortung für die Prozesse, die er mit in Gang gesetzt hat, entzieht er sich.

Die von Danton gefühlte Langeweile ist eine Modekrankheit, die aus dem Luxus geboren wird, denn um Langeweile haben und diese beklagen zu können, muss man – wie Danton – einen gehobeneren Lebensstil pflegen können und der gebildeten Schicht zugehörig sein. Das existenzielle Reflektieren erfolgt aus einer gesicherten Existenz. Indem Danton darauf verweist, dass Menschen den Sinn ihres Lebens am besten aus der Not schöpfen, bricht er implizit mit der Revolution, deren Ziel die Aufhebung von Not und Ungleichheit ist. Das Unglück zum glücklichen Umstand umzudeuten – „Sie haben Unglück, kann man mehr verlangen [...]?", II.1, S. 37, Z. 6 – ist zynisch und kann nur von einem Ort aus erfolgen, der von der Not weit entfernt ist, wie der Standort Dantons. Thorn-Prikker schreibt dazu: „[D]ie Trägheit Dantons, seine Müdigkeit, [ist] Ausdruck der Reduktion der Hoffnung auf Befriedigung. Politik, in deren Zentrum er als Führer einer revolutionären Fraktion steht, ist ihm nur Mühe, nicht Vehikel zur Durchsetzung seiner Ziele und Bedürfnisse. Tendenziell wird er durch das ganze Drama hindurch als Außenseiter der Politik gezeigt. Sie ist ihm Ort eines natürlich scheinenden Kampfes, an dem er sich nicht beteiligen will, weil er dann seine Bedürfnisse nach Glück nicht befriedigen könnte. Politik scheint Danton als eine die Freiheit des Individuums begrenzende Sphäre und wird deshalb von ihm nur widerwillig als Möglichkeit des Handelns akzeptiert. Damit aber ist ihre Reduktion auf die Sphäre des Privaten schon vollzogen" (Thorn-Prikker 1978, S. 42). Die Aussage „Ich hab es satt, wozu sollen wir Menschen miteinander kämpfen? Wir sollten uns nebeneinander setzen und Ruhe haben", II.1, S. 36, Z. 21 ff., impliziert ein restauratives Element, auch wenn Danton dieses nicht anstrebt, denn die Frage nach dem Sinn des Kampfes und dessen Einstellung ignoriert die Verhältnisse des Hungers der notleidenden Bevölkerung. Die ersehnte Ruhe ändert keine Verhältnisse, sondern schreibt Hunger und Not und die Ungleichheiten (nunmehr zwischen der gebildeten und ungebildeten Klasse) fest. Um etwas zu ändern, muss man die bestehenden Verhältnisse kritisieren. Für Hunger und Not fehlt Danton die notwendige Empathie, wenn er statt zu kritisieren das Unglück der Ärmsten zum Glück erhebt. Seine Einlassung, ein kurzes erfülltes Leben einem langen, langweiligen vorzuziehen, macht die Diskrepanz zwischen dem Bürger Danton und dem einfachen Volk endgültig offensichtlich: Das Leben der Armen und Ärmsten gleicht in der Regel dem Epigramm, denn im Zustand der größten Not ist auf ein langes Leben nicht zu hoffen. „Büchner legt kunstvoll die rein formale Seite der Danton'schen Überlegungen offen, die vom Standpunkt einer plebejischen Moral her gesehen demagogisch sind. Die Perversität Dantons wird nicht als statische Eigenschaft seines Charakters verstanden, sondern als Resultat seiner Loslösung vom Volk" (Šmulovic 1981, S. 212).

Danton ist von Luxus-Vorstellungen geprägt. Die Sorge um den eigenen Seelenfrieden muss man sich leisten können, denn ein genussvolles Leben ist nicht umsonst. Und ohne Genuss oder die Lust ist der Seelenfrieden (Glückseligkeit) nicht zu haben: „[D]ie Lust [ist], wie wir behaupten, Anfang und Ende des glückseligen Lebens" (Epikur, S. 119, Z. 44 f.). Danton fügt sich also – unter Berücksichtigung des Briefes an Gutzkow – in das negative Bild, das Büchner von der gebildeten Klasse zeichnet. „Das ganze Leben derselben [der gebildeten Klasse] besteht nur in Versuchen, sich die entsetzlichste Langeweile zu vertreiben" (Textausgabe, S. 123, Z. 24 ff., siehe auch den folgenden Bausteinabschnitt), heißt es in dem Brief. Die Revolution hat die Langeweile für eine Zeit verdrängt, jetzt spiegelt sich in ihr auch nur die Wiederkehr des Immergleichen. Und wo Büchner das einzig Neue – das Aussterben der abgelebten Klasse sieht –, nimmt Danton dieses allerdings frei gewählte Los für sich an, auch weil der Tod zunächst einmal nichts anderes als ein Spiel ist, mit dem er kokettiert. Das Tafelbild zu Danton kann um folgende Spiegelstriche ergänzt werden:

- Politische Tätigkeit endet im Überdruss, endet in Lustlosigkeit.
- Existenzielles Reflektieren erfolgt aus der gesicherten Existenz heraus.
- Gleichgültigkeit gegenüber dem bitteren Los anderer

Deutlich wird für die Schülerinnen und Schüler aus alldem, dass Danton für die Verwirklichung der Ideale der Revolution und für eine gerechtere Gesellschaft im Grunde nicht steht, da er zuvorderst seine persönlichen Bedürfnisse ins Zentrum stellt. Er entzieht sich mit dem Rückzug ins Private und der Suche nach dem persönlichen Seelenfrieden seiner Verantwortung.

3.6 Über das Verhältnis von gebildeter und ungebildeter Klasse und den Erfolg von Revolutionen (Szene II.1)

Danton urteilt aus dem Blickwinkel des Intellektuellen, der sich einen exklusiven Lebensstil leisten kann. Zwischen dem Bürger Danton und dem einfachen Bürger aus dem Volk klafft eine kaum zu füllende Lücke, die auch Büchner sah. Diese unterschiedlichen Ausgangslagen bestimmten für Büchner das Verhältnis, das zwischen beiden Lagern bestand. Revolutionen sind nur von einem Lager aus erfolgreich zu führen und erfolgreich zu Ende zu bringen, wie Büchner in einem Brief an Gutzkow aus dem Jahr 1836 darstellt.

■ *Stellen Sie in dem Brief an Gutzkow aus dem Jahre 1836, Textausgabe S. 123, Büchners Haltung zu gebildeter und ungebildeter Klasse heraus.*

Verhältnis zwischen ungebildeter und gebildeter Klasse

- Die Gesellschaft ist materialistisch eingestellt. Reform der Gesellschaft mithilfe einer Idee (Idealismus) ist daher unmöglich.
- Zwischen gebildeter und ungebildeter Klasse bleibt ein „Riss".
- Die Gebildeten reformieren, um sich die Zeit zu vertreiben, die Ungebildeten agieren aus der blanken Not heraus.
- Veränderung ist daher nur von unten möglich: Das Spielen mit Ideen erreicht die Lebenswirklichkeit nicht, Triebfeder der Veränderung ist das Elend.

Ein alternatives Tafelbild könnte wie folgt aussehen:

Verhältnis zwischen ungebildeter und gebildeter Klasse

Revolution **Ziel/Erfolg** ↑	**gebildete Klasse** ↓ Gesellschafts-Idee **(Idealismus)** ↓ Politische Reformen …
Eisen und Brot ↑ **materielles** Elend/ rel. Fanatismus ↑ **ungebildete Klasse**	↓ versanden/Sackgasse **Restauration**

- Gebildete Klasse: Impuls zur Reform folgt aus der Vertreibung von Langeweile.
- Einzig neues Erlebnis für die gebildete Klasse ist der Tod.
- Ungebildete Klasse: Triebfeder der Revolution ist die blanke Not.
- Neue Gesellschaft erfolgt aus der „Bildung eines geistigen Lebens" des Volkes.

Mit diesen Ergebnissen kann man sich wieder dem Drama zuwenden, denn in der Haltung Büchners wird sehr deutlich, dass im Grunde genommen weder der Bürger Danton noch der Bürger Robespierre taugliche Vertreter der Revolution in seinem, Büchners, Sinne sein können.

> ■ *Prüfen Sie in dem Drama anhand von Szene I.2 (evtl. auch Szene I.6, S. 28), wie es um die Lebensverhältnisse des einfachen Volkes steht.*

Diese Aufgabe wird, da die Szene als bekannt vorausgesetzt wird, ohne Stillarbeitsphase gleich im Unterrichtsgespräch geklärt. Die Szene I.2 macht sehr deutlich, dass die Lebensverhältnisse des einfachen Volkes erbärmlich sind. Die Auseinandersetzung von Simon mit seiner Frau über ihre Tochter, die sich als Hure verdingen muss, ist beispielhaft dafür.

Die Auseinandersetzung zwischen Danton und Robespierre in Szene I.6 wird mit folgendem Schreibauftrag fortgesetzt.

> ■ *Die Szene I.6 sieht ein Aufeinandertreffen von Danton mit Robespierre. Erweitern Sie die Szene, indem Sie eine weitere Person einführen und ihr Passagen aus den Briefen Büchners an Gutzkow (S. 121, Z. 15–24 u. S. 123, Z. 1–27) in den Mund legen.*

Das vordergründig positiv gezeichnete oder das möglicherweise von Schülerinnen und Schülern aus der Lektüre gewonnene positive Bild von Danton wird im Verlaufe dieser Einheit Risse bekommen haben. Die Schreibaufgabe kann diese deutlich werden lassen.

Zwei Erörterungsaufgaben (a + b) sind abschließend zu bearbeiten. Dabei widmet sich je eine Hälfte des Kurses einer der beiden Aufgaben. Diese Aufgabe kann in Einzelarbeit oder als Hausaufgabe bearbeitet werden:

Aufgabe a)

> ■ *Erörtern Sie die Aussage Héraults (I.1, S. 10, Z. 6–13), eines Weggenossen von Danton, und die eines einfachen Bürgers (I.2, S. 13, Z. 28–32) unter Berücksichtigung des Briefes Büchners an Gutzkow und entwickeln Sie eine begründete Stellungnahme dazu.*
>
> ■ *Bringen Sie in Ihre Überlegungen ein, ob Sie der Position Dantons und Héraults oder der Position Robespierres auf Fortsetzung der Revolution zustimmen, oder formulieren Sie eine eigene Position.*

Hérault: „Die Revolution muss aufhören und die Republik muss anfangen. In unsern Staatsgrundsätzen muss das Recht an die Stelle der Pflicht, das Wohlbefinden an die der Tugend und die Notwehr an die der Strafe treten. Jeder muss sich geltend machen und seine Natur durchsetzen können. Er mag nun vernünftig oder unvernünftig, gebildet oder ungebildet, gut oder böse sein, das geht den Staat nichts an" (I.1, S. 10, Z. 6–13).
Bürger: „Ihr Hunger hurt und bettelt. Ein Messer für die Leute, die das Fleisch unserer Weiber und Töchter kaufen! Weh über die, die so mit den Töchtern des Volkes huren! Ihr habt Kollern im Leib und sie haben Magendrücken, ihr habt Löcher in den Jacken und sie haben warme Röcke, ihr habt Schwielen in den Fäusten und sie haben Samthände" (I.2, S. 13, Z. 26–32).

Aufgabe b)

■ *Erörtern Sie vor dem Hintergrund folgender Aussagen von Lacroix und Danton, inwiefern Robespierres Fortsetzung des Terrors dem notleidenden Volke helfen könnte.*

■ *Bringen Sie in Ihre Überlegungen ein, ob Sie der Position Dantons und Héraults oder der Position Robespierres auf Fortsetzung der Revolution zustimmen, oder formulieren Sie eine eigene Position.*

Lacroix: „Die Sache ist einfach, man hat die Atheisten und Ultrarevolutionäre aufs Schafott geschickt; aber dem Volk ist nicht geholfen, es läuft noch barfuß in den Gassen und will sich aus Aristokratenleder Schuhe machen. Der Guillotinenthermometer darf nicht fallen, noch einige Grade und der Wohlfahrtsausschuss kann sich sein Bett auf dem Revolutionsplatz suchen" (I.4, S. 22, Z. 12–18).

Danton zum Volk: „Ihr wollt Brot und sie werfen euch Köpfe hin. Ihr durstet und sie machen euch das Blut von den Stufen der Guillotine lecken" (III.9, S. 73, Z. 9 ff.).

Héraults Forderung nach Implementierung der Republik ist nur für seinesgleichen von Vorteil. Allein aus dem Raum einer gesicherten Existenz heraus kann man versuchen, sich seiner „Natur" nach zu entwerfen. Das Volk hat im täglichen Überlebenskampf gar keine Wahl, sich so oder anders zu entwickeln, da es allein vom Kampf um das tägliche Überleben bestimmt ist. Erst wenn die Not gelindert ist, kann man in sich hineinhorchen und überlegen, was sonst noch alles möglich ist. Die Beendigung der Revolution unter den gesetzten Zielen scheint problematisch, da sie die reale Not ausblenden und die Voraussetzungen zur Erfüllung für das einfache Volk nicht gegeben sind.

Ob die Fortsetzung der Revolution im Sinne Robespierres dem Volk dient, ist allerdings ebenso fraglich, da Robespierre nicht die Not lindert, sondern nur neue Opfer fordert. Der Terror dient nur dazu, das Volk ruhig zu stellen: „Ein Weib mit Kindern. Platz! Platz! Die Kinder schreien, sie haben Hunger. Ich muss sie zusehen machen, dass sie still sind. Platz!", IV.7, S. 85, Z. 12 ff. Und Lacroix analysiert die Situation durchaus richtig, wenn er sagt: „Die Sache ist einfach, man hat die Atheisten und Ultrarevolutionäre aufs Schafott geschickt; aber dem Volk ist nicht geholfen, es läuft noch barfuß in den Gassen und will sich aus Aristokratenleder Schuhe machen. Der Guillotinenthermometer darf nicht fallen, noch einige Grade und der Wohlfahrtsausschuss kann sich sein Bett auf dem Revolutionsplatz suchen", I.4, S. 22, Z. 12–18.

Nach Auswertung der Aufgaben im Unterrichtsgespräch dürfte deutlich geworden sein, dass weder Robespierre noch Danton in ihrer Haltung dem Leiden des Volkes Abhilfe schaffen. Danton spricht nicht (mehr) für das Volk, sondern verfolgt seine und die Interessen seiner Standesgenossen. Robespierre bietet statt Brot nur neues Blut, das nicht versiegen darf, damit der Ruf nach dem Brot nicht zu laut wird, was auch ihn auf die Guillotine bringen würde.

Büchner enthält sich im Drama einer eindeutigen Stellungnahme zugunsten des einen oder anderen Protagonisten.

Danton und Robespierre im Vergleich

Danton	Robespierre
Zitate:	Zitate:
Philosophische Basis und Folgen:	Philosophische Basis und Folgen:
Träger der Verantwortung: Verallgemeinerung:	Träger der Verantwortung: Verallgemeinerung:
↓	↓
Folge:	Folge:

- *Arbeiten Sie zentrale Aussagen in Szene I.3 heraus, die Robespierres Lebenshaltung spiegeln. Verfahren Sie mit Danton mit Bezug auf Szene I.5 analog (→ Tafelbild Spiegelstrich „Zitate").*

- *Bringen Sie die jeweilige Lebenshaltung auf den Begriff oder benennen Sie das dahinterstehende Leit- oder Vorbild. Wie stellt sich darüber hinaus aufgrund des gewählten Leitbildes die konkrete Lebenspraxis dar? (→ Tafelbild Spiegelstrich „Phil. Basis und Folgen").*

Die Sprache in „Dantons Tod"

Die Sprache in „Dantons Tod" ist – anders als im klassischen Drama, wo man um eine gewisse Fallhöhe besorgt war – den Revolutionären und dem einfachen Volk entlehnt. Dabei erweist sich die Sprache in den stilistischen Ausprägungen als sehr heterogen und gerade deswegen – in ihrer Disparatheit – der Betrachtung als lohnenswert. Vor mehr als hundert Jahren schrieb der Literaturwissenschaftler Jhering: „Wäre Büchner ganz unbekannt, und durch einen Zufall kämen seine Manuskripte ans Licht – niemals wäre der Augenblick für eine literarische Fälschung günstiger gewesen." Und er meint damit, man könnte die Manuskripte trotz der zeitlichen Distanz als eigene ausgeben, so zeitnah ist die Sprache, so gegenwärtig ist das bei Büchner Angesprochene. Noch 1946 beklagt ein Theaterkritiker in Unkenntnis bspw. der Entstehungszeit des Dramas „Woyzeck", man hätte dieses Drama gnadenlos der Sprache der Gegenwart angepasst und „gröblich entstellt", so zeitgenössisch nah klang dem Kritiker die Sprache, obgleich die Entstehung und vermeintliche Entstellung des Dramas doch schon weit über 100 Jahre zurücklag. Büchner pflegt eine Sprache, die unseren Ohren, trotz der zeitlichen Ferne, nicht (völlig) fremd klingt. Und der Grund dafür ist, dass sie dem Munde des Menschen abgelauscht und nicht einem frei fantasierten klassischen Ideenhimmel entlehnt ist, der vorgibt, wie Akte und Verse gebaut sein sollten. Das Ideal stellt das Fantasma über die Realität. Gerade das ist Büchners Sache nicht. Kasimir Edschmid hat einmal über die Sprache in „Dantons Tod" gesagt: „Unvergleichlich ist Büchners Sprachgewalt. Der ‚Danton' beginnt mit ein paar Sätzen wie aus Erz, […]. Kein zweites Stück der deutschen Dramatik offenbart sich so wundervoll legitim bei den ersten Worten schon als Produkt höchsten Ranges – abgesehen von Büchners ‚Woyzeck' und ‚Leonce'" (Edschmid 1963, S. 21). Die Betrachtung der Sprache lohnt offenbar einer näheren Auseinandersetzung.

- Im Folgenden sollen die Schülerinnen und Schüler zunächst stilistische Elemente herausarbeiten, die dem klassischen Drama widersprechen.
- Dazu setzen sie sich mit dem Brief an die Familie aus dem Jahr 1835 auseinander, der Büchners Anspruch an die Konzeption eines Dramas darlegt.
- Des Weiteren werden die Schülerinnen und Schüler Anspruch und Umsetzung am Drama selbst prüfen.
- Einer eingehenden Betrachtung werden – aufgrund der Relevanz, die die politische Rede im Danton hat – ausgesuchte Reden vornehmlich von Robespierre, aber auch von Danton einer Analyse unterzogen. Beide Protagonisten werden dabei als ausgewiesene Rhetoriker kennengelernt.

Bei Büchner soll die Sprache nicht gekünstelt und in Verse gesetzt, sondern der Wirklichkeit entnommen sein. Büchner löste „absichtsvoll den herkömmlichen, argumentativen Redegestus diskontinuierlich in ausschnitthaft verkürzte sprachliche Wirklichkeits-‚Zitate' auf" (Buck 2000, S. 16). Am prägnantesten wäre dies an der Sprache des einfachen Volkes abzulesen. Dieses aber tritt im Danton oft nur in der Masse auf und führt – anders als im „Woyzeck" – selten das Wort. Trotzdem gibt es einige wenige Szenen, in denen das einfache Volk (Simon, der Souffleur, und sein Weib, Bürgersoldaten, Fuhrleute, Weiber) gelegentlich zu Wort kommt (I.2, II.2, II.6 u. III.10, IV.3). Und getreu Büchners Maxime einer wirklichkeitsnahen Sprache bedienen diese Volksvertreter sich der Umgangssprache. Die Sätze sind weitgehend parataktisch gebaut mit eingestreuten umgangssprachlichen Verkürzungen

(„Der Schuft will mich um's Brot bringen", IV.3, S. 79, Z. 10 f.). Selten dagegen ist – was typisch für die Sprache des einfachen Volkes wäre – der Satzbau einmal von elliptischer Prägung („Erster Bürger. Was in der Nacht? [...] Simon. Schuft, wieviel Uhr?", II.6, S. 46, Z. 34/S. 47, Z. 4). Zugleich ist die Sprache nicht frei von Anzüglichkeiten („Erster Bürger. Eine Eichelkron? Es sollen ihr ohnehin jeden Tag Eicheln genug in den Schoß fallen", II.6, S. 47, Z. 13 f.), wenn daran gedacht wird, dass mit der Eichelkron die Penisspitze gemeint ist. Und auch das folgt Büchners Maxime, der in einem Brief feststellt, dass „unanständige Ausdrücke" (S. 122, Z. 10) legitim sind, weil die „Sprache der damaligen Zeit" (S. 122, Z. 11 f.) eben auch obszön gewesen sei und er ohnehin nur graduell wiedergebe, was damals an Obszönitäten ansonsten die Regel war.

Von Anzüglichkeiten ist daher auch die Sprache der Revolutionäre durchsetzt: „Danton. Geht das nicht lustig? [...] Möchte man nicht drunter springen, sich die Hosen vom Leibe reißen und sich über den Hintern begatten wie die Hunde auf der Gasse?"; II.2, S. 40, Z. 1–6; „Ob wir uns nun Lorbeerblätter, Rosenkränze oder Weinlaub vor die Scham binden, oder das hässliche Ding offen tragen und es uns von den Hunden lecken lassen?", IV.5, S. 83, Z. 13–16. Generell pflegen Danton und seine Anhänger aber eine gehobenere Sprache, sie ist von hypotaktischer Struktur sowie immer wieder auch von Metaphern durchwoben („Camille. Die Staatsform muss ein durchsichtiges Gewand sein, das sich dicht an den Leib des Volkes schmiegt. Jedes Schwellen der Adern, jedes Spannen der Muskeln, jedes Zucken der Sehnen muss sich darin abdrücken. Die Gestalt mag nun schön oder hässlich sein, sie hat einmal das Recht zu sein, wie sie ist, wir sind nicht berechtigt, ihr ein Röcklein nach Belieben zuzuschneiden. Wir werden den Leuten, welche über die nackten Schultern der allerliebsten Sünderin Frankreich den Nonnenschleier werfen wollen, auf die Finger schlagen" (I.1, S. 10, Z. 19–29 oder … IV.5).

Auffällig sind die immer wiederkehrenden Anleihen aus der antiken Mythologie. Hierzu schreibt Michael Voges: „Die Selbst- und Fremdwahrnehmung der politischen Akteure im Drama greift konsequent auf die normativ hochbesetzten heroischen Deutungs- und Legitimationsmuster der Antike zurück" (Voges 1990, S. 32). Solche Deutungs- und Legitimationsmuster werden allerdings auch dem biblischen Bereich entnommen („Robespierre *allein*. Ja wohl, Blutmessias, der opfert und nicht geopfert wird. – Er hat sie mit seinem Blut erlöst und ich erlöse sie mit ihrem eignen. Er hat sie sündigen gemacht und ich nehme die Sünde auf mich. Er hatte die Wollust des Schmerzes und ich habe die Qual des Henkers. Wer hat sich mehr verleugnet, ich oder er? – Und doch ist was von Narrheit in dem Gedanken. – Was sehen wir nur immer nach dem Einen? Wahrlich des Menschensohn wird in uns allen gekreuzigt, wir ringen alle im Gethsemanegarten im blutigen Schweiß, aber es erlöst keiner den andern mit seinen Wunden. – Mein Camille! – Sie gehen alle von mir – es ist alles wüst und leer – ich bin allein", I.6, S. 34, Z. 16–29). Wo es gelingt, werden Selbstbeschreibungen oder Anleihen vom Volke übernommen und die damit verbundenen Wertschätzungen auf Protagonisten des Geschehens übertragen, bspw. als ein einfaches Weib aus der Menge Robespierre erspäht („Ein Weib. Hört den Messias, der gesandt ist zu wählen und zu richten", I.2, S. 16, Z. 1 f.).

Insgesamt ist es aber nicht allein der gehobenen Klasse vorbehalten, Anleihen aus der Antike zu tätigen. Auch das einfache Volk greift darauf zurück, so bspw. der Souffleur Simon („Simon. Ha Lucrecia! ein Messer, gebt mir ein Messer, Römer! Ha Appius Claudius!", I.2, S. 13, Z. 23 f. oder „Einige Stimmen. Hört den Aristides, hört den Unbestechlichen!", I.2, S. 15, Z. 25 f.).

Wo die politische Rede geführt wird – und hierbei ist es gleich, ob der Rhetor Dantonist, Jakobiner oder Bürger ist –, ist die Sprache so gewählt, dass sie deklamatorischen Charakter erhält. Das heißt konkret, dass in den Sätzen die Parataxe überwiegt und der Satz den parallelen Satzbau nutzt („Dritter Bürger. [...] Sie haben uns gesagt: schlagt die Aristokraten tot, das sind Wölfe! Wir haben die Aristokraten an die Laternen gehängt. Sie haben gesagt, das Veto frisst euer Brot, wir haben das Veto totgeschlagen. Sie haben gesagt, die Girondisten hungern euch aus, wir haben die Girondisten guillotiniert", I.2, S. 14, Z. 6–11). Das heißt weiter, dass politische Rede auch auf die Wirkung der rhetorischen Frage baut und dass Gesagtes mit Pathos mitgeteilt wird. Erinnert werden muss in diesem Zusammenhang einmal mehr daran, dass Büchner aus den Vorlagen Adolphe Thiers ganze Seiten wortwörtlich übernommen hat und er sich lediglich zum Zwecke der Pointierung die Freiheit genommen hat, Änderungen vorzunehmen. „Vor allen Dingen aber entlehnt Büchner die großen dramatisch-politischen Szenen, in denen der Konflikt, das aktive dramatische Element, plastisch werden soll, seiner Vorlage bis auf wenige meist rhetorische Hinzufügungen wortgetreu" (F. Pongs-Andersson, zit. n. Wender 1988, S. 104. Pongs-Andersson nennt zum exemplarischen Beleg dieser Aussage die Szenen I.3, II.7, III.4 und III.9).

4.1 Allgemeine sprachliche Besonderheiten im „Danton"

Die politische Rede spielt eine entscheidende Rolle im Drama, sodass auch die unterrichtliche Auseinandersetzung im wesentlichen Maße darauf fokussiert wird. Bevor aber die politische Rede detailliert untersucht wird, wird in einem ersten Schritt ganz allgemein die sprachliche Ausgestaltung im Drama herausgestellt.

Im Vorfeld dazu wird – sofern die Auseinandersetzung mit der Literatur und Kunstauffassung Büchner noch nicht erarbeitet wurde (siehe Baustein 7, **Arbeitsblatt 17–18**: „Literatur- und Kunstauffassung") – der Brief vom 28. Juli 1835 an die Familie auf Seite 121 f. bearbeitet, da dieser Brief wesentlich den Anspruch Büchners artikuliert, was ein Drama leisten solle. Vorgeschlagen werden hier Einzelarbeit und nachfolgendes Unterrichtsgespräch.

Büchner und seine Auffassung von der Sprache im Drama

- „Menschen von Fleisch und Blut" (S. 121, S. 35f.): ihre Gefühle und ihr Handeln
- „Sein Buch darf weder sittlicher noch unsittlicher sein als die Geschichte selbst" (S. 121, Z. 37–S. 122, Z. 1)
- Geschichte ist „keine Lektüre für junge Frauenzimmer" (S. 122, Z. 2f.)
- Schilderung von Liederlichkeit muss „eben liederlich sein" (S. 122, Z. 8)
- Gottlose Atheisten muss man wie „Atheisten sprechen lassen" (S. 122, Z. 9f.)
- Sprache muss wirklichkeitsgetreu sein, so obszön und unanständig sie auch sein mag (vgl. S. 122, Z. 5–13)

➡ Sprache im „Danton" ist der Wirklichkeit entlehnt: Umgangssprache, obszön, gottlos, mit Flüchen durchwirkt

---

Mit diesen Ergebnissen treten die Schülerinnen und Schüler in eine Gruppenarbeit ein, um konkret am Drama die sprachlichen Besonderheiten herauszuarbeiten. Innerhalb der Gruppe wird das Drama entsprechend den Gruppenmitgliedern in etwa gleich große Teile unterteilt, für die sich jeweils ein Gruppenmitglied verantwortlich fühlt, das den ausgewählten Abschnitt auf sprachliche Besonderheiten untersucht. Gegebenenfalls kann diese Gruppenarbeitsphase auch verkürzt werden, indem in den letzten zehn Minuten einer Stunde die Gruppen sich konstituieren und die Aufteilung des Dramas vornehmen. In Hausarbeit widmen sich dann die Schülerinnen und Schüler ihrem Abschnitt. Die Ergebnisse ihrer Arbeit tragen sie dann in der Folgestunde zusammen und ordnen sie.

■ *Arbeiten Sie sprachliche Besonderheiten oder Auffälligkeiten heraus. Unterteilen Sie das Drama in etwa gleichgroße Abschnitte, die jeweils einer aus Ihrer Gruppe auf sprachliche Besonderheiten untersucht.*

Herausgestellt werden die zahlreichen Monologe und Reden, die vielfach eingestreuten Lieder, die Umgangssprache, die die Protagonisten pflegen, die Anleihen an antike und biblische Vorbilder, die sexuellen Anspielungen, die immer wieder gemacht werden und relativ drastisch gewählt sind.

4.2 Robespierres Rede im Jakobinerclub (Szene I.3)

Nach dieser allgemeinen Erschließung sprachlicher Mittel wird der Fokus auf die politische Rede gelegt, die zentral beleuchtet werden soll. Die Rede Robespierres im Jakobinerclub (I.3, S. 18–21) steht zunächst im Fokus der Analyse.

Diese Rede von Robespierre zielt darauf ab, den Schrecken zu rechtfertigen und den Feind zu lokalisieren, dem mit gnadenloser Härte begegnet werden müsse. So wird das Geschehene gerechtfertigt und auf kommende Schrecken schon gedanklich vorbereitet. Die Rede lässt sich in fünf Abschnitte gliedern. Während in Teil 1 das Aggressionspotenzial des Gegners bei eigener Zurückhaltung herausgestellt wird, werden in Teil 2 die Folgen jener Feindschaft für den Aggressor herausgestellt und für den ausgemachten neuen in Aussicht gestellt. Teil 3 benennt die Waffen der Republik (Tugend und Schrecken), um in Opposition dazu in Teil 4 die Waffe des Feindes, das Laster, genauer zu untersuchen.

Zunächst sollen die Schülerinnen und Schüler in Einzelarbeit die Rede gliedern und gemeinsam im Unterrichtsgespräch das Tafelbild erstellen.

■ *Gliedern Sie die Rede und geben Sie jedem Abschnitt eine Überschrift.*

■ *Stellen Sie zu jedem Teil einen Kernsatz heraus.*

Teil 1	Teil 2	Teil 3	Teil 4	Teil 5
S. 18, Z. 22–S. 19, Z. 2	S. 19. Z. 3–27	S. 19, Z. 28–S. 20, Z. 17	S. 20, Z. 18–S. 21, Z. 5	S. 21, Z. 6–22
• Signal zum Kampf durch den Aggressor	• Lokalisieren der alten und neuen Gegner	• Tugend und Schrecken als Waffen der Republik	• Laster als Ausdruck feindlicher Gesinnung	• Rechtfertigung des Schreckens und Signal zum Aufbruch
„Wir ließen den Feind aus seinem Hinterhalt hervorbrechen", S. 18, Z. 28f.	„In zwei Abteilungen, wie in zwei Heerscharen sind die innern Feinde der Republik zerfallen, S. 19, Z. 3ff.	„Die Waffe der Republik ist der Schrecken, die Kraft der Republik ist die Tugend", S. 19, Z. 27	„[D]er Lasterhafte ist der politische Feind der Freiheit", S. 20, Z. 24f.	„[S]agt […], das Schwert des Gesetzes roste nicht in den Händen, denen ihr es anvertraut habt", S. 21, Z. 19ff.

Die einzelnen rhetorischen Mittel werden gemeinsam im anschließenden Unterrichtsgespräch ermittelt.

Die Rede von Robespierre im Jakobinerclub ist vom vereinnahmenden „wir" durchdrungen. Gewählt wird bis auf wenige Ausnahmen, wo Robespierre das „ich" ausspricht, in erster Linie die 3. Person Plural. Robespierre argumentiert weniger, als dass er proklamiert. Er stellt fest, was (vermeintliche) Tatsache ist („Das Schwert des Gesetzes hat den Verräter getroffen", I.3, S. 19, Z. 18f.). Der parataktische und oftmals parallele Satzbau überwiegt: „Die Waffe der Republik ist der Schrecken, die Kraft der Republik ist die Tugend. [...] Der Schrecken ist ein Ausfluss der Tugend, [...]. Die Revolutionsregierung ist der Despotismus der Freiheit gegen die Tyrannei. [...] Das Laster ist das Kainszeichen des Aristoktatismus. [...] [D]er Lasterhafte ist der Feind der Republik", I.3, S. 19, Z. 29f./32f., S. 20, Z. 5f./22/24f.). Mit dem „Kainszeichen" wird ein religiöses Motiv eingeführt, das negativ besetzt ist und die Aristokratie kennzeichnet. Die eigene Sache wird dagegen religiös aufgewertet, wenn die Quellen der Kraft des Volkes als „heiligste" (Superlativ!) definiert werden (vgl. I.3, S. 20, Z. 19ff.). Stakkatoartig prasseln solche Sätze auf den Zuhörer ein, ergänzt von parallel gebauten Sätzen, die mithilfe der Anapher die Eindringlichkeit noch steigern wollen: „Erbarmen mit den Royalisten!, rufen gewisse Leute. Erbarmen mit Bösewichtern? Nein! Erbarmen für die Unschuld, Erbarmen für die Schwäche, Erbarmen für die Unglücklichen, Erbarmen für die Menschheit" (I.3, S. 20, Z. 7–10). Dabei wird stark antithetisch und polarisierend argumentiert. Das wird insbesondere deutlich am Beispiel des „Lasters", das für Robespierre ein Zeichen ist, das den Feind der Republik auszeichnet. Bevor er auf das Laster zu sprechen kommt, trennt er die Republik in Freunde und Feinde. Nur Bürger sind Republikaner in einer Republik und damit der Freundesseite zugeschlagen. Jeder andere, Royalist und Fremder, wird zum Feind erklärt.

 Die Auseinandersetzung mit dem Laster ist ein zentrales Motiv dieser Rede Robespierres im Jakobinerclub. Daher wird diese Argumentation (in Teil 4) aus dem Unterrichtsgespräch heraus zum Tafelbild hin erschlossen. Erkennen kann man den Feind am Laster, dem er frönt. Damit wird eine unheilvolle Allianz zwischen Laster und Feind ausgemacht, sodass man sich vor dem einen wie dem anderen hüten sollte.

■ *Zeichnen Sie anhand der Rede in Szene I.3 Robespierres Argumentationslinie nach.*

Das Laster als Feind der Republik

Axiom	Konklusion	Konklusion	Konklusion
• „Das Laster ist das Kainszeichen der Aristokratie."			
• Das Laster vergiftet das Volk, wenn es sich ihm hingibt.	➡ Das Laster ist ein Angriff auf die Freiheit.	➡ Das Laster ist ein politisches Verbrechen.	➡ Der Lasterhafte ist der politische Feind der Freiheit.

So wendet sich das Kainszeichen des Aristokratismus auch gegen das eigene Volk und implizit auch gegen Danton, wenn Robespierre diesen Gedankengang mit den Worten abschließt: „Der gefährlichste Bürger ist derjenige, welcher leichter ein Dutzend rote Mützen verbraucht, als eine gute Handlung vollbringt", I.3, S. 20, Z. 26ff. Im weiteren Verlauf zeigt Robespierre die zu verurteilenden Folgen eines lasterhaften Lebens.

Nachdem so deutlich im Zuge einer rigorosen Schwarz/Weiß-Zeichnung herausgestellt ist, wer Freund und wer Feind ist, kann er schließlich die Erbarmungslosigkeit rechtfertigen, die er den Feinden des Volkes entgegenbringen will. Mit Pathos und noch einmal das „wir" beschwörend endet die Rede, die ganz auf die Emotion und nicht auf den Verstand zielt.

4.3 Robespierres Rede vor dem Nationalkonvent (Szene II.7)

Nach dieser gemeinsam erschlossenen Rede sind die Schülerinnen und Schüler aufgerufen, in Partnerarbeit eine weitere Rede zu bearbeiten. Dazu erhalten sie das **Arbeitsblatt 11**, S. 84 ff., „Die Rhetorik der Revolutionäre" und werden auf die entsprechenden Seiten im Textbuch, S. 48, Z. 39 bis S. 50, Z. 36 verwiesen. Zur Vergegenwärtigung des Geschehens wird zunächst die Szene bis zur Rede Robespierres gemeinsam gelesen und dann eine Gruppenarbeit begonnen.
Im Rahmen der Gruppenarbeit wird die Rede szenisch einstudiert. Hierzu untergliedert der Lehrer oder die Lehrerin die Szene in drei Teile:

→ Teil 1 – S. 48, Z. 39 – S. 49, Z. 20
→ Teil 2 – S. 49, Z. 21 – S. 50, Z. 17
→ Teil 3 – S. 50, Z. 18 – Z. 36

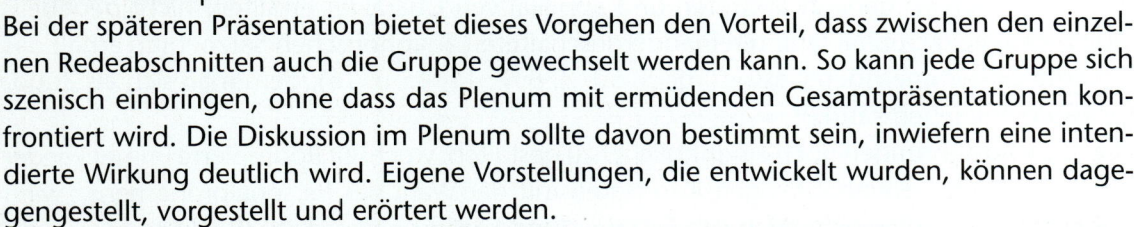

■ *Studieren Sie die Rede szenisch ein.*

Für jeden Redeabschnitt fühlt sich ein Schüler oder eine Schülerin verantwortlich. Besitzt die Gruppe mehr Mitglieder, als die Rede in Abschnitte gegliedert ist, werden Teilabschnitte doppelt besetzt. Gemeinsam werden in der Gruppe die fertigen Spielergebnisse vorgeführt, diskutiert und optimiert.
Bei der späteren Präsentation bietet dieses Vorgehen den Vorteil, dass zwischen den einzelnen Redeabschnitten auch die Gruppe gewechselt werden kann. So kann jede Gruppe sich szenisch einbringen, ohne dass das Plenum mit ermüdenden Gesamtpräsentationen konfrontiert wird. Die Diskussion im Plenum sollte davon bestimmt sein, inwiefern eine intendierte Wirkung deutlich wird. Eigene Vorstellungen, die entwickelt wurden, können dagegengestellt, vorgestellt und erörtert werden.
Den Abschluss bietet eine erste, eher noch unsortierte Sammelphase der verwendeten sprachlichen Mittel.
Nach dem szenischen Erlebnis der gehaltenen Rede wird in Einzelarbeit mit **Arbeitsblatt 11**, S. 84 ff. „Die Rhetorik der Revolutionäre" eine Detailanalyse der verwendeten sprachlichen Mittel erstellt.

■ *Arbeiten Sie die sprachlichen Mittel heraus, die Robespierre verwendet.*

■ *Wie beurteilen Sie Robespierre unter der Berücksichtigung der Funktion, die die verwendeten sprachlichen Mittel auszeichnen?*

Auch diese Rede Robespierres ist stark antithetisch angelegt. Es gibt eine redlich handelnde Seite, die für das eigene Handeln reklamiert wird, und eine zu verurteilende, die dem Gegner zugewiesen wird. Es gibt nur schwarz oder weiß.
Über die Personifikation „Vaterland" (II.7, S. 49, Z. 2) wird von Robespierre der Versuch unternommen, die anstehenden „große Dinge" (II.7, S. 48, Z. 40 f.) zur Aufgabe eines jeden

Einzelnen zu machen, der rechtschaffend dem Vaterland dienen will. Die Interessen des einzelnen Individuums werden aufgelöst zugunsten der Interessen des „Vaterlandes". Damit wird jedes Individuum Teil des „Vaterlandes" und als solcher Erfüllungsgehilfe desselben, in dem jeder Einzelne seine ihm zugewiesenen Aufgaben zu bewältigen hat. Wer dem nicht vorbehaltlos folgt, ist ein Feind des Vaterlandes. Dieser Argumentation folgend ist auch Robespierre nur ein Erfüllungsgehilfe und Diener, der sich seinen vom „Vaterland" zugewiesenen Aufgaben zu stellen hat wie jeder andere. Damit relativiert Robespierre seine Position und weist implizit persönliche Motive zurück. Er tritt als Person hinter das Vaterland zurück.

Gleich zu Beginn seiner Rede macht Robespierre auf die Relevanz der anstehenden Entscheidungen aufmerksam. So wird jeder einzelne Deputierte auf das Folgende eingestimmt und davon eingenommen. Es drückt sich des Weiteren ein Legitimationsprozess darin aus, wie er die bevorstehenden Aufgaben einzuordnen versucht. Es sind „große Dinge" (II.7, S. 48, Z. 40 f.) zu bewältigen. Gerade diese Attribuisierung am Anfang der Rede dient dazu, das Handeln in die gewünschte Dimension zu rücken. Über den semantisch so aufgewerteten Begriff der Aufgabe bekommt das blutige Handwerk den notwendigen Stellenwert, um so von vornherein jedes Opfer zu rechtfertigen und Zweifel unter den Deputierten gar nicht erst aufkommen zu lassen.

Der Folgesatz (vgl. S. 49, Z. 1 f.) unterstreicht die Bedeutung dessen, worüber zu entscheiden ist: Sieg oder Untergang wird von der Entscheidung abhängig sein und die Entscheidung so konsequent in die gewünschte Richtung gelenkt. Durch die rhetorische Figur der Hyperbel wird das Ereignis zum historischen hochstilisiert. Insgesamt zeichnet die Rede immer wieder ein hohes Maß an Pathos aus.

Während die eigene Position aufgewertet wird, wird der Gegner Danton in ein zwielichtiges Milieu gerückt, indem er im gleichen Atemzug mit dem asyndetisch verknüpften Personenkreis um Fabre, Chabot u.a. genannt wird (vgl. S. 49, Z. 5 u. Z. 21 ff.), in denen Robespierre Feinde der Revolution und z.T. zwielichtige Personen sieht.

Die Vielzahl der rhetorischen Fragen (vgl. z.B. S. 49, Z. 21 – S. 50, Z. 2) hat einzig und allein den Zweck, die Zuhörer einzubeziehen, indem diese das als Frage in den Raum Gestellte für sich im Sinne Robespierres beantworten. Eine Entscheidungsfreiheit ist ihnen, wo die Fragen aneinandergereiht gehäuft auftreten und appellativen Charakter erhalten, nicht gegeben. Durch den gleich fünffach hintereinandergeschalteten anaphorischen Satzbeginn erhält das Gesagte einhämmernden Gestus (vgl. S. 50, Z. 6, 7, 11, 15 u. 18), dem man sich als Zuhörer kaum entziehen kann.

Um seine Ausführungen noch eindringlicher zu gestalten, wechselt Robespierre immer wieder die Anrede und vereinnahmt den Adressaten mit der Wahl des Personalpronomens „wir". Die Adressaten fühlen sich mit in den Entscheidungsprozess einbezogen und können sich mit dem Gesagten besser identifizieren. Über diesen Kunstgriff, von sich abzusehen und zugunsten des persönlichen Ansprechens und Miteinbeziehens den Kreis der Handelnden zu vergrößern, gelingt es, ein Gruppenbewusstsein zu erzeugen, eine Sphäre, in der eine Solidarisierung untereinander vonstatten geht, sich zudem jeder gleichzeitig persönlich angesprochen fühlt. Das Volk erscheint dabei als eigentlicher Souverän, als Veranlasser. So erscheint zwar einerseits Robespierre als Führungsperson durch den gelegentlich Wechsel zum „Ich", aber als eine, die sich allein als im Dienste einer Gemeinschaft agierend darstellt.

Robespierres Reden zielen nicht auf den Verstand, sondern auf die Emotion, die er in seinem Sinne zu beeinflussen sucht. Er hetzt demagogisch geschickt seine Zuhörer auf. Er versucht nicht argumentativ zu überzeugen, sondern seine Zuhörer mit sprachlichen Mitteln zu überreden. Er erscheint damit in einem negativen Licht und Urteil.

4.4 St. Just – „kalt wie eine Maschine" (Szene II.7)

Die Rede, die St. Just hält, ist – mit Ausnahme des letzten Satzes – nie gehalten worden (vgl. Frizen 1990, S. 82). Ließe man sie im Übrigen weg, würde ihr Fehlen nicht auffallen, für den Fortgang des Dramas ist sie ohne Relevanz und ohne dramatische Funktion. Klarer aber als Robespierre zeichnet St. Just die Ideologie, von der das Handeln der Jakobiner bestimmt ist, und darin scheint auch ihr Sinn und Zweck zu liegen. „Nachdem Robespierre mit dem glühenden Pathos der Tugendhaftigkeit Danton vor dem Konvent angeklagt und verdammt hat, erhebt sich der schöne St. Just und bringt dieselbe Anklage noch einmal vor, kalt wie eine Maschine, mit Darlegungen, die nicht dem Reich der Moral, sondern dem Raum der Naturgeschichte, der Biologie und der Physik entnommen sind" (Edschmid 1963, S. 22). Die Rede ist wie folgt gegliedert:

1. **Analogieschluss:** In einem ersten Schritt stellt St. Just das geschichtliche Handeln in Analogie zur Natur (vgl. II.7, S. 51, Z. 12–22) dar. Der Vergleich endet in der Schlussfolgerung: „Der Weltgeist bedient sich in der geistigen Sphäre unserer Arme ebenso, wie er in der physischen Vulkane oder Wasserfluten gebraucht", II.7, S. 51, Z. 18ff.
2. **Analogieschluss:** Die Geschichte und Entwicklung der Menschheit bauen auf den Gräbern von Generationen auf. Der Quantensprung Revolution beschleunigt den entwicklungsgemäß langsamen Gang hin zu einer egalitären Gesellschaft. Die beschleunigte gesellschaftliche Umwälzung, die die Gleichheit aller Menschen in Szene setzt, kostet daher auch – so die Logik – mehr Menschenleben (vgl. II.7, S. 51, Z. 23 – S. 52, Z. 9).
3. **Analogieschluss:** St. Just setzt das gegenwärtige Handeln in Analogie zum biblischen Motiv von Moses und der Wanderung durch das Rote Meer und in Analogie zur griechischen Mythologie. In dem einen Falle – nach St. Just – habe sich eine „verdorbne Generation" aufgerieben, in dem anderen Falle habe der Tod als Verjüngungskur gewirkt: Tilgung des alten Kranken und Beförderung des jungen Gesunden sei auch das Ziel der Revolution, so die Prophezeiung St. Justs (vg. S. 52, Z. 13–24).
4. **Appell:** Die Schlussformel ist ein Appell an alle Feinde, angesichts dieser Tragweite des Geschehens den Dolch des Brutus stecken zu lassen und Anteil zu nehmen am „erhabenen Augenblick" (vgl. II.7, S. 52, Z. 25–29).

St. Just stellt seine Rede in naturwissenschaftliche, menschheitsgeschichtliche, biblische sowie in mythologische Dimensionen, was den Terror aus der gewählten Größenordnung heraus legitimieren soll. Wer Kritik an der Revolution und ihrem Vorgehen übt, vergeht sich implizit auch an den gewählten Vorbildern. Ebenso wie Robespierre operiert auch St. Just mit Vorstellungen, in denen die Idee verabsolutiert und in denen der einzelne Mensch keine Rolle spielt. Als anonymes „Man" arbeitet jeder an einem großen Weltenplan mit. Das Wirken eines „Weltgeistes" wird unterstellt und ein fernes Ziel in Aussicht gestellt, von dem her jedes Opfer gerechtfertigt wird. Die Ausführungen St. Justs sind in der Gesamtheit apodiktisch angelegt. Zweifel am eigenen Tun werden von vornherein ausgeschlossen und nicht in Erwägung gezogen.

■ *Gliedern Sie die Rede in Sinnabschnitte.*

Die Gliederung kann wie zu Beginn angegeben erfolgen.

■ *Analysieren Sie die sprachlichen Mittel und stellen Sie deren Funktion heraus.*

Im Rahmen der Analyse sollten herausgestellt werden …
● die gewählten Vergleiche und die Parallelisierung (Naturgeschichte/Menschengeschichte etc.),
● die rhetorischen Fragen (vgl. II.7, S. 51, Z. 12–18, Z. 21 f., S. 52, Z. 6–9, Z. 11 f.), die im ersten Fall asyndetisch gereiht sind und durch den anaphorischen Gebrauch des Modalverbs „soll" einen einhämmernden Charakter erhalten,
● das der Rede innewohnende Pathos, bedingt auch durch die gewählten naturgeschichtlichen, menschheitsgeschichtlichen, biblischen und mythologischen Dimensionen und auch bedingt durch das Herausstellen des „erhabenen Augenblicks" (II.7, S. 52, Z. 28),
● die Personifizierung von Menschheit und Weltgeist (vgl. S. 51, Z. 17 f.),
● der Appell an die Feinde.

 ■ *Die Rede St. Justs arbeitet mit Vergleichen. Überprüfen Sie die Vergleiche auf ihre Plausibilität.*

Die Rede ist von kalter Logik geprägt, ohne dass dieses quasi-logische Argumentieren hinterfragt wird. Die Menschheitsgeschichte wird unzulässig mit der Naturgeschichte verquickt, als ob der Gang des einen dem anderen analog zu setzen wäre. Das ist illegitim. So wird eine natürliche Ursache, die zur Tragödie führt, mit einer bewusst in Szene gesetzten parallelisiert. Das eine geschieht aus unbewusstem Grunde und zufällig, das andere ist motiviert und hat einen Verursacher, der Verantwortung trägt.

■ *Stellen Sie den qualitativen Unterschied zwischen Robespierres Argumentationslogik und St. Justs Argumentation heraus. (Wie begründet Robespierre sein Handeln und wie St. Justs?)*

■ *In welchem Aspekt sind beide Protagonisten sich einig? (Wie ist das Verhältnis zwischen Ideal und Mensch bei Robespierre und bei St. Just beschrieben?)*

Robespierre leitet die Legitimität seines Handeln aus der Moral ab, St. Just argumentiert dagegen – trotz des eingeflochtenen Bibelbezugs – grundsätzlich eher wissenschaftlich. Ähnlich sind sich beide allerdings in ihrer Haltung zum Menschen. Für die große Sache, die ihnen beiden vorschwebt, spielt der Einzelne keine Rolle, das angestrebte Ziel, das Ideal, der sich alles fügen muss, dagegen die Hauptrolle.

 ■ *Lesen Sie in der Textausgabe auf Seite 159 aus dem Kapitel zum Idealismus die Zeilen 7–22 und beurteilen Sie die Rede St. Justs.*

Mit dem Rekurs auf ein Ideal, dem Bezug auf eine Teleologie, ist jede Tat – und sei sie noch so blutig und grausam – zu begründen. Die Folge ist, dass sich St. Just jeglicher Verantwortung ledig wähnen kann, wenn die „Menschheit" oder der „Weltgeist" nur ruft und auf den gedachten Plan tritt. St. Just argumentiert zutiefst inhuman, ja a-sozial. Eine Rede wie die von St. Just erinnert an Reden von Hitler oder anderer Diktatoren, die ebenfalls das Individuum verdinglichten.

4.5 Dantons Rede vor dem Revolutionstribunal (Szene III.4)

Im Folgenden soll es darum gehen zu überprüfen, wie Danton seine Zuhörer für sich einzunehmen versucht, denn auch Danton weiß Reden zu halten. Auch an dieser Stelle soll noch einmal daran erinnert werden, dass Büchner gleich „ganze Passagen aus Thiers' allbekannter ‚Geschichte der Französischen Revolution' ungeniert abgeschrieben und lediglich aus der distanzierten Form des Berichts in die unmittelbare des Dialogs übertragen" (Poschmann 1993, S. 91) hat und auch die Reden nur im begrenzten Maße künstlerische Eigenleistungen von Büchner darstellen. „Das Faktische […], [s]ein Anteil am Aufbau des Werks, ebenso der Grad unveränderter Erhaltung des vorgefundenen Zusammenhangs der Tatsachen, d. h. der historischen Treue, sind so hoch, dass die Frage berechtigt schien, ob man es noch mit einer Dichtung im herkömmlichen Sinne des Wortes oder nicht eher schon mit einer in Szene gesetzten Dokumentation zu tun hat" (ebd.). Diese großzügigen Übernahmen werden heute in der Literaturwissenschaft aber auch von manchen zum Anlass genommen, im Danton überhaupt keine Büchner'sche Eigenleistung mehr zu sehen, sondern ein reines Plagiat. Wie immer man dies auch bewerten mag, der Vorteil dieser Übernahmen ist folgender: Man hört tatsächlich die Worte Robespierres oder die Dantons. Das ist das eine, das andere: Büchner hat sich die Freiheit genommen, hier und da gestaltend einzugreifen, um gewisse ihm wichtige Positionen hervorzuheben. Büchner hat so eingegriffen, „dass er die Negativtendenzen noch betonte. Der historische Danton rühmte sich nur des Sturms auf die Bastille und der Aktionen auf dem Marsfeld, der dramatisierte nennt auch noch die Hinrichtung des Königs und die fatalen Septembermorde: Büchner verschärft also den Widerspruch in seiner Figur, er verschärft auch die Blutrünstigkeit im Ausdruck" (Frizen 1990, S. 87).

Hierzu wird auf Dantons Rede vor dem Revolutionstribunal (III.4, S. 59–62) zurückgegriffen. Auch Dantons Rede ist wie Robespierres Reden voll des Pathos: „Die Revolution nennt meinen Namen. Meine Wohnung ist bald im Nichts und mein Namen im Pantheon der Geschichte" (III.4, S. 59, Z. 28), so beginnt er, nachdem der Präsident des Revolutionstribunals ihn nach seinem Namen gefragt hat. Genau besehen besteht die Verteidigung Dantons darin, sich nicht zu verteidigen bzw. sich nicht zur Anklage zu äußern. Stattdessen klagt er selbst an, stellt seine ehemaligen Leistungen und seine revolutionäre Größe heraus („Männer meines Schlages sind in Revolutionen unschätzbar, auf ihrer Stirne schwebt das Genie der Freiheit", III.4, S. 60, Z. 24–27). Hier wird die Hyperbel gewählt, um die Selbstdarstellung in das gewünschte Licht zu rücken. Und so wie die eigene Person überhöht wird, werden die politischen Gegner abgewertet, wenn diese ganz allgemein oder auch im Besonderen (St. Just) bspw. als „elende" Widersacher (vgl. III.4, S. 60, Z. 5 ff. u. Z. 34) oder auch als „erbärmliche[…] Ankläger" (III.4, S. 60, Z. 22) beschrieben werden. Auch Danton beherrscht die Kunst, seine Zuhörer emotional gefangen und für sich einzunehmen. Geschickt setzt er den Parallelismus und die Anapher ein, die vergleichbar Robespierre stakkatoartig auf den Zuhörer einwirken, ohne dass dieser zur gedanklichen Besinnung kommen kann. „Ich habe auf dem Marsfelde dem Königtume den Krieg erklärt, ich habe es am 10. August geschlagen, ich habe es am 21. Januar getötet und den Königen einen Königskopf als Fehdehandschuh hingeworfen" (III.4, S. 61, Z. 10 ff.). Die herausgestellten Leistungen bleiben durch das wiederholte Personalpronomen „Ich" präsent und nur zu deutlich bleibt im Bewusstsein hängen, wem dies alles zu verdanken ist: eben einzig und allein Danton! „Unschätzbar" für die Revolution und ein „Genie", an das Hand angelegt werden soll. Die rhetorische Frage, die anders als im Sinne des Fragenden kaum beantwortet werden kann, führt Danton im Munde (vgl. (III.4, S. 61, Z. 16–20 u. 22 ff.).

Obwohl Danton zu Beginn seiner Rede bekundet, „ohne Mühe die Verleumdung" (III.4, S. 60, Z. 4) zurückzuweisen, geht er an keiner Stelle tatsächlich auf das ihm zur Last gelegte Vergehen ein. Im Sinne einer Schwarz/Weiß-Zeichnung, die auch Danton pflegt, hieße dies auch differenziertes Argumentieren, was die Bereitschaft zur intellektuellen Auseinandersetzung auf Seiten der Zuhörer voraussetzte. Danton liebt den Genuss, den zu rechtfertigen er vom verteufelten Laster Robespierres abgrenzen müsste. Eine gefährliche und in einer aufgeheizten Situation kaum erfolgversprechende Strategie. Danton berührt das Herz und nicht den Verstand und mehr noch, er macht deutlich, dass ein Revolutionär stets mit Herzblut von einer Sache beseelt ist und eben nicht vom kalten Verstand beherrscht („Von einem Revolutionär, wie ich, darf man keine kalte Verteidigung erwarten", III.4, S. 60, Z. 24 f.). Die Zuhörer zeigen sich eingenommen von dieser Haltung und spenden Beifall. Leidenschaft ist gefragt und nicht Verstand. St. Just sagt über den Erfolg von Dantons Auftritt: „Die Bewegung der Gemüter soll unbeschreiblich sein. Danton parodierte den Jupiter und schüttelte die Locken", III.6, S. 64, Z. 21 ff.

Eine Besonderheit der Rede ist, dass Danton gleich zu Beginn der Befragung vor dem Revolutionstribunal bekundet, dass er bald ins Nichts eingehen und Geschichte sein werde (vgl. III.4, S. 59, Z. 28 ff.). Dieser Beginn verleitet Frizen zu sagen: „Wer bald im Nichts wohnt, bedarf der Verteidigung nicht" (Frizen 1990, S. 87). Und in der Tat gleicht Dantons Rede insgesamt weniger einer Verteidigung denn einer wütenden Anklage, die beim zunehmend aufgepeitschten Publikum auch ankommt. Mehrfach betont Danton in seiner Rede, dass das Nichts bald seine Heimstatt sein werde (III.4, vgl. S. 60, Z. 12 ff.; S. 62, Z. 1 f.). Man kann sich fragen, ob sich darin ein meisterhafter rhetorischer Schachzug verbirgt oder ob dies seine tatsächliche Ansicht spiegelt. Die Reflexionen Dantons zum Leben und Sterben in anderen Szenen lassen die These zu, dass ihm tatsächlich ein gewisser Gleichmut innewohnt. Er macht sich trotz seiner rhetorischen Attacken keine Illusionen bzgl. seiner Zukunft. Die Verurteilung ist beschlossene Sache.

Umgekehrt klagt er aber selber an und kann zunehmenden Erfolg beim Zuhörer verbuchen. Nicht völlig ausgeschlossen werden kann, dass es sich hierbei auch um eine strategische Entscheidung handelt: Indem er die Verteidigung implizit für aussichtslos erklärt, können seine Worte ihre volle Wirkung entfalten, da sie vermeintlich nicht der eigenen Person und Rettung dienen, sondern sich ohne Rücksicht auf die eigene Person als eigene Anklage gegen seine Kläger wenden. Das Interesse wird auf die Ankläger gerichtet und von Danton weggeleitet, da der Anlass der Befragung als im Grunde schon entschieden dargestellt wird. Das Motiv zu Dantons wütender Anklage erhält dadurch mehr Relevanz, da das Eigeninteresse implizit hintenangestellt wird. Eine Rettung Dantons wäre, wo die empörte Volksseele sich auf Robespierre, St. Just und die Jakobiner hin ausrichtet, nicht grundsätzlich ausgeschlossen, wie der beschließende stürmische Beifall beweist. Die herausgestellte Irrelevanz der Verteidigung („was liegt mir an euch und eurem Urteil", III.4, S. 60, Z. 11) kann demnach auch als rhetorisch relevantes Mittel zur eigenen Verteidigung und Rettung dienen.

Grundsätzlich wird in der Literatur mehr die Ansicht vertreten, dass Danton geschehen lässt und er es im Gegensatz zu Robespierre und den Jakobinern an Engagement fehlen lässt. Seine Haltung ist die eines Akteurs, der weniger selbst gestaltet, sondern mit dem etwas geschieht: „Puppen sind wir von unbekannten Gewalten am Draht gezogen; nichts, nichts wir selbst!" (II.5, S. 46, Z. 24 f.)

 Vergleichbar dem Vorgehen zur Rede von Robespierres Auftritt vor dem Nationalkonvent, S. 77, wird auch in diesem Fall ein szenisches Spiel vorgeschlagen. Die Redeanteile Dantons werden diesmal zwei Schülerinnen oder Schülern zugeschlagen.

→ Teil 1 – S. 59, Z. 28 – S. 60, Z. 35
→ Teil 2 – S. 61, Z. 4 – 33

Dazu gesellt sich noch ein Schüler oder eine Schülerin, der/die die Rolle des Präsidenten des Revolutionstribunals übernimmt. Abermals können innerhalb der Gruppe Redeabschnitte bzw. Rollen doppelt besetzt werden.

Die Präsentation der Ergebnisse kann wiederum über mehrere Gruppen hinweg vorgestellt werden, wobei es hier auch denkbar ist, dass die Unterbrechungen durch den Präsidenten genutzt werden können, auch den Schauspieler zu wechseln. Die Abfolge der Redner sollte allerdings im Vorfeld geklärt werden, damit der Spielfluss erhalten bleibt. Die anschließende Diskussion liefert erste sprachliche Mittel, die die Rede nutzt und die durch eine lebhafte Präsentation zumindest graduell in ihrer Wirkung erfahren werden konnten.

Nach dem szenischen Erlebnis der gehaltenen Rede wird in eine Einzelarbeit eingetreten, in der mit **Arbeitsblatt 11**, S. 84 ff. „Die Rhetorik der Revolutionäre" eine Detailanalyse der verwendeten sprachlichen Mittel geleistet wird.

◼ *Arbeiten Sie die sprachlichen Mittel heraus, die Robespierre verwendet.*

◼ *Wie beurteilen Sie Danton im Vergleich zu Robespierre als Redner?*

◼ *Ermitteln Sie Gründe, warum Danton das eigene Schicksal trotz der Vehemenz seiner Rede als schon besiegelt sieht.*

◼ *„Puppen sind wir von unbekannten Gewalten am Draht gezogen; nichts, nichts wir selbst!", heißt es in Szene II.5. Diskutieren Sie die fatalistisch anmutenden Aussagen Dantons zu Beginn und am Ende von Szene III.4 daraufhin, ob er im Grunde nicht schon Geschichte und tot sei.*

Um einer einseitigen Parteinahme der Schülerinnen und Schüler für Danton als Opfer von Robespierres Ränkespiel entgegenzuwirken, sollte im Vergleich der Reden Dantons und Robespierres deutlich werden, dass keiner der beiden redlich argumentiert. Beide zeigen sich als Demagogen, die das Volk für sich einnehmen können, keinen großen Wert auf das Argument und viel Wert auf die Emotion legen. Beide haben im Dienste der Revolution das Blut zahlreicher Menschen und auch das Unschuldiger vergossen. Der Unterschied ist nur, dass der eine aus der Position der Stärke heraus demagogisch agiert und der andere aus der Position der Schwäche heraus.

Weder Danton noch Robespierre setzen auf das differenzierende Argument, was im Vorfeld kritisch herausgestellt wurde. Man kann beschließend aber fragen, ob eine politische Rede überhaupt dazu geeignet ist, vom Argument getragen zu werden, wenn sie Erfolg haben will.

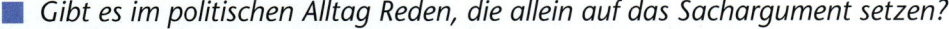

◼ *Gibt es im politischen Alltag Reden, die allein auf das Sachargument setzen?*

◼ *Sind Politiker gut beraten, in der öffentlichen politischen Auseinandersetzung der Logik der Argumentation zu vertrauen?*

◼ *Warum neigen Politiker häufig – egal, welcher Partei sie angehören – eher zum Populismus als zum Sachargument?*

◼ *Wählen Sie eine politische Rede aus und untersuchen Sie, ob sie vom Argument oder von der Emotion getragen wird.*

Die Rhetorik der Revolutionäre

Zitat	Sprachliche Form	Funktion
	Hyperbel/Pathos/Personifikation	
	Rhetorische Frage	
	Anapher/Parallelismus/Reihung	
	Anrede	
	Apodiktische Behauptungen/Proklamation	

■ *Analysieren Sie die vorliegende Rede unter Berücksichtigung der hier vorgegebenen sprachlichen Formen.*

Die Rhetorik Robespierres – mögliche Ergebnisse

Zitat	Sprachliche Form	Funktion
– „große Dinge", S. 48, Z. 40 – S. 49, Z. 1 – „Heute entscheidet sich's, ob einige Männer den Sieg über das Vaterland davontragen werden", S. 49, Z. 1 f. – „Wir alle haben etwas Mut und etwas Seelengröße notwendig", S. 50, Z. 24 f. – „So erkläre ich denn, nichts soll mich aufhalten", S. 50, Z. 23 f. – „Wir haben nur wenige Köpfe zu treffen und das Vaterland ist gerettet", S. 50, Z. 32 f.	Hyperbel/Pathos/Personifikation	Taten werden in historische Zusammenhänge gerückt, die mögliche Widerspruch verstummen lassen. Pathos emotionalisiert.
– „Wie könnt ihr eure Grundsätze weit genug verleugnen, [...]?", S. 49, Z. 3 ff.) – „Was soll dieser Unterschied zugunsten einiger Männer?", S. 49, Z. 6 f. – „Was kümmern mich die Lobsprüche, [...]?", S. 49, Z. 7 f. – „Was hat Danton vor Lafayette, vor Dumouriez, vor Brissot, Fabre, Chabot, Hébert voraus? Was sagt man von diesen, was man nicht auch von ihm sagen könnte? Habt ihr sie gleichwohl geschont? Wodurch verdient er einen Vorzug vor seinen Mitbürgern?", S. 49, Z. 24.	Rhetorische Frage	vermittelt dem Zuhörer den Eindruck, als wäre er aufgerufen, eine eigene Antwort zu finden, die allerdings in der Frage schon vorformuliert ist
– „Man will euch Furcht einflößen [...]. Man schreit über den Despotismus der Ausschüsse, [...]. Man stellt sich, als zittre man", S. 50, Z. 6–11 – „Man hat auch mich schrecken wollen, man gab mir zu verstehen, [...]", S. 50, Z. 15 f. – „Man schrieb mir, [...]", S. 50, Z. 18	Anapher/Parallelismus/Reihung	Der anaphorische, vereinzelt parallele Gebrauch des „man" hat einen einhämmernden Gestus. Durch das unpersönliche „man" wird zudem der Gegner anonymisiert.
– „Wir fragen nicht, ob ein Mann diese oder jene patriotische Handlung vollbracht hat, wir fragen nach seiner ganzen politischen Laufbahn", S. 49, Z. 9–12 – „Wir alle haben etwas Mut und etwas Seelengröße notwendig", S. 50, Z. 24 f. – „Wir haben nur wenige Köpfe zu treffen und das Vaterland ist gerettet", S. 50, Z. 32 f.	Anrede	Vereinnahmung des Adressaten: Identifikation. Robespierre leistet den Schulterschluss mit dem Volk. Volk erscheint zugleich als der wahre Souverän, der entscheidet.
– „wer in diesem Augenblicke zittert, ist schuldig, denn nie zittert die Unschuld vor der öffentlichen Wachsamkeit", S. 50, Z. 12 f. – „So erkläre ich denn, nichts soll mich aufhalten", S. 50, Z. 23 f. – „Nur Verbrecher und gemeine Seelen fürchten ihresgleichen [...]", S. 50, Z. 25 f.	Apodiktische Behauptungen/Proklamation	Zweifel werden durch die Eindeutigkeit, in die Gesagtes gefasst wird, ausgeschlossen.

Die Rhetorik Dantons – mögliche Ergebnisse

Zitat	Sprachliche Form	Funktion
– „Die Revolution nennt meinen Namen. Meine Wohnung ist bald im Nichts und mein Namen im Pantheon der Geschichte." (S. 59, Z. 28ff.) – „Das Nichts wird bald mein Asyl sein – das Leben ist mir zur Last, man mag es mir entreißen." (S. 60, Z. 12ff.) – „Meine Stimme hat aus dem Golde der Aristokraten und Reichen dem Volke Waffen geschmiedet. Meine Stimme war der Orkan." (S. 61, Z. 30ff.)	Hyperbel/ Pathos/Superlativ	Pathos emotionalisiert, Hyperbel und Superlativ rücken Gesagtes in übermenschliche Zusammenhänge. Widerspruch verstummt.
– „Kann ich mich fassen, wenn ich mich auf eine so niedrige Weise verleumdet sehe?" (S. 61, Z. 22ff.) – „Wer sind denn die, welche Danton nötigen mussten sich an jenem denkwürdigen Tage (dem 10. August) zu zeigen? Wer sind denn die privilegierten Wesen, von denen er seine Energie borgte?" (S. 61, Z. 16–20)	Rhetorische Frage	vermittelt dem Zuhörer den Eindruck, als wäre er aufgerufen, eine eigne Antwort zu finden, die allerdings in der Frage schon vorformuliert ist
– „Ich habe auf dem Marsfelde dem Königtume den Krieg erklärt, ich habe es am 10. August geschlagen, ich habe es am 21. Januar getötet und den Königen einen Königskopf als Fehdehandschuh hingeworfen" (S. 61, Z. 10ff.). (Vgl. auch S. 61, Z. 16–20) – „Meine Stimme hat aus dem Golde der Aristokraten und Reichen dem Volke Waffen geschmiedet. Meine Stimme war der Orkan." (S. 61, Z. 30ff.)	Anapher/Parallelismus/Reihung	Das anaphorische, im parallele Satzbau bspw. gebrauchte Personalpronomen „Ich" hat einen einhämmernden Gestus. Eine persönliche Erhöhung wird angestrebt. Revolutionäre Leistungen werden individualisiert.
– „Die Elenden, welche mich anklagen, mögen hier erscheinen und ich werde sie mit Schande bedecken." (S. 60, Z. 5ff.) – „meine erbärmlichen Ankläger" (S. 60, Z. 22) – Danton beklagt sich, er werde auf „niedrige Weise verleumdet" (S. 60, Z. 23f.) – „Du elender St. Just" (S. 60, Z. 34) – „Ich werde die platten Schurken entlarven und sie in das Nichts zurückschleudern, aus dem sie nie hätten hervorkriechen sollen." (S. 61, Z. 21ff.)	Anrede	Die Gegner werden rhetorisch abgewertet, was im Umkehrschluss die eigene Position stärkt und redlich erscheinen lässt.
– „[J]ene Nationalkühnheit, die ich so oft gezeigt, [...], ist die verdienstvollste aller Tugenden." (S. 60, Z. 18ff.). – „Männer meines Schlages sind in Revolutionen unschätzbar, auf ihrer Stirn schwebt das Genie der Freiheit." (S. 60, Z. 25ff.) – „Meine Stimme hat aus dem Golde der Aristokraten und Reichen dem Volke Waffen geschmiedet. Meine Stimme war der Orkan" (S. 61, Z. 30ff.)	Apodiktische Behauptungen/ Proklamation	Zweifel werden durch die Eindeutigkeit, in die das Gesagte gefasst ist, ausgeschlossen.

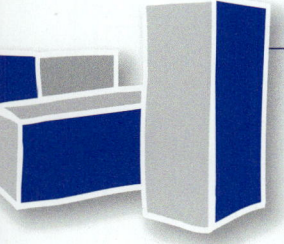

Vom einfachen Volk und von anderen Personen- kreisen

Dieser Baustein widmet sich Personen und Aspekten jenseits der zentralen Protagonisten und jenseits des Zeitgeschehens. Thematisiert werden das einfache Volk, das im Danton kaum in Erscheinung tritt, die Frauen (Lucile, Julie, Marion) und die Wiedervereinigung Deutschlands, die als Revolution der französischen gegenübergestellt wird.

- Die Schülerinnen und Schüler arbeiten dabei heraus, dass zwischen Volk und bürgerlichen Revolutionären unüberwindbare Gegensätze bestehen.
- Sie stellen die Bedeutung des Volkes für das Drama heraus.
- Sie beleuchten die Stellung der Frauen im Drama.
- Sie vergleichen die Ursachen beider Revolutionen und prüfen sie auf Ähnlichkeiten.
- Sie fragen nach den Gewinnern und Verlierern der Revolutionen und nach den Einschätzungen der revolutionären Folgen.

5.1 „Wir sind das Volk" (Szenen I.2, III.4, III.9 u. III.10)

In „Dantons Tod" findet sich ein Satz, der in einer anderen, für Deutschland so positiv verlaufenen friedlichen Revolution Geschichte gemacht hat: „Wir sind das Volk" (S. 15, Z. 20). Wolf Biermann hat in den 90er-Jahren schon darauf aufmerksam gemacht, dass die Aktualität Büchners bereits durch diesen Satz hindurchscheint. Das aber hieße, dass das Volk damals wie heute eher eine untergeordnete Rolle im nachrevolutionären Prozess spielte: Das einfache Volk in „Dantons Tod" spielt in der Tat nur eine Nebenrolle, denn Handlungstragende wie Danton und seine Weggenossen oder auch Robespierre mit seinen Anhängern gehören zwar dem Dritten Stand, aber dort dem gebildeten Bürgertum an. Dem Bildungsbürgertum kam in der Französischen Revolution eine wesentliche Rolle zu. Bernhard Wunder spricht in seinem Buch „Europäische Geschichte im Zeitalter der Französischen Revolution 1789–1815" daher auch von dem „massive[n] Auftreten des Bürgertums" (Wunder 2001, S. 212) im Kontext der Französischen Revolution, das seinen Willen deutlich artikulierte. Im Zuge der durch Finanzkrise und soziale Not ausgelösten Unruhen wurde das Bürgertum zum Träger des revolutionären Willens. „Diesem Bürgertum fehlte nur die politische Organisation zur Durchsetzung seiner Ziele, und ihm boten zunächst die Generalstände, dann der revolutionäre Umbruch 1789 die Basis für die Meinungsbildung und zur Verwirklichung seiner Ziele" (Wunder 2001, S. 213). Aus ihm rekrutierten sich auch die politischen Führer. Insofern ist es nicht verwunderlich, dass das notleidende Volk nur als Randerscheinung im Danton eine bescheidene Rolle fristet.

> ■ *Stellen Sie die Lage des Volkes im Danton dar.*
>
> ■ *Wie steht das Volk zu Bürgern, wie sie Danton verkörpert? Beziehen Sie sich dabei auf die Szenen I.2, I.5 und III.10.*

Zur Situation des Volkes

- Die Not prostituiert, vgl. I.2, S. 13, Z. 14–21.
- Das Volk leidet materielle Not, vgl. I.2, S. 13, Z. 25–S. 26, Z. 4.
- Das Volk kann sich keinen Luxus leisten, vgl. I.5, S. 28, Z. 1–8.
- Das Volk verurteilt das Genussstreben Dantons, vgl. III.10, S. 74, Z. 1–12.

➡ Das Volk leidet bitterste Not und fristet ein Leben in Armut, die Dantonisten genießen es.

➡ Das Volk lehnt die Lebensgewohnheiten der Revolutionsgewinnler ab, die die vom Adel hinterlassenen Leerstellen zu füllen beginnen.

Das weiter notleidende Volk hegt nur wenig Sympathie für die, die es sich gut gehen lassen. Die Revolution geht materiell an ihnen vorbei. Der Zorn richtet sich gegen die Nutznießer der Revolution, als die die Dantonisten sich in den Augen des einfachen Volkes darstellen. Die Volksmassen in „Dantons Tod" fordern „nie Freiheit, Menschenrechte oder bürgerliche Rechte […]. All ihre Wünsche lassen sich immer auf die Verbesserung ihrer materiellen Situation zurückführen, am häufigsten sogar lediglich auf eine Linderung ihres momentanen Hungers" (F. P. Schiller, zit. n. Šmulovic 1981, S. 211). Wohl ist in „Dantons Tod" die Aristokratie hinweggefegt worden, doch eine neue Gesellschaftsschicht – die Schicht des wohlsituierten Bürgers – schickt sich an, deren privilegierte Stellung einzunehmen, ohne dass dem einfachen Volk Gerechtigkeit widerführe. „Ihr Hunger hurt und bettelt. Ein Messer für die Leute, die das Fleisch unserer Weiber und Töchter kaufen!" (I.2, S. 13, Z. 26 ff.), sagt so auch ein einfacher Bürger, und ein weiterer Bürger führt aus, dass der Blutzoll ihre Lebensverhältnisse nicht geändert habe. Jene, die sie das blutige Handwerk haben vollziehen lassen, schwingen sich an die Stelle der Gerichteten: „Aber sie haben die Toten ausgezogen und wir laufen wie zuvor auf nackten Beinen und frieren", I.2, S. 14, Z. 12 f. Als Gegner werden nicht die Royalisten oder die Aristokratie ausgemacht, sondern die Gebildeten und die Ungebildeten: „Erster Bürger. Totgeschlagen, wer lesen und schreiben kann!", I.2, S. 14, Z. 18 f. Büchner schreibt in einem der Briefe an Gutzkow ganz ähnliche Worte: „Die ganze Revolution hat sich schon in Liberale und Absolutisten geteilt und muss von der ungebildeten und armen Klasse aufgefressen werden; das Verhältnis zwischen Armen und Reichen ist das einzige revolutionäre Element in der Welt", Textausgabe S. 121, Z. 15–19 (vgl. dazu auch Bausteinabschnitt 3.6, S. 68). Das Oppositionspaar „Adel – Volk" wird ersetzt durch das von „gebildetem Bürger – ungebildetem Volk", sofern in dem einen der Wohlhabende und in dem anderen der nach wie vor materiell Benachteiligte sich spiegelt. Mit dem Hunger, den das Volk im „Danton" erleidet, wird deutlich, dass die Revolution im gegenwärtigen Stand das Volk benachteiligt zurücklässt. In jener Szene I.2, S. 13, Z. 25–S. 16, Z. 4 könnten die Schülerinnen und Schüler den Eindruck haben, dass sich der Volkszorn ausschließlich auf den adligen Jüngling bzw. auf die Adligen konzentriert. Das ist aber keineswegs der Fall, der Bürger beschließt seine Rede mit den Worten: „ergo sie sind Spitzbuben und man muss sie totschlagen". Genau die Begrifflichkeit des „Spitzbuben" nimmt Lacroix in Szene I.5 wieder auf: „Man nennt uns Spitzbuben und (*sich zu den Ohren Dantons neigend*) es ist, unter uns gesagt, so halbwegs was Wahres dran", I.5, S. 28, Z. 10 ff. Der Zorn der Bürger richtet sich also genauso gegen Personen, wie sie Danton und vergleichbar Lebende verkörpern.

Textstellen im Wortlaut

- I.2, S. 13, Z. 14–21: „Weib. […] Wir arbeiten mit allen Gliedern, warum denn nicht auch damit; ihre Mutter hat damit geschafft wie sie zur Welt kam und es hat ihr weh getan, kann sie für ihre Mutter nicht auch damit schaffen, he? Und tut's ihr auch weh dabei".

- I.2, S. 13, Z. 25–S. 26, Z. 4: „Erster Bürger. Ein Messer für die Leute, die das Fleisch unserer Weiber und Töchter kaufen! Weh über die, die so mit den Töchtern des Volkes huren! Ihr habt Kollern im Leib und sie haben Magendrücken, ihr habt Löcher in den Jacken und sie haben warme Röcke, ihr habt Schwielen in den Fäusten und sie haben Samthände. […] ergo sie sind Spitzbuben und man muss sie totschlagen."

- I.5, S. 5, Z. 1–8 : „Lacroix. Und außerdem Danton, sind wir lasterhaft, wie Robespierre sagt, d. h. wir genießen, und das Volk ist tugendhaft, d. h. es genießt nicht, weil ihm die Arbeit die Genussorgane stumpf macht, es besäuft sich nicht, weil es kein Geld hat, und es geht nicht ins Bordell, weil es nach Käs und Hering aus dem Hals stinkt und die Mädel davor einen Ekel haben".

- III.10, S. 74, Z. 1–12: „Danton hat schöne Kleider, Danton hat ein schönes Haus, Danton hat eine schöne Frau, er badet sich in Burgunder, isst das Wildbret von silbernen Tellern und schläft bei euren Weibern und Töchtern, wenn er betrunken ist. Danton war arm, wie ihr. Woher hat er das alles?"

■ *Welche Bedeutung kommt dem Volk in dem Drama zu?*

Herausgestellt werden kann von den Schülerinnen und Schülern zunächst einmal, in welchen Szenen das Volk auftritt und in welcher Form es dabei explizit zu Worte kommt. Reine Volksszenen gibt es in dem Drama nur drei (I.2, II.6 u. III.10), das ist gemessen an der Gesamtzahl der Szenen – immerhin 32 – wenig. In anderen Szenen taucht das Volk lediglich am Rande auf, als zuhörendes anonymes, Beifall oder Missfallen äußerndes Publikum (I.4, II.7, III.4, III.9), als Gefängnisschließer/Wärter (III.5, III.6, IV.6) oder als Fuhrleute (IV.4) und schließlich auch als Menge bei der Hinrichtung (IV.7) und vereinzelt danach (IV.9).

Die Szenen I.2, III.4 und III.10 machen insbesondere deutlich, dass das Volk weniger einen festen Willen hat als vielmehr vom bewegten Gemüt bestimmt ist. Und wer dieses Gemüt zu bewegen weiß, dem fliegen die Herzen zu. Dem Volk im „Danton" kommt so eine marginale Bedeutung zu. Den Handlungsverlauf bestimmen die „Köpfe", die gutsituierten Bürger. Eine Folgeaufgabe widmet sich diesem Umstand:

■ *Wie ist es um den Willen des Volkes bestellt? Zeigen Sie dies am Beispiel der Szenen I.2, III.4, III.6, III.9 u. III.10 auf.*

Der Wille des Volkes

- Szene I.2: Eine aufgebrachte Menge will einen jungen Mann ermorden.
- ➡ Das Auftreten Robespierres verhindert dies.

- Szene III.4: Danton hält vor dem Revolutionstribunal eine Rede.
- ➡ Die Zuhörer spenden ihm zunehmend begeistert Beifall.

- Szene III.9: Die Zuhörer jubeln Danton zu. Szene III.10: Dantons Parolen werden auf der Straße vom Volke aufgenommen
- ➡ Wenige Einwendungen später wird Danton als Verräter verteufelt.

➡ Der Wille des Volkes ist wankelmütig, abhängig von eingängigen Parolen und Schmeicheleien.

➡ „Billaud. Das Volk hat einen Instinkt, sich treten zu lassen, und wäre es nur mit Blicken, dergleichen insolente Physiognomien gefallen ihm", III.6, S. 64, Z. 27 ff.

Der Wille des Volkes ist von Leitfiguren abhängig, die mit geschickter Rede den Willen in jede Richtung lenken können. Ist es in Szene I.2 eine aufgebrachte Menge, die Lynchjustiz betreiben will, so genügen wenige Worte Robespierres, um diesem Vorhaben Einhalt zu gebieten. Als der „Spitzbube" Danton vor dem Revolutionstribunal steht, gelingt es ihm schnell, das Volk auf seine Seite zu ziehen. Als nach einer weiteren Anhörung das Volk Dantons Parolen aufnimmt, braucht es wiederum nur wenige Worte, um Robespierre hochleben zu lassen und Danton das Etikett des Verräters umstandslos wieder anzuheften. Das Volk erweist sich als ein wankelmütiges Tier, das sich leicht lenken und einnehmen lässt von großspurig auftretenden Personen. Mit abfälligen Worten macht dies Billaud nach dem Auftritt von Danton deutlich, als er das Volk als obrigkeitshörig und devot charakterisiert, vgl. III.6, S. 64, Z. 28 ff.

■ *In Szene I.2 spricht ein Bürger die Worte: „Wir sind das Volk und wir wollen, dass kein Gesetz sei; ergo ist dieser Wille das Gesetz, ergo im Namen des Gesetzes gibts kein Gesetz mehr, ergo totgeschlagen!", I.2, S. 15, Z. 21-24. Und in Szene III.6 sind aus dem Munde eines Mitstreiters Robespierres folgende Worte zu hören: „Das Volk hat einen Instinkt, sich treten zu lassen, und wäre es nur mit Blicken, dergleichen insolente Physiognomien gefallen ihm", III.6, S. 64, Z. 27 ff. Setzen Sie sich mit diesem Widerspruch auseinander.*

In Szene I.2 spricht ein Bürger[1] jene Worte und will deutlich machen, dass der Wille des Volkes gilt, dieser Gesetz sei, Gesetze mache wie verwerfe. Die Worte fallen im Zusammenhang mit dem Versuch, an einem edlen Jüngling Lynchjustiz zu üben. Das Auftreten Robespierres verhindert dies. Durch die Intervention Robespierres wird deutlich, dass die Worte aus dem Mund des Volkes wenig Gewicht besitzen.

■ *Mit welchen Mitteln wird das wankelmütige Volk beeinflusst?*

Danton und Robespierre sind Demagogen, die die Emotion bedienen, wie ihre Reden belegen (vgl. Bausteinabschnitte 4.2–4.5, S. 75–83). Robespierre schmeichelt zudem entweder

---

[1] Um Missverständnisse zu vermeiden: Hinter der Zuschreibung „Bürger" verbirgt sich ein allgemeiner Titel, der in jener Zeit nach der Revolution jedem zukam. Er ist also kein Indiz, dass es sich bei dem Sprecher um einen Angehörigen des Bildungsbürgertums handelt.

dem Volk („tugendhaftes Volk!" (I.2, S. 16, Z. 5; vgl. a. I.5, S. 28, Z. 2f. u. 10f.)) oder er führt der Guillotine ständig neue Opfer und „Schuldige" zu, wie an anderer Stelle schon einmal hergeleitet wurde, um das Volk über das Spektakel ruhigzustellen: „Ein Weib mit Kindern. Platz! Platz! Die Kinder schreien, sie haben Hunger. Ich muss sie zusehen machen, dass sie still sind. Platz!", IV.7, S. 85, Z. 11ff. Und Lacroix analysiert die Situation durchaus richtig, wenn er sagt: „Die Sache ist einfach, man hat die Atheisten und Ultrarevolutionäre aufs Schafott geschickt; aber dem Volk ist nicht geholfen, es läuft noch barfuß in den Gassen und will sich aus Aristokratenleder Schuhe machen. Der Guillotinenthermometer darf nicht fallen, noch einige Grade und der Wohlfahrtsausschuss kann sich sein Bett auf dem Revolutionsplatz suchen", I.4, S. 22, Z. 12–18.

Robespierre bietet einfache Antworten auf komplexe Fragen. Man könnte auch so sagen: Er weiß auf der Klaviatur der menschlichen Psyche zu spielen. Zum einen lokalisiert er vermeintlich eindeutige Verantwortlichkeiten, die er mit Schuld belegt und gegen die sich der Volkszorn richten kann. So gibt es eindeutige Zuschreibungen: Freund – Feind. Es gibt kein Dazwischen. Differenzierende Zwischentöne fehlen also völlig. Zum anderen schmeichelt er dem Volk, indem er in ihm undifferenziert die gerechte Sache verkörpert sieht. Tugend und Volk sind eins.

Büchner führt hier eine Demogogie vor, die auch jenseits der Französischen Revolution immer wieder Anwendung durch Extremisten findet und die nicht auf das differenzierte Argument, sondern auf Emotionen und niedere Bedürfnisse setzt: (Meist wehrlose) Personenkreise werden isoliert und für eine Misere verantwortlich gemacht, sodass sich der geballte Volkszorn unreflektiert gegen sie richtet.

> ■ *Beurteilen Sie – angesichts der Lebenswirklichkeit des Volkes – Héraults Aussage: „Die Revolution muss aufhören und die Republik muss anfangen. In unsern Staatsgrundsätzen muss das Recht an die Stelle der Pflicht, das Wohlbefinden an die der Tugend und die Notwehr an die der Strafe treten. Jeder muss sich geltend machen und seine Natur durchsetzen können" (I.1, S. 10, Z. 6–11).*

Vergleiche hierzu Bausteinabschnitt 3.6, S. 68.

Exkurs: Umbrüche: 1789 – 1989

Der Zufall wollte es so, dass zwischen der Französischen Revolution 1789 und der friedlichen Revolution in der DDR im Jahre 1989 genau 200 Jahre liegen. Zwar lassen sich die Ereignisse – aufgrund der unterschiedlichen gesellschaftlichen Ausgangslagen – nicht wirklich miteinander vergleichen, aber in manchen Bereichen zeigen sich doch gewisse Parallelen, die sich lohnen, betrachtet zu werden.

> ■ *„[W]as einer wie Büchner in diesen Tagen wohl sagen und tun werde"?, fragte Wolf Biermann. Sie sind Büchner und machen sich Gedanken zur Zeit. Nehmen Sie aktuelle Geschehnisse kritisch ins Blickfeld. Lassen Sie in Ihre Reflektionen – falls möglich – Zitate im Wortlaut von Büchner einfließen.*

Auch die friedliche Revolution von 1989 hat Gewinnler und Verlierer mit sich gebracht. Ein Büchner könnte auf das heutige sogenannte „Prekariat" abheben und dieses kritisieren. Auch die Stichworte „Hartz IV" und „Ein-Euro-Jobs" dürften sein Missfallen erregen. Zugleich dürften Lohnabschlüsse zwischen zwei und vier Prozent und die gleichzeitige Proklamation, Maß zu halten zum Wohle des Aufschwungs, bei ihm auf wenig Gegenliebe stoßen, wo im gleichen Zeitraum die zum Maß anhaltenden Manager teilweise eigene Lohnsteigerungen bis zu sechzig Prozent für angemessen und nicht unüblich halten. Solche und andere Beispiele lassen sich nahezu umstandslos mit Zitaten von Büchner unterlegen.

Grundlage für die folgende Arbeitsphase sind der Text von Roland Vocke zur Französischen Revolution auf Seite 171–178 und das **Zusatzmaterial 1**, S. 138: „Der Kollaps der DDR".

 ■ *Welche Gemeinsamkeiten und Unterschiede lassen sich in den Entwicklungen 1789 in Frankreich und 1989 in Deutschland aufzeigen?*

Faktoren	1789	1989
● Finanzen	● Finanzkrise (Ablösung von Neckar)	● Wirtschaftskrise, Schuldenmisere
● Systemstruktur	● Zentralismus: Starre ständische Ordnung, System der Vorrechte und Benachteiligungen	● Zentralismus: Probleme des zentralen Herrschaftssystems: (Stasi, Spitzelstaat, Planwirtschaft u. a.)
● Führungskompetenz	● Mangelnde Reformfähigkeit (bei Adel u. Geistlichkeit), die um ihre Pfründe fürchten, unentschlossener König	● Mangelnde Reformfähigkeit (z. B.: „überall Wandel, […] Erneuerung, […] außer in der DDR", „altersstarrer Honecker")
● Systemloyalität/Identifikation	● Aufklärung impliziert neues Selbstbewusstsein, Aufstand gegen alte Autoritäten, Punktuelle Unruhen (Paris), die sich zum Flächenbrand ausweiten	● Mangelnde Systemloyalität, Fluchtbewegungen, Punktuelle Unruhen (Leipzig), die sich zum Flächenbrand ausweiten

Ein solcher Vergleich kann fraglos nur holzschnittartig verfahren, aber gewisse Parallelen sind doch zu verzeichnen: (a) Eine verkrustete Führungsstruktur mit einer Gesellschaftsvorstellung, die der Zeit nicht mehr angemessen ist; (b) eine nicht mehr von der breiten Mehrheit getragene Staatsidee; (c) eine prekäre Finanzsituation, die Ausgangslage der Krise ist und die gleichzeitig die Krisenbewältigung behindert. Wo das Geld fließt und wenn auch nur bescheidener Wohlstand sich einstellt, hat eine Revolution keine Chance: „Mästen Sie die Bauern, und die Revolution bekommt die Apoplexie. Ein *Huhn* im Topf eines jeden Bauern macht den gallischen Hahn verenden" (Büchner, Textausgabe, S. 121, Z. 21 ff.).

Nicht überall, wo ähnliche Zustände herrschen, brechen gleich Revolutionen aus. Eine Verkettung von Umständen führt dazu. So wenig, wie die Französische Revolution geplant war, so wenig haben Fluchtbewegungen über den löchrig gewordenen „Eisernen Zaun" und Montagsdemonstrationen die Implosion des Staates im Sinn gehabt. Die lokalen Aspekte haben eine Eigendynamik entfaltet, die den Staat haben implodieren lassen.

Ein großer Unterschied zwischen 1789 und 1989 ist die Gewaltfreiheit. Hier sollte mithilfe des **Zusatzmaterials 1**, S. 138 „Der Kollaps der DDR" deutlich gemacht werden, dass es allein glücklichen Umständen zu verdanken war, dass die Staatsmacht der DDR nicht – wie kurz zuvor die chinesische Führung auf dem Platz des himmlischen Friedens – ein Blutbad anrichtete (vgl. ebd.).

Als Büchner „Dantons Tod" schrieb, war die Französische Revolution schon Geschichte. Aus den Briefen kann man ableiten, dass Büchner über die Entwicklung der Revolution enttäuscht war (vgl. Textausgabe, S. 121, Z. 15 ff.). Und auch im „Danton" spiegelt sich diese Enttäuschung: Das Volk leidet weiter materielle Not, während eine neue Elite sich der Privilegien der alten Führungselite bemächtigt hat.

■ *Büchner zeigt sich enttäuscht von der Französischen Revolution. Erläutern Sie dies mit Bezug auf die Briefe sowie mit Bezug auf das 4. Kapitel der Textausgabe.*

Hier wird auf die Textausgabe und dort auf das Kapitel 4 Bezug genommen. Büchners Drama ist Folge der persönlichen Erlebnisse und der gesellschaftlichen Zustände zu seinen Lebzeiten. Die mit der Revolution verknüpften Hoffnungen zu Lebzeiten Büchners sind weitgehend enttäuscht worden. Der Revolution folgte Napoleon. Zur Lebenszeit Büchners kam es zu der Pariser Junirevolution, die gegen die Restaurationspolitik Karls X. opponierte. Der ihm folgende sogenannte „Bürgerkönig" Philippe verfolgte eine Politik für das finanzträchtige Bürgertum, die die Ärmsten der Armen unberücksichtigt ließ (vgl. weiter Textausgabe Kapitel 4, S. 133–142). Trotzdem ist die Französische Revolution ein Markstein in der gesamteuropäischen Geschichte. Die zur Zeit des revolutionären Geschehens formulierten Menschenrechte sind noch heute beispielhaft und wären ohne diesen Umbruch kaum möglich gewesen. Das deutsche Grundgesetz bspw. ist „nicht auf christlichen oder auf anderen religiösen Lehren aufgebaut, sondern allein auf dem einzigen in unserer Verfassung deutlich und klar ausgesprochenen Grundwert der ‚unantastbaren Würde' des Menschen" (Helmut Schmidt)[1].

■ *Informieren Sie sich: Wie werden heute die Entwicklungen von 1989 beleuchtet?*

Bei allen Erfolgen, die die Ereignisse von 1989 unbestritten zeitigten, sind die Reflexionen häufig von einem kritischen Impetus begleitet. Hier wird eine Plenumdiskussion angeregt. Über Folgen und eben auch negative Folgen der Wiedervereinigung werden vermutlich die meisten Schülerinnen und Schüler zu berichten wissen, da gerade sie in der Medienlandschaft Verbreitung und Aufnahme finden. Betont werden sollte auch, dass die positiven Folgen oftmals in der Öffentlichkeit nicht einen so breiten Widerhall finden. Vergessen werden darüber hinaus oftmals die Repressionen sowie das immer wieder auch politisch motivierte Unrecht, die in der DDR zu erdulden waren.
Die kritische Haltung spiegelt sich beispielhaft in den vielen Gedichten, die zur und nach der Wende geschrieben wurden. Auch die hier vorgelegten Gedichte von Pietraß und Verbeek bieten eine kritische Bestandsaufnahme (siehe **Arbeitsblatt 12** „Wir sind das Volk", S. 100).

■ *Stellen Sie unter Bezug auf die Gedichte die Positionen zur Entwicklung Deutschlands nach 1989 dar.*

Pietraß liefert eine betont kritische Bestandsaufnahme. Was blüht, ist nicht die Wirtschaft, sondern der Mohn. Was steigt, ist der Grundzins, nicht der Lohn, der Mensch ist nun frei zu tun, was er will und wann er es will, weil er arbeitslos (freigestellt) ist, und er gibt sich in der Wirtschaft dem Alkohol hin. Die Begrifflichkeit „blüht" und die Sentenz „Keinem wird es schlechter gehen" setzen sich ironisch-kritisch mit den politischen Versprechungen auseinander.
Auch Verbeek liefert eine kritische Analyse, spricht die nach wie vor bestehende Ost/West-Abwanderung, den wirtschaftlichen Untergang im Osten sowie die Gewinnrechnungen im

---

[1] http://www.weltethos.org/00--home/helmut-schmidt-rede.htm

Westen an und benennt den Urnengang als Scheinwahl. Die Losung „wir sind das volk" wird explizit aufgenommen, beendet wird aber das Gedicht mit der seinerzeit ausgerufenen Wahlkampfparole „wir sind ein volk", was durch den zusatz „mit mann und maus" einen kritischen Unterton bekommt und eine unselige Schicksalsgemeinschaft („mit Mann und Maus untergehen") beschwört.

- *Arbeiten Sie die Haltungen von Pietraß und Verbeek zu den Ereignissen und Folgen aus dem Jahr 1989 heraus.*

- *Schreiben Sie zu jedem Gedicht ein Gegengedicht.*

- *Nehmen Sie – unter Berücksichtigung der Gedichte von Pietraß und Verbeek und Ihrer eigenen im Gedicht ausgedrückten Meinung – kritisch zu den genannten Positionen Stellung. Wo folgen Sie dem Gesagten, wo nehmen Sie eine andere Haltung ein?*

- *Führen Sie eine Pro- und Kontra-Diskussion im Plenum.*

Insbesondere die Schreibaufgabe ist wichtig, da das Klagen dem Menschen wesentlich näher liegt als das Wahrnehmen des Geglückten. Das drückt sich aus im Paradox der Kreativität: „Menschen sind viel stärker in der Kritik als im schöpferischen Tun" (Bolz 1994, S. 274). Interessant an den Gedichten ist, dass die z.T. nicht ganz unberechtigte Kritik im Vordergrund steht. Es ist anfänglich zu viel versprochen und auch zu viel und blindlings geglaubt worden: die „blühenden Landschaften" des ehemaligen Bundeskanzlers Kohl und die Aussage, dass es keinem schlechter gehen werde. Auch die Wiedervereinigung hat – neben großen unbestreitbaren Vorteilen – auch hinreichend Verluste gebracht, die gelegentlich „ostalgische" Gefühle und in Einzelfällen leider auch rechtsradikale Strömungen und Gewalt auf den Weg brachten.
Wie eine spätere Zeit über die Geschehnisse und die Folgen des Jahres 1989 urteilen wird, bliebe Spekulation und unterbleibt an dieser Stelle.

5.2 Die Liebe der Frauen und der Tod (Szene II.3, IV.1, IV.6 u. IV.8)

In „Dantons Tod" spielen die Frauen Julie Danton und Lucile Desmoulins eine nicht unbedeutende Rolle, der in diesem Baustein nachgegangen werden soll. Beide Frauen folgen ihren Männern in den Tod, indem sie entweder selbst Hand an sich legen (Selbstmord: Gift) oder den Tod provozieren (Der Ausruf vor Republikanern: „Es lebe der König", IV.10, S. 88, Z. 21). Büchner weicht bei der Darstellung der Frauen von den geschichtlichen Fakten ab. „Julie Danton (die in Wirklichkeit Louise hieß) starb nicht früher als ihr Ehemann, sondern heiratete im Jahr 1797 einen Baron und lebte sogar länger als Büchner selbst; Lucile Desmoulins verfiel weder in geistige Umnachtung, noch lieferte sie sich dem Revolutionstribunal aus. Gemeinsam mit ihrem Mann wurde sie festgenommen und war im Besitz all ihrer geistigen Kräfte, als sie starb" (Schmidt 1990, S. 288). Büchners Darstellung entspricht also nicht den Fakten. Vielmehr kann man vermuten, dass er sein eigenes Frauenbild in dem Drama verarbeitet. Julie erweist sich als sorgende Ehefrau, die ihrem Mann Halt gibt, und Lucile wird als eine bemerkenswert naive und ohne Intellekt ausgestattete Frau dargestellt, deren Aufmerksamkeit und Liebe einzig und allein ihrem Manne gilt. Als bspw. Lucile im II. Akt von Camille gefragt wird, ob sie etwas sage, verneint sie dies und begründet ihr Schweigen, dass sie ihren Mann so gern sprechen höre. „Nichts, ich seh dich so gern sprechen", II.3, S. 42, Z. 15. Ihren Mann sprechen zu hören und von dessen Klang der Stimme eingenommen zu werden sind ein völlig hinreichendes Motiv für sie zuzuhören, der Inhalt des Gesagten interessiert sie nicht. Mehr noch, sie versteht ihn auch nicht. „[W]eißt du auch, was ich gesagt habe" (II.3, S. 42, Z. 18 f.), fragt Camille seine Frau und sie verneint: „Nein, wahrhaftig nicht" (ebd., Z. 20). Die Männer kümmern sich um die Politik und um den Weltenlauf, die Frauen um ihre Männer, die Männer sind beseelt vom Verstand, die Frauen vom Gefühl. Beide Frauen treibt insgesamt allein die Sorge um ihre Männer um, und sie verzehren sich in ihrer Liebe derart, dass sie ihnen freiwillig in den Tod folgen. „Ein guter Mann stirbt für seine Ideale, was tragisch ist, eine gute Frau hingegen stirbt für ihren Mann, was schön ist" (Schmidt 1990, S. 291). Das Leben der beiden gestaltet sich allein mit Blick auf ihre Männer, ohne die ein eigenes Leben scheinbar keinen Sinn macht. So lässt gleich zu Beginn des IV. Aktes Julie ihrem Mann ausrichten, dass er nicht allein gehen werde, IV.1, S. 75, Z. 4 f., was Danton nicht entsetzt, sondern tröstet: „Ich werde nicht allein gehen, ich danke dir Julie" (IV.3, S. 77, Z. 33 f). Ihm ist damit eine persönliche Sorge genommen, denn noch im III. Akt klagt er: „O Julie! Wenn ich allein ginge! Wenn sie mich einsam ließe!" (III.7, S. 71, Z. 4 f.) Nun kann er beruhigt gehen, lediglich die Art des Sterbens betrübt ihn noch: „Doch hätte ich anders sterben mögen, so ganz mühelos, so wie ein Stern fällt, so wie ein Ton sich selbst aushaucht, wie ein Lichtstrahl in klaren Fluten sich begräbt" (IV.3, S. 77, Z. 34 ff.). Aber auch diese Wunschvorstellung wird Danton nicht gänzlich verwehrt. Julie stirbt – man möchte fast sagen stellvertretend für Danton – den künstlerisch motivierten, den ästhetischen Tod, den dieser sich wünschte. Mit der Phiole in der Hand sagt sie: „Es ist so hübsch, Abschied zu nehmen" (IV.6, S. 84, Z. 24 f). Ihr eigenes Sterben umrahmt sie mit Worten, die Dantons Vorstellungen vom Sterben recht ähnlich sind: „Ich gehe leise. Ich küsse sie nicht, dass kein Hauch, kein Seufzer sie aus dem Schlummer wecke" (IV.6, S. 85, Z. 3 f.). Schmidt kommentiert dies mit den Worten: „Eigentlich stirbt sie nicht nur mit ihm, sondern für ihn […]. Mit anderen Worten, er inszeniert ihren Tod, um für sich selbst einen befriedigenden Abgang zu schaffen" (Schmidt 1990, S. 290). Die Frau in dem Drama wird von Büchner als aufopfernd Dienende dargestellt, die zuletzt bereitwillig auch den eigenen Tod in Kauf nimmt.

■ *Stellen Sie Szene II.3 szenisch dar, und überzeichnen Sie dabei die Charaktere der Figuren.*

Das szenische Spiel wird das Frauenbild, das sich eher naiv und dem Manne dienend darstellt, deutlich offenbaren. Gerade dadurch, dass heute in großen Gesellschaftsschichten ein anderes Frauenbild gepflegt wird, wird sich durch die szenische Darstellung das Bild der Frau im „Danton" scharf abzeichnen.

■ *Lesen Sie die Szenen I.1, II.3, IV.1, IV.6 und IV.8 und arbeiten Sie szenisch das Verhältnis zwischen den Protagonisten Danton und Camille auf der einen Seite und Julie und Lucile auf der anderen Seite heraus.*

■ *Von welchen Faktoren sind Handeln und Werdegang jeweils bestimmt?*

■ *Wenn Sie das Handeln der Protagonisten auf den Begriff bringen, von welchen inneren Dispositionen sehen Sie das Handeln der beiden Männer und das der beiden Frauen jeweils geleitet?*

■ *Vergleichen Sie das Sprachverhalten der beiden Männer mit dem ihrer Frauen.*

Die Aufgaben werden in Stillarbeit geleistet und im Unterrichtsgespräch ausgewertet.

Julie ← **Danton**   **Camille** → **Lucile**

• Dem Manne selbstlose Stütze und Ruhepunkt	• ichbezogen: bedürfen des Trostes und der Geborgenheit ihrer Frauen	• Dem Manne selbstlose Stütze und Ruhepunkt
• verbleibt im Privaten	• stehen in der Öffentlichkeit	• verbleibt im Privaten
• Eigenes Schicksal ist von dem des Mannes abhängig.	• Handeln/Werdegang ist Folge politischen Wirkens und der gesellschaftlichen Umstände.	• Eigenes Schicksal ist von dem des Mannes abhängig.
• gefühlsbestimmt	• vernunftbestimmt	• gefühlsbestimmt

➡ Frauen (Julie und Lucile) in „Dantons Tod" werden als aufopfernd Dienende ohne eigene Bestimmung dargestellt. Ihre Existenz erfüllt sich im Partner.

Die Frauen in „Dantons Tod" lassen sich vom Gefühl und kaum von der Vernunft bzw. vom vernünftigen, dem Verstand zugänglichen Wort leiten. Der Diskussion zwischen Danton und Camille in Szene II.3 vermag Lucile bspw. nicht zu folgen. „Nein, wahrhaftig nicht", betont Lucile, als Camille sie fragt, ob sie verstanden habe, was gesagt wurde. Gleichwohl ist ihr das Sprechen an sich genug, da sie darin ihren Mann zwar nicht verstehen, aber gefühlsträchtig erleben kann. Danton und Camille hingegen erweisen sich in eben dieser Szene des abstrakten, vernunftgetränkten Gedankengangs fähig (vgl. II.3, S. 41, Z. 14 – S. 42, Z. 13).

Julie will ihren Mann in seinem Kerker nicht sehen, so sehr ist sie von Liebe durchdrungen, dass sie das Leid nicht ertragen kann. Sie will mit ihm in den Tod gehen, da ein Leben ohne ihn keinen Sinn macht. Dem Intellekt zugängliche Worte sind in dieser Situation nicht vonnöten, sie will „seine Blicke" aus den Augen des Boten „lesen" (vgl. IV.1, S. 75, Z. 6 f.). Julie versteht auch ohne Worte und lässt ihr Gefühl urteilen. Umgekehrt verneint Danton gleich zu Beginn des Dramas die Möglichkeit einer innigen Begegnung, die über das oberflächliche Äußere hinausgeht.

Lucile ist dem Wahnsinn verfallen und hat alle Vernunft fahren lassen. Mit einem Schrei will sie das Schicksal zum Guten wenden und scheitert (vgl. IV.8). Sie gibt sich, wo sie keinen Einhalt gebieten kann, dem Leiden (IV.8, S. 87, Z. 18 f.) und schließlich ihr Leben hin: „Es lebe der König" (IV.9, S. 88, Z. 21). Damit ist auch ihr Schicksal besiegelt.

Als Hausaufgabe oder Stillarbeit werden beschließend und zur Auswahl folgende Erörterungsaufgaben vergeben:

▪ *Aufgabe a) Erörtern Sie die Szenen und das dort skizzierte Beziehungsverhältnis unter Berücksichtigung der folgenden Aussage von Henry J. Schmidt, der schreibt: „Ein guter Mann stirbt für seine Ideale, was tragisch ist, eine gute Frau hingegen stirbt für ihren Mann, was schön ist".*

▪ *Aufgabe b) Wählen Sie Kernaussagen von Julie und Lucile aus und schreiben Sie um diese Aussagen herum eine eigenständige Szene, die in der Gegenwart spielt.*

Gerade die zweite Aufgabe wird deutlich machen, dass das Frauenbild, das Büchner hier liefert, in der Gegenwart kaum noch tragfähig ist. Daraus, dass Büchner bei der Darstellung dieser beiden Frauen von den realen Vorbildern abweicht, wird in der sekundärwissenschaftlichen Literatur auch geschlossen, dass sich darin Büchners eigene Vorstellungen spiegelten, die er zum Ausdruck brachte.

5.3 Die „Grisette" Marion (Szene I.5)

Die Grisette, also Dirne, Marion taucht nur in einer einzigen Szene im Drama auf, was an das einmalige Auftreten der Großmutter im „Woyzeck" erinnert, die dort über das Märchen einen Kommentar zur Handlung gibt. Marion erzählt nun kein Märchen, sondern ihre Lebensgeschichte, die von dem Versuch, der eigenen „Natur" nach zu leben, berichtet. Mit dem Märchen beim „Woyzeck" wird die Gattung gewechselt und das dramatische wechselt zum epischen Geschehen. Beim „Danton" ist es ähnlich. Hier ist ebenfalls ein Wechsel vom Dramatischen zum Epischen gegeben, wenn Marion mit ihrer vom Monolog bestimmten Erzählung vorübergehend in das Geschehen eingreift. Und ebenso wie die Großmutter im „Woyzeck" das Geschehen selbst unbeeinflusst lässt, trägt die Grisette Marion zum Handlungsverlauf nichts bei.

So wie das Märchen im „Woyzeck" der Großmutter ist auch der „Lebensbericht" Marions nun als parabelhafter Kommentar zum „Danton" zu lesen. Der Versuch, seiner eigenen „Natur" nach zu leben, endet bei Marion mit dem Tod des Liebsten und schließlich im Bordell, während bei Danton der Versuch, der Lehre Epikurs zu folgen, unter dem Fallbeil endet. „Lacroix. [...] Gute Nacht, Danton, die Schenkel der Demoiselle guillotinieren dich, der mons Veneris wird dein tarpejischer Fels" (I.5, S. 28, Z. 31 – S. 29, Z. 2). Deutlich wird in dem einen wie anderen Falle: Die gesellschaftlichen Umstände und moralischen Denkfiguren schränken die sich selbst lebende Natur ein. Nicht einmal aber Dantons Weggefährten, die ebenfalls das genießende Leben präferieren, können sich den Spott verbeißen, als sie Marion und Danton sehen. „Lacroix [...]. Ich muss lachen, ich muss lachen. [...] Auf der Gasse waren Hunde, eine Dogge und ein Bologneser Schoßhündlein, die quälten sich. [...] Es sah erbaulich aus! Die Mädel guckten aus den Fenstern, man sollte vorsichtig sein und sie nicht einmal in der Sonne sitzen lassen, die Mücken treiben's ihnen sonst auf den Händen, das macht Gedanken" (I.5, S. 24, Z. 33 – S. 25, Z. 6). Die Literaturwissenschaft ist sich insgesamt über die Figur der Marion nicht einig: „Das Spektrum der ‚Mutmaßungen über Marion' ist, gelinde gesagt, diffus. Gefährlichkeit ([...] Maurice B. Benn), Gleichgültigkeit (Jürgen Sieß), ‚naive Lasterhaftigkeit' (Karl Viëtor), ‚animalische Triebhaftigkeit' (Wolfgang Martens) werden ihr ebenso zugesprochen wie ‚Schönheit' (Walter Hinderer), ‚Qualität des Genießens' (Ursula Segebrecht-Paulus), ‚Utopie der erotischen Ich- und Besitzlosigkeit' (Bo Ullmann) oder ‚Stille und Zartheit, ja Poesie' (Reinhold Grimm). Man muss, angesichts so divergierender Zuschreibungen, fragen: Was gilt? Ist die ‚panerotische Mademoiselle Marion' (Oeter von Becker) eine edle ‚Hetäre' (Paul Landau), eine ‚bezahlte sexuelle Phantasmagorie' (Dolf Oehler), eine beispielhafte ‚Praktikerin des Epikureertums' (Ursula Segebrecht-Paulus) oder die Inkarnation einer positiven Genussphilosophie Büchners (Heinz Lippmann)? Liefert sie eher ein ‚dunkles Bild vom Menschen' (Wolfgang Martens) oder das Modell einer Vision ‚irdischer Glückserfüllung' in der Richtung ‚zum vollendeten und zu sich selbst befreiten, zum totalen Menschen' (Reinhold Grimm)" (Buck 1990, S. 12)? Die zu Beginn dieses Abschnittes gemachten Äußerungen zu Marion sind in die Nähe der „Praktikerin des Epikureertums" gerückt, und dieser Gedanke wird auch in der Folge vertreten; deutlich gemacht werden sollte allerdings, dass die Spannbreite der möglichen Interpretationen ziemlich weit angelegt ist.

Gesichert ist, dass die Figur Marion ihre Vorlage in Victor Hugos sozialem Drama „Marion de Lorme" mit dem Motiv der liebenden „ehrbaren Dirne" (Buck 1990, S. 16) hat.
Für das vorliegende Unterrichtsmodell wird Marion für Danton, der seinen „Seelenfrieden" sucht, als wesentlich erachtet. Marion versucht „eins" mit der Natur zu sein, was auch Danton – trotz aller Kommunikationsbarrieren – zu erreichen sucht. Während Julie, die Frau Dantons, die Seite der „Herzensliebe" verkörpert, verkörpert Marion, die Grisette, für Danton die Seite des „Körpers", die der „Sinnlichkeit". Erst wenn beide Pole zu ihrem Recht kommen, sind die Voraussetzungen für ein Einssein mit der Natur und der „Seelenfrieden" geschaffen.

■ *Szenen I.1 und I.5: Vergleichen Sie: Wie wird die Begegnung Julie/Danton geschildert und wie die von Marion/Danton?*

■ *In beiden Begegnungen ist das Verstehen im Miteinander Thema. Beurteilen und begründen Sie die Qualität des verstehenden Miteinanders in beiden Fällen.*

Danton sitzt zu Julies Füßen, während Marion zu Dantons Füßen sitzt. Hieraus mag man eine Wertigkeit ableiten, wie Danton zu beiden Personen steht. Danton erklärt in Szene I.1, dass er sich trotz der Nähe Julies einsam und im Geiste unverstanden fühlt, was er zurückführt auf den „Dickhäuter", vgl. I.1, S. 7, Z. 12, den Menschen bei aller Liebe vorstellen. Danton gesteht Julie, er liebe sie „wie das Grab" (I.1, S. 8, Z. 5) und macht im Folgenden deutlich, dass der Frieden im Grab gefunden sei. Wie wichtig ihm Julie ist, wird auch kurz vor der Hinrichtung ersichtlich, als Danton im Bewusstsein, dass auch Julie ihrem Leben ein Ende machen wird, die Worte wählt: „Ich werde nicht allein gehn, ich danke dir Julie", IV.3, S. 77, Z. 33 f. Aber auch Marion liegt ihm am Herzen: „Ich möchte ein Teil des Äthers sein, um dich in meiner Flut zu baden, um mich auf jeder Welle deines schönen Leibes zu brechen", I.5, S. 24, Z. 29 ff. Julie steht für die geistige Verbundenheit, Marion für die körperliche. In jeder Verbundenheit fehlt etwas: Frieden und Ekstase im gemeinsamen Zusammenklang würden erst ein „Einssein" und den Seelenfrieden gewähren. Wenngleich die Szene I.5 wesentlich inniglicher erscheint, ist auch hier das Bekenntnis des Trennenden herausgestellt, wenn Danton zu Marion sagt: „Warum kann ich deine Schönheit nicht ganz in mich fassen, sie nicht ganz umschließen?", I.5, S. 24, Z. 29 ff. Auch hier wird ein Mangel beklagt.

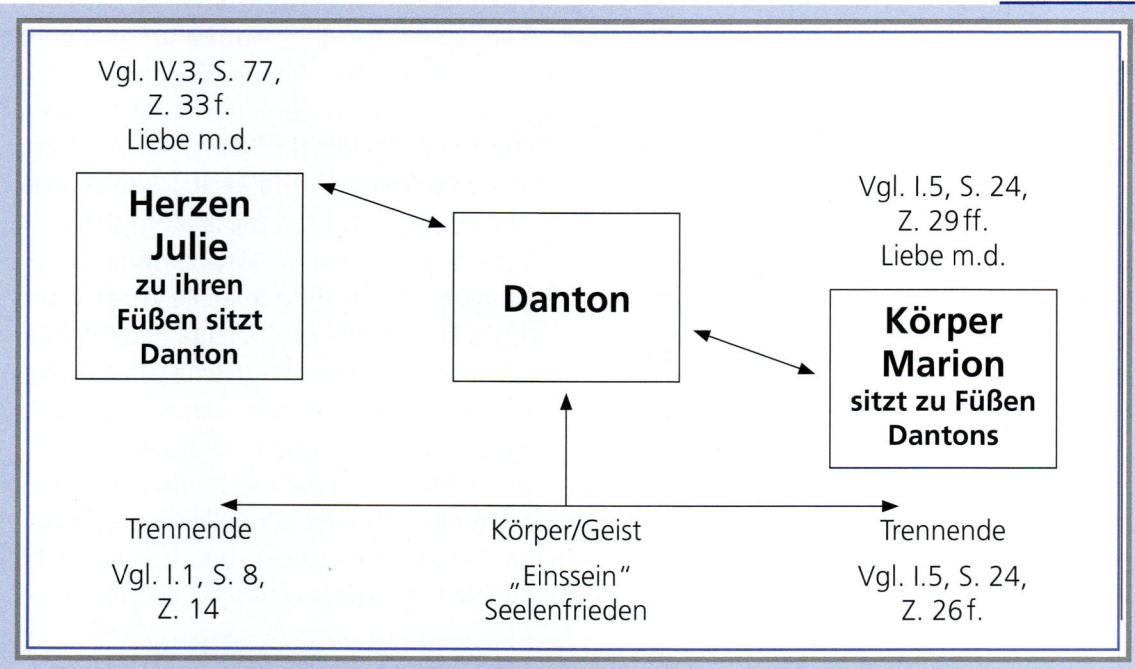

■ *„Danton, deine Lippen haben Augen", sagt Marion (S. 24, Z. 28) und später: „Deine Lippen sind kalt geworden, deine Worte haben deine Küsse erstickt" (S. 28, Z. 24 f.). Arbeiten Sie Gründe für das Kaltwerden heraus und die Schwierigkeit Dantons, den Genuss ungeteilt zu leben.*

Zwischen diese Worte ist die politische Diskussion mit Lacroix eingebettet. Wer einem anderen Menschen in die Augen schaut, steht im unmittelbaren Kontakt mit ihm. Wer wissen will, was der andere sagt, dem sei zum Augenblick geraten, der das Innerste offenbart. Die Worte, die Danton in Gegenwart Marions wählt, treffen ihre gelebte Lebensphilosophie. Das, was Danton im Gespräch mit Julie beklagt, die Grenze zwischen zwei Menschen, scheint hier – wo die Sinnlichkeit regiert – aufgehoben: Die „Geliebte [fühlt] sich in seinen Worten erkannt und verstanden. [...] Mit dem, was du sagst, hast du genau erfasst, wer ich bin", legt Buck Marion die Worte in den Mund (Buck 1990, S. 23). Marion verkörpert im wahrsten Sinne des Wortes auch Dantons Lebensprinzip. Die Diskussion mit Lacroix über die Politik lässt dieses innigliche Verständnis und die „Glückseligkeit" wieder zusammenfallen. Diese kleine Szene stellt vor, was im Großen des ganzen Dramas sich begibt: Der Rückzug ins Private, den Danton sucht, ist durch die politischen Wirbel, die ihn nicht loslassen, zum Scheitern verurteilt.

■ *Interpretieren Sie die „monologische Erzählung" im Hinblick auf das ganze Drama.*

Marion lebt vor, was Hérault schon in der ersten Szene fordert: „Jeder muss sich geltend machen und seine Natur durchsetzen können" (I.1, S. 10, Z. 9–11). Ihre „Natur war einmal so, wer kann da drüber hinaus? [...] Ich bin immer nur eins" (I.5, S. 23, Z. 33 und S. 24, Z. 19). Marion verkörpert im Drama die Lehre eines epikureisch geprägten Lebens.
Die geltenden Moralvorstellungen führen zum persönlichen Drama. Wo der Körper ja sagt, sagt der Geist (Moral) nein. Der Körper spiegelt das Individualinteresse, die Moral dagegen das Allgemeininteresse, was nicht auf einen Nenner zu bringen ist. Der Körper ist Materialismus, die Moral Idealismus. Und wo Danton und seine Freunde einer Republik das Wort reden, in der die Natur sich lebt, ist der Konflikt – hier in Gestalt Robespierres und seiner Tugend – schon vorprogrammiert. Im Sinne der Republik muss das Individualprinzip Abstriche in Kauf nehmen und vom Einssein Abschied nehmen (vgl. auch Textausgabe, Rousseau: Der Gesellschaftsvertrag, (S. 149–154). Eine Republik, die der ungeteilten Natur Raum lässt, ist ein Widerspruch in sich. Die aus dem Kulturraum geschaffene Tugend oder Moral steht im Konflikt mit dem Rückzug ins Private, den Danton sucht.

■ *Leiten Sie abschließend aus dem erzählenden Monolog Marions Facetten der epikureischen Lehre ab und erörtern Sie, inwieweit Marion diesem Prinzip folgt und wie Danton zu diesem Leben steht.*

Zur Erarbeitung dieser Aufgabe sollte – sofern in einem anderen Zusammenhang noch nicht geschehen, das **Arbeitsblatt 14**, S. 119: „Epikur – Über die Seelenruhe" ausgegeben werden, siehe auch Bausteinabschnitt 3.3.3, S. 59 f.

„Wir sind das Volk!"

„Erster Bürger. Wir sind das Volk und wir wollen, dass kein Gesetz sei; ergo ist dieser Wille das Gesetz, ergo im Namen des Gesetzes gibts kein Gesetz mehr, ergo totgeschlagen!"

Sturm auf die Bastille, 1789

Brandenburger Tor, 1989

Ludwig Verbeek
so *nett D*

von nord nach süd wand sich ein wurm
es weht der wind ihn fraß der sturm
und wo er lag ruht brach das land
für specht und farn sprießt grün sein pfand

5 von ost nach west dämmt nichts den strom
dort nagt der rost hier blinkt das chrom
und in das spiel von wort und zahl
mischt sich zum schein der gang zur wahl

es winkt die hand es weht das tuch
10 und seit an seit schreibt sich das buch
wir sind das volk rief laut sein teil

sich schließt der spalt weg flog der keil
der aar im wind das schilf im kolk
mit mann und maus wir sind ein volk

Aus: Ludwig Verbeek: Das Blaue vom Himmel. Gedichte.
Horlemann Verlag, Bad Honnef 1992

Richard Pietraß
Brache

Die Landschaft blüht.
Das unbestellte Feld.
Das Vorjahrskorn
Durchsetzt mit Mohn.

5 Der Grundzins steigt.
Der Doppelzentner fällt.
Die alte Last
Verprasst den Lohn.

Der Frühaufsteher
10 Ist nun frei
Den lieben Tag
Am Schank zu stehn.

Wirt, ein Bier.
Schreibe zwei.
15 Keinem wird
Es schlechter gehn.

Aus: Richard Pietraß: Schatten-Wirtschaft.
Faber & Faber, Leipzig 2002

■ *Arbeiten Sie die Haltungen von Pietraß und Verbeek zu den Ereignissen und Folgen aus dem Jahr 1989 heraus.*

■ *Schreiben Sie zu jedem Gedicht ein Gegengedicht.*

■ *Nehmen Sie – unter Berücksichtigung der Gedichte von Pietraß und Verbeek und Ihrer eigenen Gedichte – kritisch zu den genannten Positionen Stellung. Wo folgen Sie dem Gesagten, wo nehmen Sie eine andere Haltung ein?*

■ *Führen Sie eine Pro- und Kontra-Diskussion im Plenum.*

Die Revolution und die „Kinder der Aufklärung" (Szene III.1, III.7)

Die Aufklärung ist eine gesamteuropäische Erscheinung des 17. und 18. Jahrhunderts und wird oft mit dem Symbol der Sonne dargestellt. Das Licht spendet Einsicht und Wärme und löst die Nebel des Unwissens auf. Das französische „‚Lumière' – Licht – bedeutet ‚intelligence, connaissance, clarté d'esprit', das heißt ‚Einsicht, Wissen, Geistesklarheit'" (im Hof [2]1995, S. 12). Das Licht der Vernunft wird so zum Maßstab des Handelns erklärt, um dem Aberglauben zu begegnen, Religionskritik zu betreiben oder auch um Erkenntnisse über die Welt zu erlangen. Die letzte Instanz bei allen Fragen sollte nicht mehr der Glaube, sondern die urteilende und richtende Vernunft sein. Der Wegbereiter für die Vernunft ist der Verstand eines jeden Einzelnen, der sich auf keine übergeordnete Instanz verlassen soll, sondern selbstverantwortet und mündig urteilen soll. Als Folge – so Kant – wäre der Weg zu einer aufgeklärten Gesellschaft, in der die Mitglieder sich gegenseitig achten, beschritten. Diese Vorstellung steht der Vernunft unkritisch gegenüber und glaubt an das ausschließliche Heil, das in ihr liegt, und war typisch für die Zeit. Die „Dialektik der Aufklärung" zu beschreiben war dem 20. Jahrhundert vorbehalten.[1]

Die Französische Revolution ist ein Kind der Aufklärung. Die Aufklärungsphilosophen Montesquieu (1689–1755), Voltaire, eigentlich François Marie Arouet (1684–1778), und Rousseau (1712–1778) legten in ihren Werken Ideen vor, die von den Vertretern der Französischen Revolution aufgenommen wurden. Gesetze sollten so nach Montesquieu in seinem Hauptwerk „Vom Geist der Gesetze" „nicht aus göttlichen Geboten [abgeleitet werden] […], wie man es vor der Aufklärung getan hatte, sondern aus der Erfahrung" (Kuhn 1999, S. 47 f.). Zugleich vertrat er die Idee der Gewaltenteilung. Voltaire war ein scharfer Kritiker des Absolutismus, da dieser willkürlich Gesetze nach Gutdünken erlassen oder verwerfen konnte, sofern es dem eigenen Vorteil entsprach. Vor allem aber war Voltaire ein scharfer Kritiker der Kirche, was sich auch in den revolutionären Vorstellungen niederschlug. Rousseau schließlich lieferte das sä-

---

[1] Gerade das vernunftbestimmte 20. Jahrhundert hat die hässlichsten Gräueltaten hervorgebracht, als mit einem Höchstmaß an Rationalität eine Vernichtungsmaschinerie ungeahnten Ausmaßes in Gang gesetzt wurde. Um Missverständnissen vorzubeugen, sei folgende Klarstellung gegeben: Kant vollzieht bekanntlich eine Trennung im Bereich der Vernunft: Die theoretische Vernunft ist jene, die als zielgerichtete auch für das unbotmäßige Handeln zu verschiedenen Zeiten verantwortlich zu machen ist. Daneben sieht er die praktische Vernunft, die losgelöst von allen Interessen und Inhalten individueller Art auf ein reines „Sollensgesetz" abheben soll, ausgedrückt im Kategorischen Imperativ. Die Richtschnur der praktischen Vernunft maßregelt das Unbotmäßige der theoretischen Vernunft, verhilft dem Guten zum Recht. Dieser Ansicht, dass eine solche Trennung möglich ist, die seit ihrer Formulierung auch in der Kritik steht, der man aber fraglos nachgehen kann, wird hier nicht gefolgt (vgl. Gil 1993: 71). Horkheimer sprach gar vom „idealistischen Wahn". Vor dem Hintergrund aktueller Erkenntnistheorien (vgl. Maturana/Varela [4]1992; vgl. Luhmann [4]1993; vgl. von Glasersfeld 1996 u. a.) wird eine solche Ansicht fragwürdig. Damit aus einer Maxime (individuelle Handlungsregel) ein allgemeingültiges Gesetz wird, muss man wägen. Bevor aber gewogen wird, ist inhaltlich klassifizierend im Zuge einer notwendigen Unterscheidung längst definiert worden, was der zu wägende Bereich alles umfasst. „Wo der andere nicht mehr als Mensch kategorisiert wird, da gilt auch der kategorische Imperativ nicht mehr" (von Glasersfeld 1996, S. 337). Insofern wird hier nicht zwischen Vernunft und Vernunft unterschieden, da das moralische Sollensgesetz auf einen archimedischen Standpunkt angewiesen ist, der als prinzipiell ausgeschlossen gelten kann (vgl. Luhmann [4]1993; [2]1998; vgl. Derrida [3]1990). Zur Voraussetzung hätte ein allgemeingültiges Sollensgesetz ein transzendentales Subjekt, wie Ernst Tugendhat für die Ethik ausführt wie ausschließt: „Gott zu naturalisieren – und Kants Idee einer nicht-relativen Vernunft lief ungefähr darauf hinaus –, ist nicht möglich" (Tugendhat 1993, S. 25; vgl. ders. 1984).

kularisierte Gesellschaftsmodell, das mit der späteren Republik zu verwirklichen gesucht wurde. Das Volk ist der oberste Souverän. Insbesondere die Jakobiner nahmen die Gedanken Rousseaus auf. Die Parole „Freiheit, Gleichheit, Brüderlichkeit" liest sich wie aus Rousseaus Schriften und besonders wie aus dem Gesellschaftsvertrag abgeschrieben. Und heißt es in Rousseaus Gesellschaftsvertrag „Der Mensch ist frei geboren, und überall liegt er in Ketten. Einer hält sich für den Herrn der anderen und bleibt doch mehr Sklave als sie" (Textausgabe, S. 150, Z. 27 ff.), so beginnt Robespierre eine seiner Reden mit den Worten: „Der Mensch ist für das Glück und für die Freiheit geboren, und dennoch ist er überall ein Sklave und ein Unglücklicher" (**Zusatzmaterial 3**, S. 141, Z. 1 f.). Ein „Zurück zur Natur" wohnt diesen Worten inne, was meint, dass die Zivilisation den Menschen verbildet und unter ihr Joch gezwungen habe, indem sie ihm Laster und Luxus gebracht hätten. Eine natürliche Vernunft würde von diesem Joch befreien und die Tugend und das Gemeinwohl befördern.

Zur Aufklärung gehört auch die Guillotine, denn die Guillotine wird als Errungenschaft der Aufklärung gefeiert und als Instrument der Menschlichkeit. „Schon die Form der Maschine ist klarste Geometrie: ein Rechteck, ein Dreieck, ein Kreis. Die schräge Schneide passt sich perfekt der Verzahnung der Halswirbel an. Ein Symbol des gesunden Menschenverstandes. Vorbei die Zeit der schartigen Schwerter, des menschlichen Versagens, der langwierigen Pfuscherei mit Zangen, Radmartern und Scheiterhaufen. Schluss mit Barbareien früherer Zeiten – das flüssige Blei, das siedende Öl, das brennende Pechharz, das geschmolzene Wachs in den Wunden. Das Fallbeil schlägt zu im Rhythmus der neuen Zeit, arbeitet rationell wie die jüngst erfundenen Spinnautomaten in den Manufakturen" (Albig 2006, S. 136). So erweist sich für die Kinder der Aufklärung die Guillotine als ein humanes Instrument, das sowohl dem Delinquenten Gnade erweist als auch dem Scharfrichter, der zwischen sich und dem zum Tode Verurteilten einen Automatismus geschaltet sieht (siehe in der Textausgabe auf S. 93 f. den Spiegelstrich Nr. 23 „Guillotin, Dr. Joseph Ignace; siehe auch **Arbeitsblatt 13**, S. 118).

Die Kritik an der Religion führt schließlich zur Abschaffung des tradierten Kalenders und zur Ersatzreligion des „Kult des höchsten Wesens". Robespierre hat u. a. diese Initiative auf den Weg gebracht, fand aber wenig Anhänger dafür. Im September 1792 wurde ein neuer Kalender eingeführt. Die Ausrufung der Republik (22.09.1792) stellte sozusagen das Jahr Null dar. Die Tage des Jahres wurden auf die zwölf Monate neu verteilt, sodass am Ende des Jahres fünf sogenannte „jours supplémentaires" eingeführt wurden. Die Monate bekamen neue Namen, die der Dichter Fabre d'Églantine erfand.

- Im Rahmen dieses Bausteins wird zunächst einmal geklärt, was Kant unter dem Begriff „Aufklärung" verstand.
- In einem zweiten Schritt wird Büchners Position zur Vernunft geklärt.
- Im Weiteren werden die Protagonisten Robespierre und Danton und ihre Einstellungen als Kinder der Aufklärung beleuchtet. Beide verfolgen eine Gesellschaftsidee, die der Aufklärung geschuldet ist, aber beide gehen von grundsätzlich unterschiedlichen Positionen aus.
- Schließlich werden weitere Revolutionäre wie Payne (Girondist), Mercier (Schriftsteller und Abgeordneter im Konvent, wurde inhaftiert, weil er gegen die Verhaftung der Girondisten protestierte) und Hérault (Dantonist) angesprochen sowie unterschiedliche intellektuelle Haltungen geklärt.

6.1 Aufklärung nach Kant

- *Lesen Sie auf Seite 146 in der Textausgabe den Text von Immanuel Kant zur Aufklärung.*

- *Definieren Sie, was Kant unter den Begriffen selbstverschuldete Unmündigkeit, Bequemlichkeit und Aufklärung versteht.*

An der Tafel wird notiert:

Aufklärung nach Kant

Selbstverschuldete Unmündigkeit:	➡ Verstand, der ohne fremde Hilfe keine Ideen und Initiativen entwickelt. Ursache: Mangel an Mut, Konsequenzen dafür zu tragen
Bequemlichkeit:	➡ Entscheidungen kosten Kraft und Energie. Leichter ist es dagegen, anderen zu folgen.
Aufklärung:	➡ geistiger Reifungsprozess, bei dem der Einzelne sich das Recht, frei zu denken, nimmt und anderen zubilligt. Ziel: aufgeklärte Gesellschaft, in der die Menschen sich gegenseitig respektieren

---

In diesem Zusammenhang ist es angebracht, den Text von Jostein Gaarder (Textausgabe, S. 143–146) begleitend zu lesen, um Vorstellungen von den geistigen Umwälzungen zu entwickeln, die mit der Aufklärung einhergingen.

6.2 Büchners Haltung zum Verstand

Im Anschluss wendet sich der Unterricht der Frage nach Büchners Position zu.

■ *Welche Position vertritt Büchner bezüglich der Fähigkeit des Menschen zur aufgeklärten Mündigkeit? Beziehen Sie sich auf den „Brief an die Familie" (Textausgabe S. 119) und stellen Sie die Position der Kants gegenüber.*

Verstand/Vernunftbegriff bei Kant und Büchner

Kant	**Büchner**
Aufklärung meint:	
• geistigen Reifungsprozess	• Bildung ist eine angehäufte Äußerlichkeit.
• freiheitliches und verantwortungsvolles Denken für alle Menschen.	• Der Verstand ist nur ein geringer Teil des Menschen.
• Ziel/Ergebnis: Aufgeklärte, moralische, gute Gesellschaft, in der die Menschen sich gegenseitig respektieren	• Andere Qualitäten machen den Menschen aus.
➡ Der Verstand/die Vernunft zeichnen maßgeblich für sittliches Handeln und die Menschwerdung verantwortlich.	➡ Der Verstand bietet kein Kriterium zur Qualifizierung des Menschen und ist kein Garant für sittliches Handeln.

Im Gegensatz zu Kant ist Büchner der Ansicht, dass es in „niemands Gewalt liegt, kein Dummkopf oder kein Verbrecher zu werden" (Textausgabe, S. 119, Z. 21 f.). Damit negiert Büchner die Überzeugung Kants, dass der Mensch es selbst in der Hand habe, aus seiner Unmündigkeit herauszutreten. Nach Büchner ist diese Unmündigkeit auch nicht „selbst verschuldet", sondern gehört als Dummheit „zu den allgemeinen Eigenschaften der menschlichen Dinge" (S. 119, Z. 33 f.). Büchner verachtet den Menschen nicht, da dieser an seiner Misere unschuldig ist, glaubt aber auch nicht an den Verstand, der alles zum Guten wenden könne. Vor allem hält er „Bildung" für „nur eine sehr zufällige Form desselben" (S. 119, Z. 26) und für „toten Kram [...], den man Gelehrsamkeit heißt" (S. 120, Z. 8 f.).

Während Kant seine Hoffnung in den vernünftigen Gebrauch des Verstandes setzt, zeichnet sich bei Büchner eine gewisse Ratlosigkeit ab, von welcher Seite – zwecks Abbau gesellschaftlicher Missstände – Hilfe erwartet werden darf. Die Aufklärung allein ist nicht der Garant für eine bessere Welt, sie ist gleichwohl die einzige Möglichkeit, die allzu schlecht bestellte Glaubenswelt „von Gottes Gnaden"[1] neu zu bestellen. Wie schrieb einst Georg Christoph Lichtenberg: „Ich kann freilich nicht sagen, ob es besser werden wird, wenn es anders wird; aber so viel kann ich sagen, es muss anders werden, wenn es gut werden soll" (Lichtenberg 1992, S. 534). Die Vernunft setzte in Bewegung, was zuvor auf Ewigkeit im Zusammenklang von Staat und Kirche zum Nachteil und Elend der Mittellosen festzuschreiben versucht worden war. Die Ratlosigkeit von Büchner, wie man jenseits der bestehenden Verhältnisse bessere zu begründen vermag, sieht man auch im Danton ausgedrückt: Robespierre und vor allen Dingen St. Just (vgl. Bausteinabschnitt 4.4, S. 79) sind Verstandesmenschen und agieren ihrem logischem Kalkül folgend unmenschlich. Insbesondere St. Just steht für die Vernunft. Aber auch Danton folgt der Vernunft und glaubt weniger an die Sittlichkeit denn an das Lustkalkül, und darüber hinaus verfällt er dem Phlegma. Die rational sich gebende Vernunft schafft alle Glaubensgrundsätze ab und bringt den Nihilismus hervor. Und trotzdem war sie das einzige Mittel, das mehr Gerechtigkeit versprach und brachte.

6.3 Das Kalkül der Vernunft (Szene II.7, III.6)

Vorgeschlagen wird, auf den Bausteinabschnitt 4.4 Bezug zu nehmen, der das Vernunftkalkül St. Justs deutlich herausstellt, und wie dort beschrieben zu verfahren. Deutlich wird dabei, dass mit Blick auf die große Sache, die St. Just vernünftig und wissenschaftlich hergeleitet sieht, ihm jedes Opfer recht und billig ist.
Anschließend wird die Szene III.6 bearbeitet.

■ *Skizzieren Sie den Plan (Szene III.6, S. 65 – 69), wie Danton zum Schafott geführt werden soll, und bewerten Sie diesen.*

■ *Lässt sich aus St. Justs Weltbild (siehe Szene II.7, S. 50 ff.) dieses Vorgehen begründen und legitimieren?*

St. Just ist jedes Mittel recht, um die verfolgten Ziele zu erreichen. Bar jeder Barmherzigkeit setzt er seine Ziele durch. Er und seine Genossen üben gegen niemanden Gnade aus, wie die Szene mit der Bittschrift der im Kerker einsitzenden alten Frau beweist (vgl. III.6, S. 65, Z. 20 – S. 66, Z. 15).
Indem St. Just einen großen, von der Vernunft legitimierten Plan verfolgt, wird er unbarmherzig. Wie aus der Aufklärung heraus problematische Denkfiguren entstehen, die Unbarm-

---

[1] Noch Kaiser Wilhelm II. fühlte sich „von Gottes Gnaden" in sein Amt bestellt. Der Altkanzler Helmut Schmidt sagt zu diesem und einem anderen aktuellen Fall: „Bezüglich der Politik dagegen gilt das Wort vom „Durchbruch" der Aufklärung leider nur eingeschränkt. Denn ob zum Beispiel Wilhelm II. sich selbst als Monarch „von Gottes Gnaden" interpretierte, ob ein amerikanischer Präsident sich auf Gott beruft oder ob heute Politiker sich mit ihrer Politik auf christliche Werte berufen: Sie empfinden sich religiös als Christen gebunden." (http://www.weltethos.org/00--home/helmut-schmidt-rede.htm) Und er ergänzt sinngemäß in freier Rede, was in die Schriftfassung nicht mehr aufgenommen wird: Mit Vernunft habe diese Vorstellung nun gar nichts mehr zu tun.

herzigkeit und Grausamkeit mit Hinweis auf die Vernunft legitimieren, lässt sich abschließend für diesen Bausteinabschnitt mit **Arbeitsblatt 13**, S. 118, „Die Guillotine" verdeutlichen. Die Guillotine galt in den Augen aufgeklärter Menschen als humanes Instrument, als ein Triumph aufklärerischen Denkens. Gegenüber den brachialen Hinrichtungsmethoden früherer Tage brachte sie tatsächlich einen Fortschritt. Und doch bleibt sie aus heutiger Sicht ein unmenschliches Hinrichtungsinstrument – zumindest für jene, die die Todesstrafe grundsätzlich ablehnen. Deutlich dürfte bei der Bearbeitung aber werden, wie logisch-vernünftiges Denken unmenschliche Folgen implizieren kann.

■ *Erörtern Sie, inwieweit die Guillotine als Instrument der Aufklärung und als Fortschritt des Humanismus betrachtet werden kann?*

■ *Ist die Vokabel „human" überhaupt auf Tötungsinstrumente legitim anwendbar? Welche Haltungen gibt es heute in dieser Frage?*

6.4 „… so kann es keinen Gott geben. Quod erat demonstrandum" (Szene III.1)

Die Inhaftierten im Luxembourg sind Kinder der Aufklärung, belesen, gebildet, gewohnt sich ihres Verstandes zu bedienen. In einem Gespräch zwischen den Inhaftierten entfaltet sich eine Diskussion über die Existenz Gottes. Das Ergebnis ist weniger eines, das dem sittlichen Handeln einen legitimierten Grund gäbe, sondern eines, das die Grundlosigkeit allen Seins beschreibt: „… so kann es keinen Gott geben. Quod erat demonstrandum" (III.1, S. 53, Z. 28 f.). Diese Worte spricht Payne, der inhaftierte Girondist. Zwischen ihm und seinen Mitgefangenen entspinnt sich ein philosophisches Gespräch über die Existenz Gottes. Büchner führt im III. Akt mit Payne – ähnlich wie mit Marion – eine weitere Figur ein, die nur einen einmaligen Auftritt hat und die grundsätzliche zeithistorische Positionen dokumentiert.

Hierbei werden unterschiedliche Weltbilder, aus denen ein Schöpfergott abgeleitet wird, infrage gestellt: „Sukzessiv erledigen Payne und Hérault den aristotelisch-scholastischen Gottesbegriff (Gott und Zeit sind inkompatibel), die pantheistische Gottesvorstellung (Vollkommenes und Unvollkommenes sind ebenfalls inkompatibel), den biblischen Gott (der schaffende Gott ist ein Anthropomorphismus), den manichäischen Dualismus (Gut und Böse vereinigt ergeben Nichts), den moralischen Gottesbeweis Kants (nach Payne ein Zirkelschluss) und zugleich die Theodizeefrage (,Man kann das Böse leugnen, aber nicht den Schmerz', […])" (Frizen [5]1990, S. 37).

Vorgeschlagen wird, die Argumentation sukzessive zu entfalten und weitgehend in ähnlich gehaltenen Tafelbildern festzuhalten. Zu diesem Zweck beinhaltet manches Axiom in sich selbst eine axiomatische Setzung nebst Konklusion.

Die Argumentationen werden dabei arbeitsteilig angegangen. Die Aufteilung des Plenums gliedert sich nach folgenden Zeilenvorgaben:

● Widerlegung der Gottesidee: S. 53, Z. 10–29
● Widerlegung der Gottesidee: S. 54, Z. 3–24
● Widerlegung der Gottesidee: S. 54, Z. 25–34 f./S. 55, Z. 16–23

Ausgespart werden die Zeilen 1–15 auf Seite 55, die später nach der Herleitung der Negierung von Gott gemeinsam betrachtet werden, um Gründe für die Sehnsucht nach der Gottesidee zu ermitteln. Gerade der Begriff der Zeit steht zentral, denn Gott als ewige Instanz träte mit dem Schöpfungsakt in den Zeitenlauf hinein. Das aber steht im Widerspruch mit der Zeitlosigkeit Gottes.

Alle Gruppen bekommen die gleichen Aufgaben:

■ *Mit welchen Axiomen (oder Argumenten) arbeitet Payne, um die Existenz Gottes zu widerlegen?*

■ *In der Argumentation Paynes spielen Selbstwidersprüche eine wesentliche Rolle. Berücksichtigen Sie diese in Ihrer Darstellung.*

■ *(Für die 1. und 2. Widerlegung:) Inwiefern spielt die „Zeit" in der Widerlegung der Gottesidee Paynes eine besondere Rolle?*

Die Arbeitsergebnisse der drei Widerlegungen werden auf folgende Weise in Tafelbildern festgehalten:

---

1. Widerlegung der Gottesidee: Der Schöpfungsakt

1. Axiom: Eine aus sich selbst heraus geborene Welt negiert die Existenz Gottes, wenn die Ursache allen Seins in Gott liegen soll.

2. Axiom: Eine von Gott geschaffene Welt steht im Widerspruch zur allumfassenden Ewigkeit Gottes, da der Schöpfungsakt in der Zeit geschieht und Gott zu einem ihn bedingenden Zeitereignis würde.

➡ **Konklusion:** Es gibt keinen Gott

---

2. Widerlegung der Gottesidee: Die Schöpfung als ewige Erscheinung

1. Axiom: (Pantheismus Spinozas) Wenn die Schöpfung ewig wäre, dann wären Gott und Welt eins.

2. Axiom: Wenn Welt und Gott eins wären, dann unterläge Gott – das als vollkommen Gedachte – auch dem Leiden der Welt und wäre unvollkommen.

➡ **Konklusion:** Es gibt keinen Gott

---

3. Widerlegung der Gottesidee: Die Schöpfung eines (Un-)Vollkommenen

1. Axiom: Die Schöpfung eines Vollkommenen hieße, die Vollkommenheit Gottes zu verdoppeln: Gott x 2

2. Axiom: Die Schöpfung eines Unvollkommenen (Theodizee) schöpft das Leiden und den Schmerz: „Das ist der Fels des Atheismus" (III.1, S. 55, Z. 21).

➡ **Konklusion:** Es gibt keinen Gott

Im Unterrichtsgespräch werden die jeweiligen Ergebnisse dargestellt. Die weiteren Gotteswiderlegungen werden gemeinsam im Unterrichtsgespräch aus der Szene hergeleitet. Schließlich meint Payne, dass, wenn man Gott aus der Moral begründen wollte, dies in einem Zirkelschluss enden würde: Gott begründet die Moral – die Moral begründet Gott.

Gott ist allumfassend, vereinigt Gut und Böse in sich. Das hebt sich gegenseitig auf, „wir kämen zum Nichts", III.1, S. 56, Z. 3. Eine solche Gottesidee implizierte die schlichte Indifferenz. Diese Herleitung ist Hérault vorbehalten.

■ *Warum ist der Mensch auf der Suche nach Gott?*

Das Bedürfnis nach Gott liegt in dem Bedürfnis, „Göttersöhne[...]", III.1, S. 55, Z. 11, sein zu wollen, wie Payne meint, sprich: in dem menschlichen Drang zur Selbsterhöhung. Darüber hinaus ist aber auch zu fragen, inwiefern diese Beziehung zu Gott nicht auch in dem Drang begründet liegt, in einer unbehüteten Welt doch väterlich umsorgt zu sein.

■ *Welche Vorstellung setzt Payne dem Gottesmodell entgegen?*

Payne denkt materialistisch und epikureisch zugleich: „Ich handle meiner Natur gemäß, was ihr angemessen, ist für mich gut und ich tue es, und was ihr zuwider, ist für mich bös und ich tue es nicht und verteidige mich dagegen, wenn es mir in den Weg kommt", III.1, S. 55, Z. 29–33.

Ergänzend eingebracht werden könnte an dieser Stelle das **Arbeitsblatt 15**, S. 120: „Der Nihilismus und das neue Zeitempfinden". Gerade das Thema „Zeit", von dem auch die Widerlegungen Paynes bestimmt sind, spielt dort eine entscheidende Rolle. Das Arbeitsblatt macht mit dem Zitat von Epikur aber auch auf die Schwierigkeit aufmerksam, Nihilismus und Epikureertum in Einklang zu bringen, wie der folgende Abschnitt veranschaulicht.

6.5 Danton – Zwischen Nihilismus und Epikureertum (Szenen III.7, IV.5)

Seiner Natur nach zu leben ist nicht nur das Programm eines Payne, sondern auch das Programm von Danton und das seiner Widerstreiter. Die erste Szene beginnt bekanntlich in einem lebenslustigen Salon und Hérault spricht die Worte: „In unsern Staatsgrundsätzen muss das Recht an die Stelle der Pflicht, das Wohlbefinden an die der Tugend und die Notwehr an die der Strafe treten. Jeder muss sich geltend machen und seine Natur durchsetzen können", I.1, S. 10, Z. 7–11. Immer wieder ist im Verlaufe des Dramas die Rede davon, dass Danton und seine Mitstreiter lasterhaft seien. Das Diesseits spielt eine besondere Rolle im Leben der Dantonisten.

> I.1 (siehe S. 10, Z. 4–35; insbesondere S. 11, Z. 1 ff): „**Camille**. [...] Der göttliche Epicur und die Venus mit dem schönen Hintern müssen statt der Heiligen Marat und Chalier die Türsteher der Republik werden".
>
> I.5 (S. 28, Z. 1–13, insbesondere Z. 1–3): „**Lacroix**. Und außerdem, Danton, sind wir lasterhaft, wie Robespierre sagt, d.h. wir genießen, und das Volk ist tugendhaft".
>
> I.6 (S. 30, Z. 17 ff.): „**Robespierre**. Du leugnest die Tugend? **Danton**. Und das Laster. Es gibt nur Epikureer, und zwar grobe und feine, Christus war der feinste".
>
> II.2, siehe S. 37, Z. 16–24, insbesondere 14 ff.): „Es ist recht gut, dass die Lebenszeit ein wenig reduziert wird, der Rock war zu lang, unsere Glieder konnten ihn nicht ausfüllen. Das Leben wird ein Epigramm, das geht an, wer hat auch Atem und Geist genug für ein Epos in fünfzig oder sechzig Gesängen?"
>
> IV.5 (S. 83, Z. 9 ff.): „**Danton**. Die einen waren so gut Epikureer wie die andern. Sie machten sich ein ganz behagliches Selbstgefühl zurecht. Es ist nicht so übel, seine Toga zu drapieren und sich umzusehen, ob man einen langen Schatten wirft."

Umgekehrt sind transzendente Jenseitsvorstellungen für die Dantonisten keine Vorstellungen, die als wesentlich betrachtet würden. Im Angesicht des Todes glaubt Philippeau, „göttliche Linien" jenseits der Erdenbahn erkennen zu dürfen, IV.5, S. 83, Z. 20. Die Antwort der Mitverurteilten lässt keinen Zweifel daran, diese Hoffnung als trügerisch zu entlarven, und läuft auf den Satz von Danton hinaus: „Die Welt ist das Chaos. Das Nichts ist der zu gebärende Weltgott", IV.5, S. 84, Z. 6f. Die kosmologische Vorstellung, dass der Natur eine göttliche Ordnung innewohnt, die Aufbau und Ursprung (Kosmogenie) erklärt, wird durch diesen Satz deutlich zurückgewiesen. Keine himmlische „Quintessenz" ist es, die die vier Elemente Wasser, Erde, Feuer, Luft zur Ordnung ruft, sondern das „Nichts", aus dem heraus sich die Welt entwirft. Die Verletzung, mehr noch, die Auslöschung des Nichts führt allein zum Etwas: „Das Nichts hat sich ermordet, die Schöpfung ist seine Wunde, wir sind seine Blutstropfen, die Welt ist das Grab, worin es fault", III.7, S. 70, Z. 16ff.

■ *Stellen Sie heraus, wie Danton und seine Mitstreiter der Hoffnung auf göttliche Harmonien, die Philippeau beschwört, begegnen.*

Welt als „Kosmos"

„**Philippeau**. Es gibt ein Ohr, für welches das Ineinanderschreien und der Zeter, die uns betäuben, ein Strom von Harmonien sind", IV.5, S. 83, Z. 17–23	Danton und seine Mitstreiter stellen der vermuteten Harmonie das sinnlose Elend der Welt gegenüber: Danton: vgl. IV.5, S. 83, Z. 29.; vgl. S. 83, Z. 33–36; vgl. S. 84, Z. 5ff. Hérault: vgl. IV.5, S. 83, Z. 30–32 Camille: vgl. IV.5, S. 84, Z. 1–5
➡ Schöpfer: Gott	➡ Schöpfer: Nichts

Im Unterrichtsgespräch wird von dem konkreten Textbezug abstrahiert und der Nihilismus als das die Aussagen bestimmende Element benannt. Ergänzend eingebracht werden könnte auch an dieser Stelle das **Arbeitsblatt 15**, S. 120: „Der Nihilismus und das neue Zeitempfinden". Wesentlich ist der gelebte Augenblick, auf den es ankommt. Aus diesem Blickwinkel heraus sind die genussreichen Augenblicke, die die Dantonisten so schätzen, zu verstehen, und ihre Freude an den materiellen Dingen im Leben.

6.5.1 Von der Langeweile und einem Leben ohne Sinn – Nihilismus und Fatalismus (Szene III.7, II.1)

Im vorangegangenen Abschnitt ist die Szene IV.5 behandelt worden. Schon dort sind nihilistische Anklänge zu verzeichnen. Angeschlossen werden kann die Auseinandersetzung mit dem Themenfeld „Nihilismus". Übergeleitet wird hierzu zur Szene III.7 und dort auf die Zeilen 1–19 auf Seite 70. Danton sucht seine Ruhe. Und das Nichts ist ihm die Verheißung.

■ *Lesen Sie auf Seite 70 in der Textausgabe die Zeilen 1–19 von Szene III.7*

■ *Welche Erwartungen hegt Danton für das Jenseits?*

Dantons Haltung ist als materialistisch, fatalistisch und auch nihilistisch dargestellt worden: Kein Wort einer Erfüllung im Jenseits geht ihm im Angesicht des nahen Todes über die Lippen, im Gegenteil: Im Gespräch mit seinen Weggenossen sieht er Leben und Tod nur *kein gerade noch erkennbar* graduell verschieden: „Eine erbauliche Aussicht! Von einem Misthaufen auf den anderen" (III.8, S. 70, Z. 1 f.). Und im Folgenden reflektiert er das Nichts, das ihm Ruhe verheißt. Und wäre er nicht Atheist, würde er im endgültig Ruhe verheißenden Nichts Gott sehen. Bis hierhin kann man durchaus von einer nihilistischen Einstellung sprechen, die dann aber von ihm aufgrund seiner von Epikur[1] entlehnten Haltung zurückgewiesen wird. „Etwas kann nicht zu nichts werden" (III.8, S. 70, Z. 12). Ohne graduelle Kenntnis der Lehre Epikurs wirken diese Worte widersprüchlich, ist doch das Nichts für Danton im Drama immer wieder ein wichtiger Bezugspunkt. Und mit diesem Satz wird selbst das Nichts infrage gestellt.

Zu verstehen ist diese Sentenz allerdings nur mit Blick auf Dantons Vordenker Epikur, dessen Lehre ein Entstehen aus dem Nichts und ein Vergehen zum Nichts ausschließt. „Zunächst, dass nichts aus nichts wird", schreibt Epikur und weiter: „Und ginge das Verschwindende ins Nichtsseiende unter, so wäre es wohl schon längst um alle Dinge geschehen, da das, worein sie sich auflösen, ein Nichts wäre" (Epikur 2004, S. 188). Was immer ist, ist Folge einer zufälligen Ballung aus Atomen. Und was vergeht, zerfällt auch wieder in seine atomare Struktur: „Die Körper sind teils Zusammensetzungen, teils solche, aus denen die Zusammensetzungen gebildet sind. Die letzten (die Atome) sind unteilbar (unzerlegbar, unsprengbar) und unvergänglich, [...]. Die Urbestandteile müssen also notwendig unzerlegbare Wesenheiten sein" (ebd.), heißt es bei Epikur. Der Weg ins Nichts ist Danton verwehrt: „ich bin etwas. Das ist der Jammer" (III.7, S. 70, Z. 12 f.).

Das **Arbeitsblatt 15**, S. 120 „Nihilismus und das neue Zeitempfinden" wird eingebracht. Die Nichtigkeit des Einzelnen und seine mangelnden Möglichkeiten, aus der Gleichförmigkeit auszubrechen, drücken sich auch bei Dantons Rede aus. Danton sucht der Lebenszeit und Langeweile Herr zu werden. Aus dieser Haltung heraus, die auch einen großen Weltenplan und eine Schöpferinstanz verneint, ist auch Dantons Vorstellung eines Lebens ableitbar, das den vorübergehenden Genuss anerkennt und das die Tugend hintenanstellt. Das Zitat von Epikur auf dem Arbeitsblatt verdeutlicht das im letzten Absatz angesprochene Problem, dass das Verfechten des Nihilismus im Widerspruch zu Epikur steht, der das Sein nicht ins Nichts sich auflösen sieht, sondern in atomare Bestandteile.

Gerade in der Szene II.1 spiegelt sich in Danton eine Haltung, die Büchner in seinem Brief verurteilt. Danton räsoniert über die Langeweile, die ihn befallen hat.

■ *Lesen Sie in der Textausgabe die Szene II.1 auf den Seiten 35 – 37.*

■ *Stellen Sie zentrale Textstellen heraus, und kommentieren Sie diese.*

---

[1] Siehe auch Textausgabe, S. 93, Nr. 20

Dantons Langeweile

- „[…] Das ist sehr langweilig, immer das Hemd zuerst [...]", vgl. II.1, S. 35, Z. 7–15

  ➡ Danton beklagt das tägliche Einerlei

- „[…]. Das ist erbärmlich. So ein armseliges Instrument zu sein, auf dem eine Seite immer nur einen Ton angibt! [...]", vgl. II.1, S. 36, Z. 1–5

  ➡ Danton ist seiner Funktion als Führer der Revolution überdrüssig.

- „[…] Wir haben nicht die Revolution, sondern die Revolution hat uns gemacht", vgl. II.1, vgl. S. 36, Z. 18–23

  ➡ Fatalistische, ggf. nihilistische Haltung bekundet Sinnlosigkeit des Tuns.

- Die Leute „haben Unglück, kann man mehr verlangen, um [...] edel, tugendhaft [...] zu sein oder um [...] keine Langeweile zu haben", II.1, vgl. S. 37, Z. 4–8

  ➡ Im menschlichen Unglück sieht Danton die Möglichkeit zum sinnhaften Leben.

- „Es ist recht gut, dass die Lebenszeit ein wenig reduziert wird, [...]. Das Leben wird ein Epigramm, [...]", II.1, vgl. S. 37, Z. 16–24, insbesondere 18 f.

  ➡ Plädoyer für ein kurzes, erfülltes Leben

Eine fatalistische Haltung ist auch bei Büchner selbst wiederzufinden. Eingeschoben werden kann an dieser Stelle des Weiteren Büchners Brief an die Braut vom 10. März 1834, Textausgabe, S. 120. Im Drama wird in Gestalt Dantons der Gedanke eines sinnentleerten Lebens und der eines Lebens in Langeweile vertreten. Diese Thematik, die um den Nihilismus kreist, ist auch Gegenstand des genannten Briefes.

■ *Lesen Sie den Brief „An die Braut" vom 10. März 1834 (Textausgabe S. 120 f.), der auch der „Fatalismusbrief" genannt wird, und überprüfen Sie ihn auf den Nihilismusgedanken einerseits und auf die Möglichkeit zum zielgerichteten, erfolgreichen Tun andererseits.*

Vom „Fatalismus der Geschichte" (S. 120, Z. 17 f.), einer „entsetzliche[n] Gleichheit" der „Menschennatur" (Z. 18 f.) ist die Rede, vom „bloße[n] Zufall" (Z. 21) ferner, der den Einzelnen hier- und dorthin stellt. Jede Form von Vorsehung, Führung Gottes, ist hier ausgeschlossen: „der Einzelne nur Schaum auf der Welle" (S. 120, Z. 20 f.). Wenn der blinde Zufall waltet, kann auch vom kontinuierlichen Fortschreiten – zielgerichteten Fortschritt – kaum zu sprechen sein, sondern nur von einem unbestimmten Treiben, das den Menschen bestimmt.

Wenn so alles sinnlos ist, ist nur die gelebte Zeit im Augenblick von Wert, da die Zukunft weder Fortschritt noch Verheißung verspricht, bestenfalls mit Glücksfällen aufwarten kann. Dieser Sinn-Verlust bewegte gesellschaftliche Gruppen zur Zeit Büchners: Auch die „romantische Bewegung" ist Ausdruck hiervon, die den Menschen zur absoluten, autonomen Größe (Idealismus nach Fichte, siehe Textausgabe S. 157) erklärt auf seinem Weg zur Sinnschöpfung. (Möglich ist hier die Einbindung des Textes zur Romantik in der Textausgabe, S. 164 f.). Ins Positive gewendet heißt das also: Die Sinnleere kann zum schöpferischen Handeln führen.

6.6 Jean Jacques Rousseaus „Gesellschaftsvertrag": Vorbild für Robespierre und die Revolution

Die französische Revolution ist ein Produkt der Aufklärung. Die Welt und Weltenordnung erscheint nicht mehr als ein wohlgeordneter Kosmos, in dem die Dinge und Menschen ihren ihnen zugedachten Platz einnahmen, sondern Ordnungen erweisen sich als gemachte. Der König ist in dieser Vorstellung dann nicht mehr von Gottes Gnaden eingesetzt und geborener, unangefochtener Vertreter weltlicher Ordnung, sondern die gesellschaftliche Ordnung, der er vorsteht, erscheint ebenfalls menschengemacht und damit veränderbar. Der Kosmos als „a priori" hat ausgedient. Damit gibt es auch keine Legitimation, warum jemand von Geburt aus anderen gegenüber Vorteile genießen und ihnen vorstehen soll. Büchner schreibt mit Blick auf die Französische Revolution im Hessischen Landboten: „ein König sei ein Mensch wie ein anderer auch", Textausgabe, S. 128, Z. 18, und zitiert aus der Französischen Verfassung: „Keiner erbt vor dem andern mit der Geburt ein Recht oder einen Titel", ebd., S. 22f. Die Französische Revolution und die 1789 verabschiedeten Menschenrechte sind Ausdruck einer Neuorientierung, die den Menschen ins Zentrum stellt. Die daraus abgeleitete Gesellschaftsform verabschiedet die Vorstellung einer gottgegebenen Ordnung und führt zu einer humanistischen Ethik. (Vgl. **Zusatzmaterial 2**, S. 139: „Erklärung der Rechte des Menschen und des Bürgers vom 26. August 1789".)

Mit dem Austritt aus einer göttlichen, naturgegebenen Ordnung und dem Eintritt in eine menschengemachte Ordnung ist der Mensch frei, sich zu entscheiden, und der Weg frei, eine nach freier Wahl allen Menschen dienende Ordnung zu begründen, so Rousseaus Ansatz.

Robespierre ist ein treuer Schüler von Jean Jacques Rousseau. Dessen Gesellschaftsvorstellung („Der Gesellschaftsvertrag") hat Robespierre praktisch kritiklos internalisiert. Unabhängig von Robespierre ist Rousseau grundsätzlich ein ganz wichtiger Ideengeber für die neue Gesellschaftsordnung, die aus der Französischen Revolution heraus verabschiedet wurde. Der Konflikt im Drama zwischen Danton und Robespierre erscheint darüber hinaus im „Gesellschaftsvertrag" Rousseaus vorformuliert: Danton steht für das natürliche Ausleben der persönlichen Bedürfnisse, Robespierre setzt auf die gesellschaftliche Ordnung, der sich natürliche Bedürfnisse unterordnen müssen. Diesem Thema widmet sich jene Schrift.

Mit der Menschennatur setzt sich der Gesellschaftsvertrag auseinander. Bei Rousseau ist der Naturbegriff ambivalent verwendet. Einerseits ist Rousseau, dem Kritiker der Aufklärung, die Natur als Lehrmeister für den jungen Menschen zur Entfaltung einer natürlichen Vernunft willkommen, wie man dem Erziehungsroman „Émile" (1762) von Rousseau entnehmen kann[1], andererseits beruht seine Idee eines Staatswesens auf einem Allgemeinwillen, der das Instinktiv-Natürliche zurückdrängt. Der Mensch, dessen Natur sich Bahn bricht, kann dies nur zu Lasten anderer tun. Insofern ist eine Staatsordnung gut beraten, die Natur des Menschen in eine Ordnung einzubringen und zu bändigen, die aus einem Gesamtwillen heraus dann auch dem Einzelnen dient.

---

[1] An die Stelle einer Erziehung, die nicht nach den Bedürfnissen des Kindes fragte, sondern immer schon normativ wusste, was gut für das spätere Leben sei und deshalb erlernt werden muss, setzte er in diesem Roman eine Pädagogik, die dem Kind ein Eigenrecht auf individuelle Entwicklung zugestand. Das augenblickliche Glück an sich entwickelnden Fähigkeiten stand im Zentrum, die entfaltet werden sollten im erprobenden, spielerischen Umgang mit der Umwelt. Das Lernen an der gegenwärtigen Umwelt bestimmt sodann auch die zukünftige Gegenwart, da das Gelernte auch zukünftig anzuwenden und so im gegenwärtigen Sein die Erfüllung zu finden ist. Dieser Erziehungsprozess sollte sich unter asketischen, natürlichen Bedingungen abspielen, um die Abhängigkeit von künstlichen Umwelten und von überflüssigen Bedürfnissen so minimal zu halten wie nur irgend möglich. Allein die individuelle Bedürfnisbefriedigung sollte im Zentrum stehen.

Bevor die Schülerinnen und Schüler die Seiten 149–154 in der Textausgabe lesen, sollen sie für sich ihr Verhältnis zum Komplex „Natur" klären. Grundsätzlich werden die Schülerinnen einen eher unkritischen positiven Naturbegriff pflegen: Natur ist etwas Gutes. Hierzu sollen sie in Partnerarbeit eine Mindmap unter der folgenden Fragestellung erarbeiten und sich anschließend den Folgeaufgaben widmen

- *Erstellen Sie eine Mindmap zur Begrifflichkeit „Natur". (Was gehört für Sie dazu? Welche Einstellungen haben Sie natürlichen Dingen gegenüber?)*

- *Ordnen Sie die gefundenen Begriffe danach, inwieweit sie positiv oder negativ konnotiert sind.*

In einer begleitenden Aufgabenstellung sollen sie sich mit der Frage auseinandersetzen:

- *Überlegen Sie, in welcher Form die Erziehung oder auch das Zusammenleben in der Gesellschaft noch als „natürlich" betrachtet werden können?*

- *Mit Blick auf die Ergebnisse Ihrer Mindmap zur „Natur" und zu deren Wertschätzung, wie würden Sie das Miteinander in der Gesellschaft im Vergleich dazu beurteilen?*

- *Wie verhalten sich Natur und Gesellschaft zueinander? Komplementär oder gegensätzlich?*

Die Ergebnisse zu den letzten Fragestellungen lassen sich an dieser Stelle nur schwer antizipieren, aber mit relativer Gewissheit darf man annehmen, dass zwischen Natur und Gesellschaft keine grundsätzliche Antinomie gesehen wird, auch wenn der Staat für die Abkehr von der Natur steht, keine Natur mehr ist, sondern Kultur darstellt.
Die Schülerinnen werden anschließend auf Seite 151 in der Textausgabe und dort auf die Zeilen 6–32 verwiesen.

- *In welchem Zusammenhang ist bei Rousseau von Natur die Rede?*

- *In welcher Form verbinden sich in der Familie Natur und Nicht-Natur?*

- *Zu welchem Zweck wird die persönliche Freiheit freiwillig eingeschränkt?*

Die Familie als Vorbild politischer Gesellschaftsformen

- Die einzig natürliche Gesellschaft ist die Familie.
- Die Abhängigkeit des Kindes von den Eltern ist das natürliche Band des Zusammenhaltes.
- Die Natur des Menschen gründet im Selbsterhalt und in der unbedingten Freiheit, für diesen zu sorgen.
- Fällt die Abhängigkeit weg, bleibt das Familienband nicht durch eine natürliche, sondern durch eine willentliche Übereinkunft erhalten.
→ Der Trieb zum Selbsterhalt (der Egoismus) hält die Familie zusammen.
→ Zugunsten des Selbsterhaltes wird die natürliche Freiheit eingeschränkt.

Rousseau pflegt einen erweiterten Naturbegriff. Das natürliche Band des Kindes zu den Eltern ist die Abhängigkeit, umgekehrt hingegen ist das natürliche Band der Eltern zum Kind die Liebe. In beiden Fällen kommt ein persönliches und egoistisches Motiv zum Tragen, was dafür

112

sorgt, dass die Familie nicht auseinanderfällt. Später, wenn die Abhängigkeiten schwinden, ist es wiederum ein allen gemeinsamer Vorteil, der die Familienmitglieder zusammenhält. Gemeinsam lässt sich den Gefährdungen des Lebens besser begegnen. Diese dann *willentlich* geschlossene Übereinkunft grenzt sich von der Natur ab. Den Menschen zeichnet aus, dass er von Natur aus grundsätzlich frei ist, zu tun, was er will. Wenn er diese Freiheit durch Vereinbarung einschränkt, dann geschieht dies allein aus Vorteilsgründen und ist wider die Natur: durch den ausgesprochenen Willen. Die willentliche Aufgabe von Freiheit geschieht also zum eigenen Vorteil (S. 151, Z. 25 ff.). Wenn die Familienbande aufrechterhalten werden, dann aus willentlichen, aus widernatürlichen Gründen.

Die Familie artikuliert also schon einen Gemeinwillen, der für alle im Kreise der Familie Vorteile in sich birgt. Der alleinige ausgelebte Wille stößt schnell an Grenzen, der gemeinsame Wille lässt sich besser vertreten. Schon hier wird deutlich, dass das Loslösen eines natürlichen Bandes – und die Aufgabe von Freiheiten – tatsächlich einen Freiheitsgewinn für alle bedingt. Weniger Natur bedeutet ein Mehr an Freiheit.

- *Diskutieren Sie, in welcher Weise sich in der Familie ein Grundmodell gesellschaftlichen Zusammenlebens spiegelt.*

- *In der Familie werden eigene Freiheiten im Zusammenleben eingeschränkt. Welche Motive gibt es, solche Freiheitsgrade im gesellschaftlichen Zusammenleben aufzugeben?*

- *Wie könnte bspw. eine Gesellschaft aussehen, die sich nicht auf die Beschränkung persönlicher Freiheiten verständigt?*

- *Welche Vorteile kann ggf. die Aufgabe persönlicher Freiheitsgrade bei der Verfolgung von Zielen mit sich bringen?*

Im Unterrichtsgespräch sollte herausgearbeitet werden, dass die Natur des Menschen nach Rousseau zunächst einmal allein auf den persönlichen Vorteil bedacht ist und dass dieser vorbehaltlos ausgelebte Egoismus anderen Menschen zum Nachteil gereichen kann, genauso wie sich der Wille anderer gegen einen selbst richten kann. Die bedenkenlos ausgelebte Freiheit Dritter kann das eigene Wohl beeinträchtigen (vgl. S. 153, Z. 36 – S. 154, Z. 6). Die

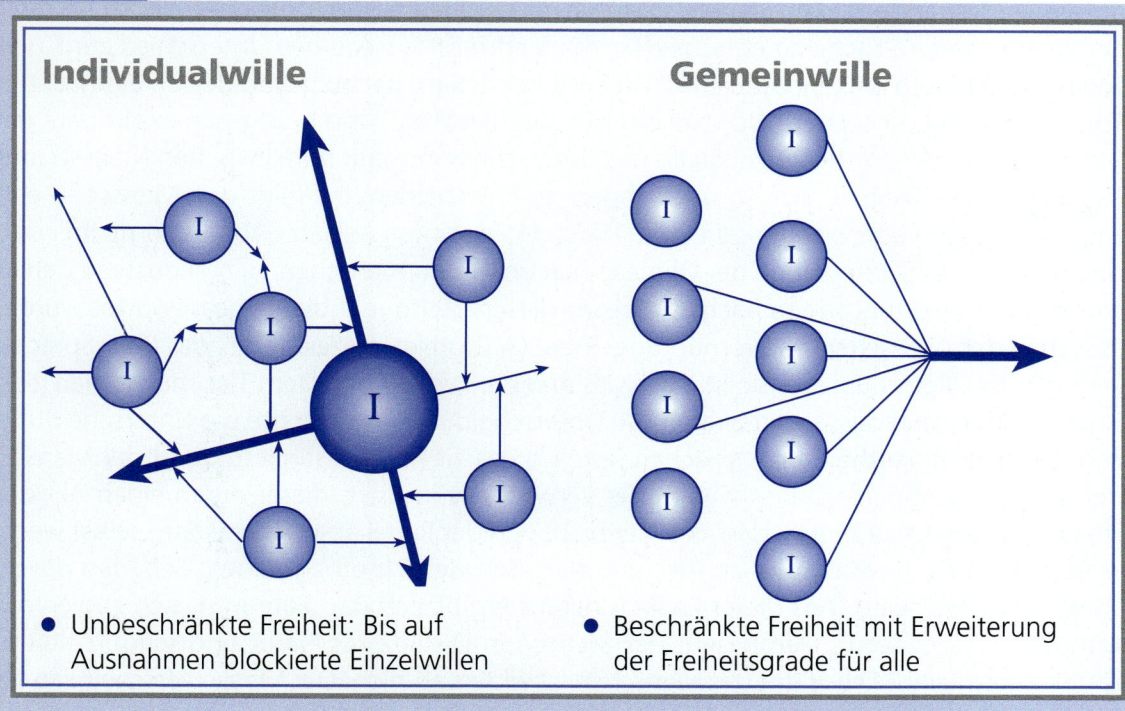

Individualwille　　　　　**Gemeinwille**

- Unbeschränkte Freiheit: Bis auf Ausnahmen blockierte Einzelwillen
- Beschränkte Freiheit mit Erweiterung der Freiheitsgrade für alle

Zurücknahme des persönlichen Egoismus erfolgt demnach mit Blick auf andere Vorteile (Nutzen), an denen alle teilhaben. Die Richtschnur ist nicht mehr der Naturzustand, der sich auslebt, sondern der Gemeinwille.

■ *Arbeiten Sie heraus, was Rousseau unter einem Privatinteresse und unter einem Gemeinwillen versteht.*

Das Privatinteresse bleibt immer an ein Individuum gebunden, wobei es nicht darauf ankommt, ob dieses Privatinteresse andere teilen. Mit dem Tode des Einzelnen und dessen Privatinteresse verfällt das Ganze (vgl. S. 152, Z. 10–23). Der Gemeinwille bildet die Summe vieler Einzelinteressen unter dem Dach eines Ganzen (S. 155, Z. 14–23). Sterben Einzelne, bleibt das Ganze davon unbetroffen.

■ *Stellen Sie Grundidee und Gründe von Rousseaus „Gesellschaftsvertrag", der Freiheitseinschränkungen des Individuums vorsieht, mit eigenen Worten dar.*

■ *Erörtern Sie die von Rousseau hergeleitete Gesellschaftsform unter Berücksichtigung von Dantons Aussage „Es gibt nur Epikureer, und zwar grobe und feine, Christus war der feinste; das ist der einzige Unterschied, den ich zwischen den Menschen herausbringen kann. Jeder handelt seiner Natur gemäß, d. h. er tut, was ihm wohltut", I.6, S. 30, Z. 18–22.*

Die Schülerinnen werden zur Bearbeitung dieser Aufgabe auf die Seiten 153, Z. 3–S. 154, Z. 32 und auf die Textstelle im Drama (I.6, S. 30, Z. 18–22) verwiesen. Interessant an dieser Darstellung durch Rousseau ist, dass sie implizit – bezogen auf das Drama – Dantons These recht gibt, der im Disput mit Robespierre jeden Menschen des Epikureertums bezichtigt und so den Egoismus als Triebfeder allen Handelns herausstellt, denn auch das Zurückstellen eines Individualinteresses unter einen Gemeinwillen geschieht allein aus egoistisch motivierten Vorteilsgründen.

***

Als vertiefende Informationen und zum besseren Verständnis für den Lehrer oder die Lehrerin dienen folgende Ausführungen: Das Prinzip der Freiheit, sich für die eine Sache oder gegen eine andere Sache zu entscheiden, markiert für Rousseau *den* Unterschied zum Tier, sodass der Mensch als „unnatürliches" Tier erscheint. Kant hat aufgrund dessen einmal über Rousseau gesagt, er sei der „Newton der moralischen Welt" und bezog sich explizit auf die *Freiheit des Menschen*, die Rousseau als *das* Unterscheidungskriterium zwischen Mensch und Tier angab. Die Freiheit, sich so oder anders zu entscheiden, befähigt den Menschen erst zum moralischen oder ethisch-reflexiven Handeln. In seinem Aufsatz „Abhandlung über den Ursprung und die Grundlagen der Ungleichheit unter den Menschen" ging Rousseau genau dieser Unterscheidungsfrage nach, die bis zu diesem Zeitpunkt derart beantwortet wurde, dass man den Menschen als „vernünftiges Tier" (Aristoteles) bezeichnete, das über Sprache verfügte, Intelligenz und Sensibilität aufwies und denken konnte. Dem Tier sprach man jene Eigenschaften ab. Rousseau verwarf diese Unterscheidung und machte die Unterscheidung in der Indeterminiertheit des Menschen fest. Wo das Tier dem Instinkt folgt, ist der Mensch frei, sich zu verändern: „Jenes wählt oder verwirft aus Instinkt, dieser durch einen Akt der Freiheit, was mit sich bringt, dass das Tier nicht von der Regel abweichen kann, selbst wenn es vorteilhaft für es wäre, dies zu tun, und dass der Mensch oft zu seinem Schaden davon abweicht" (Rousseau). Aus dieser Freiheit heraus ergibt sich die „Fähigkeit, sich zu vervollkommnen" (Rousseau). Damit geht der Mensch in Distanz zur Natur und schöpft Kultur. Paradox formuliert: Die Natur des Menschen ist widernatürlich. Der Mensch erscheint so als

„entartetes Tier" (Rousseau), das als Folge der mangelnden Instinktgeleitetheit zu einem widernatürlichen Handeln befähigt ist. Beispielsweise kann der Mensch seinen eigenen natürlichen Egoismus zurückstellen und ein altruistisches Verhalten an den Tag legen, das dem „allgemeinen, universellen" Wohl dient. Das allgemeine Wohl berücksichtigt immer auch die Interessen der anderen, setzt das natürliche Interesse des Einzelnen zurück, der seinen Naturtrieben nicht mehr als oberstem Prinzip und auf Kosten anderer freien Lauf lässt. In diesem Verhalten zur freien moralischen, uneigennützigen Entscheidung und Selbstbeschränkung gründen die Prinzipien der von Rousseau inspirierten Menschenrechte und auch der „Gesellschaftsvertrag". Wer die Natur in sich bekämpft, ist zu moralischem Handeln fähig; wer die Natur in sich bekämpft, kann eine Gesellschaftsordnung begründen, in der alle Menschen die gleichen Rechte haben. Der Mensch steht in dieser Gesellschaftsordnung, die sich als humanistisch geprägt zeigt, im Zentrum. Es ist eine Gesellschaftsordnung, die auf Freiheit und Gleichheit beruht, die dem Individuum dient und die die Arbeit zwecks Selbstschöpfung wertschätzt. Geburt und Stand spielen da keine Rolle.

6.7 Zwei „Köpfe" und doch eigentlich zwei Gesellschaftsprofile

Löst man sich von den Personen Danton und Robespierre und abstrahiert auf die Gesellschaftssysteme, denen sie implizit vorstehen, so wird auf einer allgemeineren Ebene die Unvereinbarkeit beider Haltungen deutlich. Auf der einen Seite haben wir Robespierre und die Jakobiner, die die Gedanken Rousseaus in ein konkretes Gesellschaftsbild fassen wollen. Der ungezügelte Egoismus ist dieser Gesellschaft ein Feindbild. „Es liegt in der Natur der Dinge, dass jeder einzelne Körper, jedes Individuum einen eigenen Willen hat, der sich vom Gemeinwohl unterscheidet, und dass es versucht, diesen durchzusetzen" (Robespierre, zit. n. Arras 1988, S. 106). Dem gegenüber stünde das Volk in quasi personalisierter Form, das, „um Gerechtigkeit und Gleichheit zu lieben" (Robespierre, zit. n. ebd.), allein sich selber lieben müsse. Eine natürliche Tugend spiegele sich im Volk und zwecks Stärkung derselben müssen alle Standesunterschiede und egoistischen Einzelwillen aufgehoben werden. „Die Heftigkeit, mit welcher der evolutionäre Diskurs auf die ‚Faktionen' reagiert, wird vor diesem Hintergrund erklärlich. In den Augen der Revolutionäre handelt es sich dabei ausnahmslos um egoistische Gruppierungen, die sich vom Gemeinwillen, wie er von den versammelten Volksvertretern verkörpert wird, abgespalten haben, und damit gegen diesen gerichtet sind" (Arras 1988, S. 106). Aus der Apotheose des Gemeinwillen leiten sich in der konsequenten Fortschreibung der Sozialismus, der Kommunismus ab. Robespierres Leidenschaft für Rousseau spiegelt sich im folgenden Sachverhalt: Der Einzelne ist nichts, die Idee respektive der Staat ist alles. Die Parallelen zu Rousseaus Ideen von einem Staatswesen sind offenkundig, da das von Rousseau entworfene Staatsgebilde „die völlige Entäußerung jedes Mitglieds mit all seinen Rechten an das Gemeinwesen als Ganzes" (S. 153, Z. 28ff.) vorsieht. Wo *jedes Glied als untrennbare[r] Teil des Ganzen" (S. 154, Z. 17)* aufgenommen wird, schafft dies „eine sittliche Gesamtkörperschaft" (S. 154, Z. 19f.) und ein „gemeinschaftliches Ich" (S. 154, Z. 22). Der Gemeinwille zeigt sich als sittlich geprägt und tugendhaft. Mit der Revolution will auch Robespierre mit dem Kampf gegen die Laster der Aristokratie die Tugend in den Mittelpunkt rücken.
Liest man die Briefe und Texte Büchners aus dem Blickwinkel dieser Staatsidee, lassen sich Parallelen herausarbeiten, die denen des Kommunismus nicht fremd sind: Heinrich Böll bedauert daher – aufgrund des frühen Todes von Büchner – eine verpasste Begegnung: die zwischen Büchner und Karl Marx. „Die kraftvolle, so volkstümliche wie materialgerechte Sprache des ‚Hessischen Landboten' ist zweifellos eine ebenso wirkungsvolle politische Schrift wie das ‚Kommunistische Manifest'" (Böll 2002, S. 378). Böll sieht Büchner dem Kommunismus näher stehend als jeder anderen Denkrichtung.

115

Auf der anderen Seite haben wir den Individualwillen und auch hier finden wir einen Zeitgenossen der Aufklärung, der das Gegenmodell zu Rousseau artikulierte, für das implizit Danton Pate steht: Von 1723–1790 lebte der Moralphilosoph Adam Smith, der die Bibel der modernen Wirtschaftswissenschaft schrieb: Den „Wohlstand der Nationen", in dem er die Idee entwarf, dass dort, wo jeder dem Egoismus folgte, ein Gesellschaftssystem sich entwickele, das zuletzt allen diene. In seiner Ideenlehre spielt auch der Begriff der „Sympathie" eine Rolle. Allerdings ist Sympathie nicht zu übersetzen mit „Zuneigung", sondern weit eher mit „Einfühlung", die genutzt wird, um die eigenen Interessen zu befriedigen: Man kann sich vorstellen bzw. einfühlen in das, was der andere denkt, und kann diese Vorstellung für seine eigenen Zwecke nutzen. Eine Tauschkultur wird so in Szene gesetzt: „Gib mir, was ich wünsche, und du bekommst, was du benötigst" (Smith [8]1999, S. 17). Mit dem Egoismus als treibende Kraft und dem Streben nach dem individuellen Glück steht man mit Epikur in einer Linie, die fortgeführt wird mit Jeremy Bentham und Stuart Mill. Aus diesem Vergleich heraus werden die Inkompatibilitäten zwischen Robespierre und Danton auf einer allgemeingesellschaftlichen Ebene anschaulich. Es ist der im 20. Jahrhundert noch heftig ausgefochtene Kampf zweier Gesellschaftsideen: Kommunismus versus Kapitalismus.

■ *Danton möchte, dass sich jeder in der neuen Republik seiner Natur entsprechend ausleben solle. Kann es in einer Gesellschaft, die vom Egoismus geleitet ist, Vorteile für alle geben?*

Diese Frage wird zunächst ganz allgemein unter den Schülerinnen und Schülern diskutiert, bevor das eigentliche **Arbeitsblatt 16**, S. 121 zu Adam Smith ausgeteilt wird. Nach den bisherigen Erörterungen zu Rousseau und zum Gesellschaftsvertrag steht zu vermuten, dass diese Frage – auch jenseits aller sozialistischen Vorstellungen – prinzipiell verneint wird.

■ *Arbeiten Sie in Grundzügen heraus, wie Adam Smith trotz Auslebens egoistischer Interessen an eine sozial ausgewogene Gemeinschaft glaubt.*

■ *Übertragen Sie diese Ideen auf die heutige allgemeine gesellschaftliche Lage. Stimmen Sie der Ausgangshypothese zu oder lassen sich Zweifel artikulieren? Benennen Sie für den einen oder anderen Fall Beispiele.*

Adam Smith und die Steuerung durch die „unsichtbare Hand"

- Der Mensch orientiert sich am Eigeninteresse.
- keine Orientierung am Gemeinwohl
- Das Verfolgen des eigenen Vorteils führt indirekt zur Pflege des Gemeinwohls: Kaufmann sucht Käufer für das eigene Produkt. Daher Orientierung auf den Kunden zur Beförderung des eigenen Wohls
- Der größtmögliche Wertzuwachs ist durch größtmögliche Befriedigung von Käuferwünschen möglich.
- Wenn jeder seinen eigenen Interessen folgt, entsteht wie durch eine „unsichtbare Hand" geleitet ein Gleichgewicht, von dem jeder profitiert.

➡ **Plädoyer für das Anstreben eines ungezügelten Egoismus**

Der Kapitalismus spiegelt Adam Smiths Vorstellung zufolge das Wirken einer „unsichtbaren Hand". Das lässt sich fraglos kritisch auch mit Blick auf die Auswüchse kapitalistischen Denkens diskutieren. So lässt sich über Danton hinaus ein allgemeines Prinzip ableiten, das zur gesellschaftskritischen Diskussion anregen kann und rückbezogen auf Danton auch dessen Handeln ggf. neu bewerten lässt.

Wie sehr die Wertschätzung Adam Smiths in der Gegenwart ungebrochen ist, zeigt ein Leitartikel des Rheinischen Merkurs im Juli 2007 zur Neuordnung der Personalstruktur bei Airbus und des Luftfahrtkonzerns EADS, der überschrieben ist mit der Schlagzeile: „Die sichtbare Hand der Angela Merkel". In dem Artikel werden Lenkungsversuche des Staates in einem ungezügelten globalen Markt mit kritischen Worten bedacht: „Der Schutz vor Investoren passt in diese Zeit des neuen Protektionismus. Der Staat reißt immer mehr an sich. Die sichtbare Hand der Politik schlägt die unsichtbare Hand des Marktes. [...] Doch der neue Protektionismus ist eine Gefahr für die Globalisierung" (Stefan Degs, Leitartikel des Rheinischen Merkurs vom 19.07.2007, Nr. 29, Titelseite).

Notizen

_____

_____

_____

_____

_____

_____

_____

_____

_____

_____

_____

_____

_____

_____

_____

_____

_____

_____

Die Guillotine – Eine Maschine der Vernunft

Die Zeit war reif für eine Maschine, deren Devise hätte lauten können: Menschlichkeit, Gleichheit, Vernünftigkeit.

In seiner Menschlichkeit bestand nun aber gerade das
5 Hauptverdienst des Guillotin'schen Vorschlags. Menschlichkeit gegenüber dem Opfer, dessen Schmerz die Guillotine verringert, indem sie, um einen Ausdruck von Michel Foucault aufzugreifen, einen „Nullpunkt der Marter" schafft. Menschlichkeit
10 gegenüber den Zuschauern, denen die Maschine den grauenerregenden Anblick der alten Hinrichtungsmethoden erspart, weil sie aus dem unmenschlichen Schauspiel des öffentlichen Sterbens ein kurzes Blutvergießen macht. Menschlichkeit vor allem gegen-
15 über dem Scharfrichter, der von dem monströsen *corps-ti-corps* mit dem Hingerichteten befreit wird. Nur mehr Auslöser eines mechanischen Prozesses ist er nun, ein „sorgfältiger Mechaniker" (Michel Foucault), dessen Beziehung zum Körper seines Op-
20 fers durch die zwischengeschaltete unpersönliche Maschine mittelbar und neutral wird. Diesem letztgenannten Umstand kommt besondere Bedeutung zu, wie ein im *Journal des Etats generaux* erschienener Kommentar zu Guillotins Rede zeigt: „Monsieur
25 Guillotin ließ sich des Langen und Breiten über die Hinrichtungsmethoden aus, die den Menschen niedriger erscheinen lassen als ein wildes Tier, ich erwähne nur den Gebrauch von Zangen und übergehe den Rest mit Schweigen. Es wäre zu wünschen, dass selbst
30 ihr Name bald in Vergessenheit geriete. Er hat das Grauen beschrieben, welches jene Scharfrichter genannten Wesen einflößen. Von eben diesem Gefühl durchdrungen [...] hat es vor allem meine Vorstellungskraft überstiegen, dass es Kreaturen geben soll,
35 die allein um des Gehorsams willen sich dazu erniedrigen, ihre Hände kaltherzig in das Blut ihrer Nächsten zu tauchen." Die Quelle belegt es eindeutig: Außer den Erleichterungen für den Verurteilten und das Publikum hat die Maschine vor allem das große Ver-
40 dienst, ein unvorstellbares Wesen vorstellbar zu machen und den Henker endlich in ein würdiges Organ der Exekutive zu verwandeln. So macht es die Guillotine möglich, dass der Scharfrichter wie nun auch Schauspieler und Juden – 1790 durch ein Dekret der

Nationalversammlung wählbar wird: vorstellbar also 45 sogar als Volksvertreter. Wenn Louis die Enthauptungsmaschine für das geeignetste Hinrichtungsinstrument hält, dann liegt das daran, dass er den Körper gewissermaßen nur als ein Ineinandergreifen von verschiedenen Teilen versteht. Aus dieser technischen 50 Perspektive ist die konvexe Schneide und besonders die abgeschrägte Form, die nach den ersten Erprobungen eingeführt wurde, tatsächlich eine adäquate Antwort auf die „Verzahnung" der Nackenwirbel. [...] Es hat den Anschein, als genüge allein der Euphemis- 55 mus „Verlust des Lebens", um die Harmlosigkeit des Prozesses zu gewährleisten. Und hierbei erweist sich Dr. Louis nur als Schüler der aufgeklärten Medizin, behauptete doch bereits der Verfasser des Artikels „Mort" der Encyclopedie: Der Tod ist nicht „eine so 60 furchtbare Angelegenheit, wie wir es uns einbilden". Was uns an ihm erschreckt, seien „die letzten Zuckungen der Maschine, die zum Stillstand kommt". Bemerkenswerterweise, auch wenn noch nicht die Guillotine gemeint sein konnte, fährt der Autor fort: 65 „Wir sehen es nicht, wenn die Sichel der Parze erhoben ist, um unseren Lebensfaden zu durchschneiden, und wir merken es nicht, wenn sie ihn durchtrennt; die Sichel, habe ich gesagt? Eine poetische Schimäre! Der Tod ist nicht mit einem schneidenden Gerät be- 70 waffnet, nichts Gewaltsames begleitet ihn, das Leben entschwindet so allmählich, dass es kaum spürbar ist." Gerade der Aspekt des „schneidenden Geräts" sollte die Fantasie beschäftigen, vor allem, seit man hierin den Beweis dafür sah, dass bei der Guillotine 75 das Leben eben gerade nicht so allmählich entschwindet, „dass es kaum spürbar ist". Zunächst jedoch meinte man, durch das Bündnis von Medizin und Technik den „Schrecken des Todes" bannen zu können, in dem man die Bedingungen des Sterbens 80 veränderte. [...]

Ihre Bestimmung aber erfüllte die Enthauptungsmaschine als Instrument der Gleichbehandlung von gemeinen bzw. politischen Verbrechern auf nationaler Ebene. 85

Aus: Daniel Arasse: Die Guillotine. Die Macht der Maschine und das Schauspiel der Gerechtigkeit. © Copyright für die deutsche Übersetzung von Christine Stemmermann. © 1988 by Rowohlt Taschenbuch Verlag GmbH, Reinbek bei Hamburg

■ *Erörtern Sie, inwieweit die Guillotine als Instrument der Aufklärung und als Fortschritt des Humanismus betrachtet werden kann?*

■ *Ist die Vokabel „human" überhaupt auf Tötungsinstrumente legitim anwendbar? Welche Haltungen gibt es heute in dieser Frage?*

Epikur – Über die Seelenruhe

Wer noch jung ist, der soll sich in der Philosophie befleißigen, und wer alt ist, soll nicht müde werden zu philosophieren. Denn niemand kann früh genug anfangen, für seine Seelengesundheit zu sorgen, und
5 für niemanden ist die Zeit dazu zu spät.
[…] Also gilt es, unsern vollen Eifer dem zuzuwenden, was uns zur Glückseligkeit verhilft; denn haben wir sie, so haben wir alles, fehlt sie uns aber, so setzen wir alles daran, sie uns zu eigen zu machen. […]
10 Gewöhne dich auch an den Gedanken, dass es mit dem Tode für uns nichts auf sich hat. Denn alles Gute und Schlimme beruht auf Empfindung: Der Tod aber ist die Aufhebung der Empfindung. […] Denn das Leben hat für den nichts Schreckliches, der sich
15 wirklich klargemacht hat, dass in dem Nichtleben nichts Schreckliches liegt. […] Das angeblich schaurigste aller Übel also, der Tod, hat für uns keine Bedeutung; denn so lange wir noch da sind, ist der Tod nicht da; stellt sich aber der Tod ein, so sind wir nicht
20 mehr da. […] Wie er sich aber bei der Wahl der Speise nicht für die größere Masse, sondern für den Wohlgeschmack entscheidet, so kommt es ihm auch nicht darauf an, die Zeit in möglichster Länge, sondern in möglichst erfreulicher Fruchtbarkeit zu genießen.
25 […]
[…] [E]ine von Irrtum sich frei haltende Betrachtung dieser Dinge weiß jedes Wählen und jedes Meiden in die richtige Beziehung zu setzen zu unserer körperlichen Gesundheit und zur ungestörten Seelenruhe;
30 denn das ist das Ziel des glückseligen Lebens. Liegt doch allen unseren Handlungen die Absicht zugrunde, weder Schmerz zu empfinden noch außer Fassung zu geraten. Haben wir es aber einmal dahin gebracht, dann glätten sich die Wogen; es legt sich jeder Seelen-
35 sturm, denn der Mensch braucht sich dann nicht mehr umzusehen nach etwas, was ihm noch mangelt, braucht nicht mehr zu suchen nach etwas anderem, was dem Wohlbefinden seiner Seele und seines Körpers zur Vollendung verhilft. Denn der Lust sind wir
40 dann benötigt, wenn wir das Fehlen der Lust schmerzlich empfinden; fühlen wir uns aber frei von Schmerz, so bedürfen wir der Lust nicht mehr. Eben darum ist die Lust, wie wir behaupten, Anfang und Ende des glückseligen Lebens. Denn sie ist, wie wir erkannten,
45 unser erstes, angeborenes Gut, sie ist der Ausgangspunkt für alles Wählen und Meiden und auf sie gehen wir zurück, indem diese Seelenregung uns zur Richtschnur dient für Beurteilung jeglichen Gutes.
Und eben weil sie das erste und angeborene Gut ist, entscheiden wir uns nicht schlechtweg für jede Lust, sondern es gibt Fälle, wo wir auf viele Annehmlich- 50 keiten verzichten, sofern sich weiterhin aus ihnen ein Übermaß von Unannehmlichkeiten ergibt, und anderseits geben wir vielen Schmerzen vor Annehmlichkeiten den Vorzug, wenn uns aus dem längeren Ertragen von Schmerzen umso größere Lust erwächst. […] 55
Auch die Genügsamkeit halten wir für ein großes Gut, nicht, um uns in jedem Falle mit Wenigem zu begnügen, sondern um, wenn wir nicht die Hülle und Fülle haben, uns mit dem Wenigen zufriedenzugeben in der richtigen Überzeugung, dass diejenigen 60 den Überfluss mit der stärkeren Lustwirkung genießen, die desselben am wenigsten bedürfen, und dass alles Naturgemäße leicht zu beschaffen, das Eitele aber schwer zu beschaffen ist. Denn eine bescheidene Mahlzeit bietet den gleichen Genuss wie eine prunk- 65 volle Tafel, wenn nur erst das schmerzhafte Hungergefühl beseitigt ist. Und Brot und Wasser gewähren den größten Genuss, wenn wirkliches Bedürfnis der Grund ist, sie zu sich zu nehmen. […] Wenn wir also die Lust als Endziel hinstellen, so meinen wir damit 70 nicht die Lüste der Schlemmer und solche, die in nichts als dem Genusse selbst bestehen, […], sondern das Freisein von körperlichem Schmerz und von Störung der Seelenruhe. […] [E]ine nüchterne Verständigkeit, die sorgfältig den Gründen für Wählen und 75 Meiden in jedem Falle nachgeht und mit allen Wahnvorstellungen bricht, die den Hauptgrund zur Störung der Seelenruhe abgeben[,] [macht das lustvolle Leben aus, Anm. N. S.].
Für alles dies ist Anfang und wichtigstes Gut die ver- 80 nünftige Einsicht, daher steht die Einsicht an Wert auch noch über der Philosophie. Aus ihr entspringen alle Tugenden. Sie lehrt, dass ein lustvolles Leben nicht möglich ist ohne ein einsichtsvolles und sittliches und gerechtes Leben, und ein einsichtsvolles, 85 sittliches und gerechtes Leben nicht ohne ein lustvolles. Denn die Tugenden sind mit dem lustvollen Leben auf das Engste verwachsen, und das lustvolle Leben ist von ihnen untrennbar.

Aus: Hans Georg Gadamer (Hrg.): Philosophisches Lesebuch. Frankfurt: Fischer Verlag 2004, S. 203–207, © Meiner Verlag, Hamburg

■ *Erläutern Sie Epikurs These, wie der Mensch seine Seelenruhe oder seinen Seelenfrieden findet.*

■ *Wie kann der Mensch angesichts des Todes trotzdem den Seelenfrieden finden?*

■ *In welchem Verhältnis stehen Lust und Tugend zueinander?*

■ *Weisen Sie in „Dantons Tod" Aspekte der Lehre Epikurs nach.*

Der Nihilismus und das neue Zeitempfinden

Der Begriff von Zeit ist mir jetzt fürchterlich. Wenn ich einen Tag vor mir habe, ohne zu wissen, was ich mit ihm anfangen soll, – oh, und dann den Blick über die leere Wüste von langweiligen Wochen hinaus!
5 Und wieder eine Stunde nach der anderen von der Zeit zu betteln, sich vor dem Gedanken des Todes zu entsetzen! Wie elend ist der Mensch, dass er sterben muss, und wie höchst unglückselig müsste er sein, wenn er ewig lebte! Wie toll und unsinnig ist unser
10 Leben.

William Lovell in dem gleichnamigen Roman nach Ludwig Tieck

„Die Zeit ist leer, seit die Ewigkeit – als Garant transzendenter Fülle – sich verflüchtigt hat. [...] Und weil die Ewigkeit gedacht war als sinnerfüllte Zeitlosigkeit, bleibt nichts als sinnloser Ablauf, Angst, dass alles
5 umsonst ist. [...] Der erfüllte Augenblick wird poetisch zum äußersten Hoffnungssignal. Paradox genug, denn der Augenblick, das ist elementar die nicht einholbare Zeit. Umso mehr setzt der neuzeitliche Mensch auf das Jetzt, den Augenblick erfüllter Gegen-
10 wart. [...] ‚Der Augenblick ist Ewigkeit‘ [Goethe; Anm. N. S.]. Die Zeit war *das* existenzielle Generalthema

damals, [...]. [...] Fest steht: Die Langeweile als Syndrom verlorener Substantialität wurde in der Romantik entdeckt. [...] Das ist die historische Situation und die Geburtsstunde des Nihilismus. *Alles ist umsonst.* 15 [...] Aus diesem Bewusstsein resultierte die Schwermut, die geistige Modekrankheit des 18. Jahrhunderts, zu Recht spricht man vom Zeitalter der Melancholie.“

Epikur: „Zunächst, dass nichts aus nichts wird. [...] Und ginge das Verschwindende ins Nichtsseiende unter, so wäre es wohl schon längst um alle Dinge geschehen, da das, worein sie sich auflösen, ein 5 Nichts wäre. [...] Die Körper sind teils Zusammensetzungen teils solche, aus denen die Zusammensetzungen gebildet sind. Die letzten (die Atome) sind unteilbar (unzerlegbar, unsprengbar) und unvergänglich [...]. Die Urbestandteile müssen also notwendig 10 unzerlegbare Wesenheiten sein“

■ *Der Nihilismus wurde nicht unwesentlich von der Aufklärung befördert. Sie entfremdet vom Glauben und setzt an dessen Stelle die „Wüsten des Verstandes“, der die Welt zum „unbedeutenden Wandelstern“ erklärt und der die „schöpferische Musik des Weltalls zum einförmigen Klappern einer ungeheuren Mühle [machte], die vom Strom des Zufalls getrieben und auf ihm schwimmend, eine Mühle an sich, ohne Baumeister und Müller, und eigentlich ein echtes Perpetuum mobile, eine sich selbst mahlende Mühle sei“, wie der romantische Dichter Novalis (1772–1801) schreibt. 1799 taucht bei Heinrich Jacoby in einem Brief an Fichte schließlich der Begriff des Nihilismus auf.*
Zeigen Sie, inwiefern die vorgelegten Ideen auch bei Danton wiederzufinden sind.

■ *Warum spielt in diesem Zusammenhang die Zeit eine so wesentliche Rolle?*

■ *Versuchen Sie abschließend darzulegen, was Sie persönlich unter einer erfüllten Zeit verstehen. Ist dies eine wiederholbare, ereignisreiche Zeit oder kann dies auch eine Zeit sein, die einzigartig ist und nur für einen Augenblick zu leben ist? Schreiben Sie bitte Ihre Vorstellungen nieder.*

Adam Smith: Der Wohlstand der Nationen

Nicht vom Wohlwollen des Metzgers, Brauers und Bäckers erwarten wir das, was wir zum Essen brauchen, sondern davon, dass sie ihre eigenen Interessen wahrnehmen. Wir wenden uns nicht an ihre Menschen-, sondern an ihre Eigenliebe, und wir erwähnen nicht die eigenen Bedürfnisse, sondern sprechen von ihrem Vorteil. [...]

Der Vorwand, Zünfte seien notwendig, um ein Gewerbe besser zu überwachen und zu lenken, entbehrt jeder Grundlage. Die wirkliche und wirksame Aufsicht über einen Handwerker üben nicht seine Zunft, sondern seine Kunden aus. Es ist die Furcht vor dem Verlust ihres Auftrages, welche seine List und seine Nachlässigkeit in Schranken hält. [...]

Zweitens vergrößert diese Wirtschaftspolitik den Wettbewerb in einzelnen Gewerben künstlich über das natürliche Maß hinaus, sodass wiederum ein Missverhältnis, diesmal umgekehrter Art, im unterschiedlichen Einsatz von Arbeit und Kapital eintritt. [...]

Der Einzelne ist stets darauf bedacht, herauszufinden, wo er sein Kapital, über das er verfügen kann, so vorteilhaft wie nur irgend möglich einsetzen kann. Und tatsächlich hat er dabei den eigenen Vorteil im Auge und nicht etwa den der Volkswirtschaft. Aber gerade das Streben nach seinem eigenen Vorteil ist es, das ihn ganz von selbst oder vielmehr notwendigerweise dazu führt, sein Kapital dort einzusetzen, wo es auch dem ganzen Land den größten Nutzen bringt. [...]

Wenn daher jeder Einzelne so viel wie nur möglich danach trachtet, sein Kapital zur Unterstützung der einheimischen Erwerbstätigkeit einzusetzen und dadurch diese so lenkt, dass ihr Ertrag den höchsten Wertzuwachs erwarten lässt, dann bemüht sich auch jeder Einzelne ganz zwangsläufig, dass das Volkseinkommen im Jahr so groß wie möglich werden wird. Tatsächlich fördert er in der Regel nicht bewusst das Allgemeinwohl, noch weiß er, wie hoch der eigene Beitrag ist. Wenn er es vorzieht, die nationale Wirtschaft anstatt die ausländische zu unterstützen, denkt er eigentlich nur an die eigene Sicherheit, und wenn er dadurch die Erwerbstätigkeit so fördert, dass ihr Ertrag den höchsten Wert erzielen kann, strebt er lediglich nach eigenem Gewinn. Und er wird in diesem wie auch in vielen anderen Fällen von einer unsichtbaren Hand geleitet, um einen Zweck zu fördern, den zu erfüllen er in keiner Weise beabsichtigt hat. [...]

Auch für das Land selbst ist es keineswegs immer das Schlechteste, dass der Einzelne ein solches Ziel nicht bewusst anstrebt, ja, gerade dadurch, dass er das eigene Interesse verfolgt, fördert er häufig das der Gesellschaft nachhaltiger, als wenn er wirklich beabsichtigt, es zu tun. Alle, die jemals vorgaben, ihre Geschäfte dienten dem Wohl der Allgemeinheit, haben meines Wissens niemals etwas Gutes getan. [...]

Von einer unsichtbaren Hand werden sie dahin geführt, beinahe die gleiche Verteilung der zum Leben notwendigen Güter zu verwirklichen, die zustande gekommen wäre, wenn die Erde zu gleichen Teilen unter alle ihre Bewohner verteilt worden wäre; und so fördern sie, ohne es zu beabsichtigen, ja ohne es zu wissen, das Interesse der Gesellschaft und gewähren die Mittel zur Vermehrung der Gattung.

Aus dem Englischen übertragen und mit einer umfassenden Würdigung des Gesamtwerkes hrsg. von Horst Claus Recktenwald. München: dtv, 8. Auflage 1999

■ *Arbeiten Sie in Grundzügen heraus, wie Adam Smith trotz Auslebens egoistischer Interessen an eine sozial ausgewogene Gemeinschaft glaubt.*

■ *Übertragen Sie diese Ideen auf die heutige allgemeine gesellschaftliche Lage. Stimmen Sie der Ausgangshypothese zu oder lassen sich Zweifel artikulieren? Benennen Sie für den einen oder anderen Fall Beispiele.*

Büchners Literatur- und Kunstauffassung

Die Annäherung an die Büchner'sche Dramenkonzeption wird auf folgende Art und Weise gesucht:

- Zunächst wird anhand dreier Textauszüge, dem sogenannten „Fatalismusbrief" sowie Auszügen aus der Novelle „Lenz" und dem Drama „Dantons Tod", Büchners Abkehr vom klassischen Drama und seiner Neukonzeption eines realistischen dargelegt.
- Des Weiteren werden offenes Drama und geschlossenes Drama als Dramenkonzeption generell aufgearbeitet.

7.1 Gegenüberstellung von idealistisch klassischem und realistischem Theater

Schon ein flüchtiger Blick auf das Drama signalisiert, dass „Dantons Tod" nicht dem Schema des klassischen Dramas entspricht. Anstatt der üblichen fünf hat das Drama nur vier Akte, und die Sprache ist mit ihren sexuellen Anspielungen und in ihrer Derbheit weit davon entfernt, der des idealistischen Dramas zu genügen. Die Gründe für die Abwendung findet man in einigen Briefen Büchners und auch im Drama selbst. Die Szene II.3 beinhaltet das sogenannte Kunstgespräch zwischen Camille und Danton, das dokumentiert, was Büchner vorschwebt. Camille vertritt in diesem Kunstgespräch die These, dass die Kunst die Wirklichkeit nicht rechtschaffend nachzuahmen versteht. „Implizit, d. h. ohne darauf zu reflektieren, unterstellt hier Camille, die Nachahmung der Wirklichkeit sei Aufgabe der Kunst. […] Kunstwerke werden von ihm nicht in ihrer Eigenart, in ihrem ästhetischen Charakter aufgefasst, sondern als Derivate der Wirklichkeit" (Meier 1982, S. 84). Die Wirklichkeit spielt sich vor der Theatertür in der Natur, in der Gasse ab. Im Theater stelzen dagegen bepuderte Marionetten herum, in ihrer Künstlichkeit orientiert allein an einem Ideal. Das Ideal wiederum entwirft sich praktisch selbstreflexiv aus der Künstlichkeit der Darbietung. „Die Künstlichkeit bzw. Abstraktheit der Sujets führe zu einer Abstraktheit der Werke – diese Realitätsferne habe dann beim Rezipienten eine Abwendung von seiner Wirklichkeit zur Folge. […] In letzter Konsequenz bilde die Kunst einen autonomen Bereich aus, der allein durch seine Existenz die natürliche Wirklichkeit negiert" (ebd., S. 86). Gegenüber dem Theater und den dort aus sich selbst heraus entworfenen Idealen kann die Realität auf einmal defizient erscheinen. Die schlechte Kopie wird dem Original vorgezogen. „Setzt die Leute aus dem Theater auf die Gasse: ach, die erbärmliche Wirklichkeit! Sie vergessen ihren Herrgott über seinen schlechten Kopisten. Von der Schöpfung, die glühend, brausend und leuchtend, um und in ihnen, sich jeden Augenblick neu gebiert, hören und sehen Sie nichts. Sie gehen ins Theater, lesen Gedichte und Romane, schneiden den Fratzen darin die Gesichter nach und sagen zu Gottes Geschöpfen: wie gewöhnlich!", II.3, S. 41, Z. 29 – S. 42, Z. 4.

Anstatt Menschen bietet die Idealdichtung allein schlichte schablonenhafte Gestalten ohne Leben. „Sie sind ein ‚Begriff', also die allgemeine Darstellung eines Typus, die personifizierte Abstraktion. In der Wirklichkeit, außerhalb von Theatern, Konzerten und Kunstausstellungen, können die Figuren nicht existieren" (Glebke 1995, S. 126). Das Ideal liefert durch seine

Vollkommenheit unvollkommene Persönlichkeiten, da der Mensch die Summe vielfältiger Eigenschaften ist, die zugunsten eines Ideals in ihrer Vielfalt bis zur Unkenntlichkeit minimiert werden. So wie der Wissenschaftler beim Experiment die Einflussfaktoren einer komplexen Wirklichkeit in einem Modell reduziert, filtert der Idealdichter Charaktereigenschaften bis auf die abstrahierten aus. Die „erbärmliche Wirklichkeit" ist also so hochkomplex, dass der Idealdichter – nach Büchner – lieber mit einer Charakterzeichnung vorliebnimmt, die der Wirklichkeit nicht angemessen ist, weil sie hoffnungslos unterkomplex agiert. Wenn also „hölzerne Marionetten" Menschen aus „Fleisch und Blut" vorgezogen werden, dann wird zugleich eine idealisierte reizarme Welt einer reizvollen vorgezogen.

Büchner war durch und durch einer materialistischen Weltsicht verbunden und stand dem Idealismus fremd bis feindlich gegenüber, wie auch in einem Brief vom 9.12.1833 an August Stöber deutlich wird, in dem es heißt: „Ich werfe mich mit aller Gewalt in die Philosophie, die Kunstsprache ist abscheulich, ich meine für menschliche Dinge müsse man auch menschliche Ausdrücke finden" (Büchner 1986, S. 253). Das Lustspiel „Leonce und Lena" ist eine ironische Auseinandersetzung mit Idealisierungen. Die Idee wiederum „einer ‚ursprünglichen, selbstgenügsamen Vollkommenheit' wird […] in der Darstellung des Lenz zur Grundlage der Ästhetik", wie Glebner mit Bezug auf Viëtor schreibt, wobei die der Natur innewohnende Schönheit in ihrer Gesetzmäßigkeit dargestellt werden soll. Der „Woyzeck" orientiert sich nicht an der Fallhöhe, sondern am Alltagsgeschehen und am „Menschen von Fleisch und Blut". „Dantons Tod" endlich folgt dem Gedanken, Geschichte darzustellen, „wie sie sich wirklich begeben hat", und enthält sich aller Sollensvorschriften.

Der Brief „An die Familie vom 28. Juli 1835" (Textausgabe S. 121 f.) sowie die Textauszüge aus „Dantons Tod" und „Lenz" spiegeln Büchners Kunstauffassung. Zur Aufgabe wird den Schülerinnen und Schülern gestellt, Büchners Vorstellungen der klassischen Tradition gegenüberzustellen, die er ebenfalls in seinen Briefen benennt und kritisiert (**Arbeitsblatt 17**, S. 134, „Literatur und Kunstauffassung 1"). Der gewählte Ausschnitt aus dem „Lenz" spricht von „Holzpuppen", Büchners Brief zieht den Begriff der „Marionette" heran, und bei Camille im Danton ist von „hölzernen Kopien" die Rede. In allen Fällen wird das Ideal verachtet, da es sich gegen den Menschen richtet.

- *Stellen Sie mithilfe der vorgelegten Textauszüge sowie des Briefes „An die Familie" (Textausgabe S. 121 f.) Büchners Vorstellung und Gründe für ein realistisches Theater heraus.*

- *Zeigen Sie Textbeispiele in „Dantons Tod" auf, die Büchners Konzeption von Theater offenbaren.*

- *Führen Sie den Dialog von Maurer fort. Beziehen Sie in Ihren Disput Gedanken aus Büchners Briefen (oder dem „Danton") und Schillers Vorstellungen eines klassischen Theaters ein (Texte S. 162 f.) und führen Sie eine kontroverse Auseinandersetzung zu den beiden Theatertheorien.*

Mögliche Ergebnisse werden im folgenden Schaubild zum **Arbeitsblatt 18**, S. 135 „Literatur – und Kunstauffassung" dargestellt, das den Schülerinnen und Schülern zur Bearbeitung des Arbeitsblattes 17 ebenfalls ausgehändigt wird. Diese letzte Aufgabe liefert eine kreative Auseinandersetzung mit den so unterschiedlichen Theaterkonzeptionen. Um diese bewältigen zu können, bedarf es einer hinreichenden Durchdringung der Vorstellungen.

Literatur- und Kunstauffassung

	Der klassische Dichter	Büchner	Umsetzung in „Dantons Tod"
Gegenstand der Handlung	„Der Mensch müsse die Welt nicht zeigen, wie sie ist, sondern wie sie sein solle" (S. 122, Z. 28 ff.)	Der dramatische Dichter ist ein „Geschichtsschreiber" (S. 121, Z. 30), schildert Geschichte, „wie sie sich wirklich begeben" (S. 121, Z. 35 f.) hat, und die Welt, wie sie ist; vgl.: Gott hat die Welt gemacht, „wie sie sein soll" (L).	Französische Revolution. Reale Personen mit Redebeiträgen, teilweise im Originalwortlaut
Darstellung der Protagonisten	Figuren aus gehobener Gesellschaftsschicht (Fallhöhe): „Marionette und mit himmelblauen Nasen und affektierendem Pathos" (S. 122, Z. 33 f.), d. h. „hölzerne Kopien" (C), „Holzpuppen" (L), Kunstgebilde, Das frei entscheidende Individuum: „idealistische Gestalten" (L)	„Menschen von Fleisch und Blut" (S. 122, S. 35): ihre Gefühle und ihr Handeln; in das „Leben des Geringsten" versenken und das „feine[...], kaum bemerkte[...] Mienenspiel" wiedergeben. Revolutionäre, „sie waren blutig, liederlich, energisch, zynisch" (B), vgl. a. S. 122, Z. 5 ff.; der arme, leidende, unfreie Mensch	Danton als in sich widersprüchliche Person; einfache Menschen aus dem Volk: Simon uns seine Frau, die Grisette Marion
Sprache	Gehobene Kunstsprache: krachende „fünffüßige Jamben" (C),	Wirklichkeitsgetreu, so obszön und unanständig sie auch sein mag (vgl. S. 122, Z. 9–13)	Redebeiträge, teilweise im Originalwortlaut, erotische Ausdrücke, Umgangssprache, Dialekt, Gossensprache, Stammeln, Sprachfetzen, Zitate aus Bibel und Volkslied
Ziel der Dichtung	Dichter soll moralisch belehren, richtiges Handeln zeigen	Der Dichter ist „kein Lehrer der Moral" (S. 122, Z. 17) (keine moralische Schönfärberei).	Büchner enthält sich der Wertung.
	Idealismus	Realismus	

Friedrich Schillers Ausführungen (Textausgabe S. 162 ff.) helfen die Vorstellung vom klassischen Theater weiter zu präzisieren: Um Idealisierung geht es bei Schiller und auch darum, Abstand vom Individuellen zu nehmen, das nur im Allgemeinen veredelt aufscheinen darf. Das Ziel ist eine Komposition, die harmonisch zusammengefügt und Ausdruck des inneren Seelenlebens des Dichters ist. Je mehr sich das Äußere dem geistigen Ideal fügt, umso größer ist die Vollkommenheit. Diese wenigen Zeilen von Schiller verdeutlichen, dass die geistige Welt dominierend, die schöne Seele harmonisch und naturgemäß und sittliche Menschenbildung so ästhetisch gedacht ist. Eine weitergehende Erläuterung ist dem Text von Frenzel/Frenzel „Das klassische Ideal" (S. 160 ff.) zu entnehmen.

Im Zusammenhang mit der Arbeitsaufgabe, Büchners Kunstverständnis darzulegen, können auch die Texte von Arno Lubos (Junges Deutschland, Textausgabe S. 165 f.) und Herbert Foltinek (Realismus, Textausgabe S. 167 ff.) herangezogen werden, um Parallelen und Gegenpositionen aufzuzeigen.

7.2 Dramenkonzeption: Das offene Drama

Darüber, ob es sich bei „Dantons Tod" um ein offenes Drama handelt, besteht in der Wissenschaft keine völlige Einigkeit. Zwar weicht das Drama in seiner Grundanlage grundsätzlich von der klassischen Vorlage ab, gleichwohl lassen sich auch Verwandtschaften zu diesem aufzeigen, die einen völligen Bruch mit der Tradition nicht erkennen lassen. Anzeichen, dass das Drama mehr der Idee des offenen Dramas zuarbeitet, gibt es aber hinreichend, sodass dieses Modell „Dantons Tod" mehr dieser Richtung zuschlägt.

Im Folgenden wird im Rahmen einer Gegenüberstellung verdeutlicht, was das geschlossene Drama auszeichnet und was für das offene Drama kennzeichnend ist. Im weiteren Verlauf werden Aspekte ausgeführt, was für die Kennzeichnung des „Danton" als offenes Drama spricht und was dagegen, sodass aus dem Unterrichtsgeschehen heraus eine eigene Position zu dieser Problematik bezogen werden kann.

Zwecks Rückerinnerung wird mit dem Text von Gustav Freytag (Textausgabe S. 187 ff.) die klassische Struktur aufgearbeitet. Im Anschluss wird der Vergleich zwischen klassischem und offenen Drama erarbeitet.

> ■ *Wie ist nach Gustav Freytag ein klassisches Drama aufgebaut? Welche Funktionen haben die einzelnen Dramenteile nach Freytag?*

Die fünfteilige, pyramidale Struktur und die Funktion der einzelnen Teile werden benannt. Sofern im Vorfeld ein entsprechend gegliedertes Drama im Unterricht behandelt worden ist, sollte der Versuch unternommen werden, Freytags Ausführungen inhaltlich am Beispiel zu konkretisieren. Erinnert werden sollte an dieser Stelle auch noch einmal an das aristotelische Vorbild, das dem Ganzen zugrunde liegt, da ansonsten das Missverständnis aufkommen könnte, es würde sich hier um eine von Freytag entworfene Dramenform handeln.

> ■ *Stellen Sie die Merkmale von geschlossenem und offenem Drama, die im Text von Geiger/Haarmann (Textausgabe S. 189–194) dargestellt werden, in einer Tabelle gegenüber.*

Die Ergebnisse können sukzessive in Tafelbildern oder auf einer Folie festgehalten werden.

Gegenüberstellung der Merkmale von geschlossenem und offenem Drama

Geschlossenes Drama	Offenes Drama
• Ausschnitt aus einem Ganzen, der in sich als einheitlich Ganzes dargeboten wird (S. 190, Z. 1–6)	• Vielheit und Dispersion: Ein Ganzes wird in Ausschnitten präsentiert (S. 194, Z. 1 f.), variiert, kontrastiert (S. 194, Z. 25)

Bau des Dramas

• Symmetrische Komposition: pyramidale Struktur (5 Akte, Mittelakt kennzeichnet Höhepunkt), Hierarchie der Teile (S. 191, Z. 10 ff.)	• Das ganze Stück wie auch einzelne Szenen beginnen oft mitten im Geschehen und enden ebenso abrupt, Selbstständigkeit der Einzelteile (S. 193, Z. 26 ff. u. S. 194, Z. 5), Zusammenfassung thematischer Schwerpunkte in Akten oder gänzliche Aufgabe der Akteinteilung (S. 194, Z. 14 ff.).

Handlung

• Eindeutige Haupthandlung (S. 100, Z. 19 f.), linear und kontinuierlich voranschreitend (Z. 21 f.), Szenen bauen kausal aufeinander auf (S. 100, Z. 22), Personenkette (S. 100, Z. 24 f.).	• Mehrere Handlungsstränge, Vielheit und Dispersion (S. 102, Z. 14 f.), Einzelbegebenheiten (S. 102, Z. 20), Zusammenhalt und Einheit in der Dispersion wird durch das zentrale Ich, metaphorische Verklammerung und Komplementärstränge geleistet (S. 102, Z. 23 – S. 103, Z. 3).

Personen

• Geringe Anzahl der Personen (S. 101, Z. 25 f.), Nebenfiguren operieren als „Abspaltungen" der Hauptpersonen (S. 101, Z. 30 f.).	• keine zahlen- und standesgemäße Beschränkung (S. 103, Z. 25 f.), Vielzahl von Nebenfiguren (S. 103, Z. 27)
• Ausgewogenheit von Spiel und Gegenspiel (Protagonist, Antagonist) (S. 102, Z. 3–5)	• Hauptfigur, meist niedrigen Standes, steht zentral ohne direkten Gegenspieler (S. 103, Z. 30–35).

Sprache

• einheitliche Sprache von Haupt- und Nebenpersonen (dialogisch geführter Monolog, Rededuelle, Hochsprache) (S. 101, Z. 32–38)	• heterogene Sprachhandlungen (verschiedene Berufs- und Standessprachen, Umgangssprache), S. 103, Z. 36
• logische Folgerung, reflexionsorientiert (S. 104, Z. 3 f., u. Z. 1)	• augenblicks- und situationsbezogen (S. 104, Z. 2), assoziationsoffen (S. 104, Z. 5 f.)

Raum- und Zeitstruktur

• kaum Raumwechsel, knappe Zeit-, Geschehnisspanne (S. 100, Z. 28 f., S. 101, Z. 2–8)	• Vielzahl von Orten, weite Zeitstreckung (S. 102, Z. 3 f.), Zeitsprünge (S. 102, Z. 11) (räumliche Veränderungen gehen mit zeitlichen einher) (S. 103, Z. 8 ff.)
• Kongruenz von Erzähl- und Spielzeit	

■ *Überprüfen Sie die Merkmale des offenen Dramas am Text, indem Sie diese durch Textbelege herausstellen und ihre Entscheidung in Stichpunkten begründen.*

Ein erstes Indiz, dass das Drama „Dantons Tod" eher der offenen Form zuzuschlagen ist, ist die Anzahl der Akte, die mit vier von der klassischen Form abweicht. Auch fehlt dem Drama die Peripetie. Von Anfang an strebt das Drama auf die Hinrichtung Dantons zu. Es fehlt so die pyramidale Struktur. Man kann vielmehr von einer schiefen Ebene, von einer gleich zu Beginn einsetzenden fallenden Handlung sprechen. Dass Danton sterben wird, ist schon aus der ersten Szene ersichtlich. „Büchner organisiert in den vier Akten von ‚Dantons Tod' keine Handlungs-Entwicklung, sondern akzentuiert in den vier Abschnitten jeweils einen wesentlichen Aspekt der sich durchziehenden Grundsituation" (Meier ²1975, S. 36). Selbst der gewählte Geschichtsausschnitt spiegelt keinen besonderen Höhepunkt, um den man ein Drama klassischer Provenienz hätte bauen können: „Der von Büchner gewählte Zeitabschnitt ist weder ein Scheitelpunkt wie der 2. Juni 1793 (Liquidierung der Girondisten) noch ein Wendepunkt der Revolution wie der Neunte Thermidor (Robespierres Sturz), kein Abschluss (wie die Errichtung des Direktoriums), aber doch immerhin ein ‚Markstein zwischen Auf- und Niedergang derselben', wie Ludwig Büchner meinte" (Hauschild 1993, S. 442).
Die Vielzahl der Szenen, die wechselnden Handlungsorte sowie auch die Vielzahl der auftretenden Personen sprechen ebenfalls gegen das klassische Schema und sind vordergründiges Kennzeichen, das Offenheit beschreibt, da das Wohlproportionierte und die „Symmetrie" des geschlossenen Dramas sich nicht darin spiegeln.
Zugleich spricht aber die Vielzahl der Orte auch für das geschlossene Drama, da sich die Auftrittsorte entweder dem Privatraum oder dem öffentlichen Raum zuordnen lassen. Das spricht für eine Einheit des Raumes. Der überschaubare Zeitraum (kurz nach der Hinrichtung der Hébertisten am 24.3.94 bis zum Tode Dantons am 5.4.94; vgl. dazu Hauschild 1993, S. 442), in dem das Drama sich abspielt, könnte ebenfalls Kennzeichen für eine Konzeption im Sinne der Tradition sprechen. Andererseits schließen Auf- und Abtritte nicht kontinuierlich aneinander an, sodass innerhalb dieses Zeitraumes dargestellte Geschehnisse als isolierte Momentaufnahmen betrachtet werden können, was wiederum für das offene Drama spricht. Zwar gibt es im Danton mit Robespierre einen Gegenspieler, doch bleibt die zentrale Auseinandersetzung auf die Szene I.6 beschränkt. „Gegenspieler des Helden im offenen Drama, ist nicht eine Person, sondern die Welt in der Fülle ihrer Einzelerscheinungen" (Volker Klotz), was im „Danton" durch die Eigendynamik der gesellschaftlichen Umstände dokumentiert ist, die keine Einzelperson in ihrem Sinne mehr beeinflussen kann. Auch Robespierre wird von der Dynamik des Geschehens zuletzt hinweggefegt.

■ *Prüfen Sie das Drama daraufhin, ob es sich um ein geschlossenes oder um ein offenes Drama handelt, und begründen Sie Ihre Meinung.*

Anhand der Gegenüberstellung „Geschlossenes Drama/Offenes Drama" lässt sich eine spannungsreiche Diskussion entfalten, die deutlich macht, dass sich Argumente finden lassen, die sowohl für eine geschlossene als auch für eine offene Konzeption sprechen. Möglich ist es hier, das Plenum in zwei Hälften aufzuteilen und arbeitsteilig zu arbeiten. Die eine Hälfte des Kurses sichtet das Drama daraufhin, was für eine geschlossene Dramenform spricht, die andere daraufhin, was für eine offene Dramenform spricht.

Geschlossenes Drama	Offenes Drama
• Aufteilung in Privatraum (Salon, Zimmer) und öffentlichen Raum (Gassen, Straßen, Promenade, z. B.)	• Wechselnde Handlungsorte (Spielsalon, Gasse, Feld, Revolutionstribunal, Jakobinerclub, Zimmer, Promenade, Nationalkonvent, Straße, Gefängnis, Conciergerie), keine Einheit des Raumes
• Einheit der Zeit (wenige Tage, kurz nach dem 24.03.–05.04.94)	• Einheit der Zeit (u. a. durch Zeitsprünge insbesondere III. u. IV. Akt)
• –	• Vielfalt der Personen (27 an der Zahl, vgl. S. 6 Textausgabe)
• Ausschnitt aus einem Ganzen (Untergang Dantons im Kontext der frz. Revolution)	• Momentaufnahmen (Einzelszenen)

■ *Geiger/Haarmann sprechen von der metaphorischen Verklammerung. Überprüfen Sie, ob sich entsprechende metaphorische Verklammerungen auch im „Danton" ausfindig machen lassen.*

■ *Was meinen die Autoren, wenn sie von einem „latenten Bezugssystem" sprechen?*

■ *Was lässt sich – bezogen auf den Verlauf – aus den metaphorischen Verklammerungen ableiten?*

Als eine alles verbindende Klammer kann zweifelsohne die Guillotine betrachtet werden. Sie beherrscht von der 1. Szene an das Geschehen, um in der letzten Szene schließlich Gestalt auf der Bühne anzunehmen. Werner Frizen sagt dazu: „Ein Requisit überschattet vom ersten Wort an die Räume: die Guillotine" (Frizen [5]1990, S. 102). Der Tod, den sie bringt, ist daher auch allgegenwärtig im Drama. Die Metapher des „Sarges" oder des „Grabs" ist ebenfalls eine das Drama durchziehende. Ähnlich symbolträchtig verhält es sich mit dem Motiv der Nacht, das im „Danton" durchgängig auftaucht. „Wenn Dantons und Robespierres Selbstverständnis durch Träume und Visionen erschüttert wird, wenn der Königsweg ins Unbewusste eröffnet wird, wenn Danton verhaftet wird, wenn die Gefangenen die Theodizeefrage erörtern, wenn Danton Camille beruhigt, herrscht Nacht; wenn die Dantonisten hingerichtet werden, bricht sie gerade herein. Dunkel und Nacht setzen nicht nur die Gespenster des Un- und Unterbewusstseins frei, sondern schaffen die Atmosphäre für die existenzielle Selbstbesinnung, für das philosophisch intendierte Gespräch, für den intimen Augenblick (auch das Marion-Gespräch findet am späten Abend statt […]), für die Stille und das Beisichsein" (ebd., S. 102)

Im Unterrichtsgespräch wird auf verschiedene Szenen (I.1, II.1, III.5, IV.1) verwiesen, die auf begriffliche Ähnlichkeiten untersucht werden sollen. In all diesen Szenen ist der Tod, die Guillotine und immer auch wieder die Langeweile ein Thema. Um die Logik der Szenenwahl zu wahren, könnte auch die Szene III.1 anstelle der Szene III.5 exemplarisch untersucht werden. So würde in jedem Akt die erste Szene auf metaphorische Verklammerungen geprüft. Aufgrund der zentralen Auseinandersetzung mit der Widerlegung der Gottesidee wurde allerdings die Szene III.5 ausgewählt. Auf diese Weise wird „eine" metaphorische Verklammerung abgeleitet. Anschließend untersucht der Kurs, in zwei Teile geteilt, je eine Dramenhälfte auf Mehrfachverwendungen identischer oder verwandter Begriffe.
Die Ergebnisse sollen im Unterschied zu der folgenden Auflistung „punktuell" anschließend an der Tafel aufgeführt und mit einer Deutungsabsicht versehen werden. Das nachfolgende Tafelbild (S. 7) ist daher nicht in summa zu erschließen, sondern nur in Auszügen.

Metaphorische Verklammerungen in „Dantons Tod"

Metaphorische Verklammerung (Leitmotiv)	Schlussfolgerung
Guillotine „Was wird's geben? Die paar Tropfen Bluts vom August und September haben dem Volk die Backen nicht rot gemacht. Die Guillotine ist zu langsam. Wir brauchen einen Platzregen", I.2 „Der Guillotinenthermometer darf nicht fallen, noch einige Grade und der Wohlfahrtsausschuss kann sich sein Bett auf dem Revolutionsplatz suchen", I.4 „Die Guillotine ist der beste Arzt", IV.7	→ Vorausblick auf das Ende
Räumliche Enge und Sargmotiv „Die Leute sagen, im Grab sei Ruhe und Grab und Ruhe seien eins. Wenn das ist, lieg' ich in deinem Schoß schon unter der Erde. Du süßes Grab, deine Lippen sind Totenglocken, deine Stimme ist mein Grabgeläute, deine Brust mein Grabhügel und dein Herz mein Sarg", I.1, S. 8, Z. 7–12. „Wie das Zimmer so leer ist, die Fenster stehn offen, als hätt ein Toter drin gelegen", II.3, S. 43, Z. 32 f. „Wir sind alle lebendig begraben und wie Könige in drei- oder vierfachen Särgen beigesetzt, unter dem Himmel, in unsern Häusern, in unsern Röcken und Hemden. Wir kratzen fünfzig Jahr am Sargdeckel", II.7, S. 70, Z. 23–27. „Madame verlangt den Tod, sie weiß sich auszudrücken, das Gefängnis liege auf ihr wie ein Sargdeckel", III.6, S. 66, Z. 6 ff. „Will denn die Uhr nicht ruhen? Mit jedem Picken schiebt sie die Wände enger um mich, bis sie so eng sind wie ein Sarg", IV.3, S. 77, Z. 4–6	→ Vorausblick auf das Ende, aber auch fatalistisches Motiv
Nacht/Schlaf „[Camille] Sieh, die Erde würde nicht wagen, sie zu verschütten, sie würde sich um sie wölben, der Grabdunst würde wie Tau an ihren Wimpern funkeln, Kristalle würden wie Blumen um ihre Glieder sprießen und helle Quellen in Schlaf sie murmeln. Danton. Schlafe, mein Junge, schlafe. [...] Du wirst sie ohnehin offen behalten, Samson drückt einem die Augen nicht zu. Der Schlaf ist barmherziger. Schlafe, mein Junge, schlafe.", S. 76, Z. 26–38 „Ich will den goldnen Tau des Schlafes ihm nicht von den Augen streifen", S. 77, Z. 30 ff. Lucile. „Wie schön das Abendlicht ihr um Stirn und Wangen spielt", IV.6, Z. 30 f. Nacht und Schlaf: „Leise die Treppe herauf, sie schlafen alle"	→ Ort des Trostes, der Ahnung, der Verbundenheit, des Abschiedes
Sexuelle Anspielungen „Weib. Du Judas, hättest du nur ein Paar Hosen hinaufzuziehen, wenn die jungen Herren die Hosen nicht bei ihr hinunterließen? Du Branntweinfass, willst du verdursten, wenn das Brünnlein zu laufen aufhört, he? Wir arbeiten mit allen Gliedern, warum denn nicht auch damit; ihre Mutter hat damit geschafft wie sie zur Welt kam und es hat ihr weh getan, kann sie für ihre Mutter nicht auch damit schaffen, he?", I.2, S. 14–21 Marions Monolog, I.5, S. 23 f. Lacroix. „[E]r bekommt seine Wunde nicht am Schenkel, sondern in den Leisten und aus seinem Blut sprießen nicht Rosen hervor, sondern schießen Quecksilberblüten an", I.5, S. 25, Z. 31–34 Danton. „Unsere Huren könnten es noch mit den Guillotinebetschwestern aufnehmen", II.1, S. 36, Z. 9 f. Danton. „Möchte man nicht drunter springen, sich die Hosen vom Leibe reißen und sich über den Hintern begatten wie die Hunde auf der Gasse?", II.3, Z. 4 ff. „Eine Eichelkron? Es sollen ihr ohnehin jeden Tag Eicheln genug in den Schoß fallen", II.6, S. 47, Z. 13 f. Barère. „Sie werden noch aus der Guillotine ein Spezifikum gegen die Lustseuche", III.6, S. 67, Z. 25 f.	→ Materialistisches und/oder epikureeisches Motiv

Metaphorische Verklammerung (Leitmotiv)	Schlussfolge-rung
„Collot. Nicht wahr, über dem Ort stehen ein Haarstern, unter dessen versengenden Strahlen dein Rückenmark", III.7, S. 68, Z. 10 f. Danton „schläft bei euren Weibern und Töchtern, wenn er betrunken ist", S. 74, III.10, Z. 4 f. Danton. „Ob wir uns nun Lorbeerblätter, Rosenkränze oder Weinlaub vor die Scham binden, oder das hässliche Ding offen tragen und es uns von den Hunden lecken lassen?", IV.5, S. 83, Z. 13–16	

7.3 Rezeptionsgeschichte von „Dantons Tod"

Am „Danton" scheiden sich die Geister, denn „Dantons Tod" ist ein Text, der sich insbesondere für politische Interpretationen eignet. Insofern ist es nicht verwunderlich, dass je nach politischem Lager das Drama unterschiedlich ausgelegt wird. Am markantesten zeigt sich dies wohl in der Kontroverse zwischen Viëtor und Lukács. Geht der Ansatz von Viëtor von einer nihilistischen Grundposition aus, was das Drama entpolitisiert („Um das eine, um Dantons Tod handelt es sich in diesem durchaus individualistischen Drama, und um die Revolution nur, insofern sie die Wirklichkeit ist, zu der Dantons Tod gehört" (Viëtor zit. nach Martens 1989, S. 98)), so widerspricht der Ansatz von Lukács, formuliert im Jahre 1937, dieser nihilistisch-existenzialistischen These und Interpretation. Lukács verknüpft Biografisches zu Büchner mit den zentralen Personen im Drama. Zwischen Robespierre und Danton werden Positionen ausgefochten, die beide in Büchner selbst wiederzufinden sind. Einerseits findet die Haltung Dantons, seine materialistisch-genussfreudige Position, Büchners Sympathie, andererseits „widerlegt nämlich [Danton] mit keinem Wort die politische Anschauung Robespierres, die [...] im Wesentlichen die Konzeption Büchners ist" (**Arbeitsblatt 19**, S. 136 f., Rezeption des „Danton", Lukács S. 137, Z. 31–38). Das Drama macht so deutlich, dass durch die epikureische Haltung Dantons, die für sich genommen einsichtig ist, die Revolution zum Erliegen kommt. Das fatale Verhältnis zwischen *Arm* und *Reich* wird so nicht aufgehoben, sondern zementiert. Andererseits führt auch die Position Robespierres, der genau diese Aufhebung konsequent verfolgt, gerade nicht zu dem gewünschten Ziel, sondern führt zu einem idealistisch motivierten Unrechtsstaat, in dem der Einzelne dem Terror und der Willkür unterworfen ist. Keine der beiden disparaten Positionen führt zum gewünschten Ziel. Dieses Dilemma wird stellvertretend für Büchners innere Zerrissenheit von den beiden Protagonisten im Danton ausgefochten. Da dieses Dilemma innerhalb dieses Modells immer auch wieder implizit zum Ausdruck kommt, wird die Position Lukács – auch aufgrund ihrer Prägnanz – auf dem **Arbeitsblatt 19**, S. 137 thematisiert. Ebenfalls kommt auf diesem Arbeitsblatt zum Ausdruck, wie unterschiedlich ein Drama wie der „Danton" rezipiert werden kann. Deutlich wird dies insbesondere in der unterschiedlichen Auslegung zwischen West und Ost in den 60er-Jahren. Die deutliche Aufwertung Robespierres wird aus dem marxistischen Kontext heraus einsichtig. Für die große Idee sind Opfer zu bringen, sodass aus einem sogenannten „real existierenden sozialistischen Staat" schließlich ein kommunistischer werden könne. Einen ganz ähnlichen Ansatz verficht ja Robespierre. Für das in der Ferne stehende Ideal einer Republik muss im Augenblick Blut fließen bzw. muss der Terror herrschen. Schließlich werden rezeptionsgeschichtlich auch Positionen vertreten, die das ganze Drama als reine Wiedergabe historischer Ereignisse betrachten wollen, ohne dass mit dieser Wiedergabe spezifische Intentionen verfolgt würden. Diese bspw. von Behrmann und Wohlleben in den 80er-Jahren vertretene These wird an dieser Stelle für sehr problematisch erachtet, da Wiedergabe von Geschehen immer nur selektiv punktuell (also motiviert) geschehen kann. Der Mensch ist kein gedankenloser Aufzeichnungs- und Wiedergabeapparat, sondern er nimmt (bewusst oder unbewusst) immer einen Standpunkt ein, der zulässt, auslässt, hervorhebt. Man scheidet dieses von jenem. Man trifft eine Unterscheidung. Das Beobachten „kann nur sehen, was es mit dieser Unterscheidung sehen kann. Es kann nicht sehen, was es nicht sehen kann" (Luhmann 1992, S. 85). Im Folgenden wird also der Ansatz Lukács', der seinerzeit eine große Resonanz fand und auch heute noch perzipiert wird, detaillierter betrachtet werden.

■ *Skizzieren Sie im Rahmen der Rezeptionsgeschichte den Werdegang des Dramas und ausgewählte Interpretationsansätze.*

Rezeptionsgeschichtlicher Werdegang

- Zeitschrift Phönix: Teilabdruck zu Lebzeiten Büchners
- Nach dem Tode B.'s einzige Erinnerung an den Autor
- Kritische Aufnahme: zwischen Begeisterung und Ablehnung
- 1902 Uraufführung
- 1916 Aufnahme ins Standardrepertoire der deutschen Bühnen
- 30er-Jahre bestimmt vom Rezeptionsstreit zwischen Viëtor und Lukács
  - Ansatz Viëtors: unpolitisch heroisch, Ansatz Lukács': Doppelheit Büchners
    Hans Mayer: Mittelposition
- Nach 1945, unterschiedliche Deutungsansätze in West und Ost
  - Ost: marxistisch, demokratisch-plebejische Deutungsvariante mit Aufwertung Robespierres und St. Justs, in späteren Jahren schwierige Auseinandersetzung wegen der verstörenden Ambivalenz
  - West: heroisch, skeptisch-pessimistische Deutungsvariante
→ Insgesamt: Facettenreiche Rezeption in den unterschiedlichen Medien (Theater, Film, Fernsehen, Hörfunk, Musik)

■ *Arbeiten Sie die Grundgedanken Lukács heraus und setzen Sie diese in Beziehung zu Ihren bisherigen Interpretationsergebnissen.*

Die Aufgabe ist in Einzelarbeit zu bearbeiten. Zur zweiten Aufgabe kann im Tafelbild Folgendes herausgearbeitet werden:

Lukács Ansatz

- Büchner vertritt sowohl Positionen Dantons als auch Robespierres. Büchner identifiziert sich mit beiden Protagonisten.
  - „Erschütterung der Welt [...] [verschlimmerte] die materielle Lage des [...] Proletariats", Z. 1
  - Illusion, „dass ein konsequentes Zu-Ende-Führen des jakobinischen Terrors von selbst zu einer Erlösung der Massen [...] führen müsste", Z. 7 ff.
  - Danton „widerlegt [...] das Moralisieren des engen und beschränkten Robespierre", Sympathien Büchners liegen auf Seiten Dantons, Z. 20 ff.
  - Aber: Danton „widerlegt mit keinem Wort die politische Anschauung Robespierres", die Büchners Briefe zufolge die eigene ist, Z. 31 ff.
→ Keine Position führt zum gewünschten Erfolg. Thematisierung dieses Dilemmas

Das In-Beziehung-Setzen zu den bisherigen Arbeitsergebnissen sollte in Gruppenarbeit erfolgen. Aus der bisherigen Diskussion um die Personen und die dort vertretenen Positionen dürfte das Dilemma, das Lukács beschreibt und das er in Büchner selbst ausgedrückt sieht, schon hervorgetreten sein.

7.3.1 Projekt – CUT/COPY/PASTE: Wie Büchner ein Drama basteln

Abermals mit Blick auf das **Arbeitsblatt 19**, S. 136 f., „Rezeptionsgeschichte des Danton" wird die folgende Aufgabe in Stillarbeit bearbeitet:

■ *Skizzieren Sie den Vorbildcharakter des Danton für andere Werke.*

Diese Aufgabe bietet eine rein summarische Aufzählung verschiedener Werke, die mit Orientierung auf Büchners Drama geschrieben wurden, z. T. dabei Bearbeitungen von „Dantons Tod" sind, z. T. aber auch neue Werke darstellen. Diese Auflistung verdeutlicht schön, wie ein vorbildhaftes Werk zum Ausgang genommen werden kann, um eine Eigenproduktion auf den Weg zu bringen und ggf. auch in Szene zu setzen. Büchners „Dantons Tod" bietet sich auch aus einem zweiten Grund noch für eine kreative Schreibaufgabe an: Georg Büchner schöpft ungeniert aus Quellen. Walter Jens schrieb einmal, dass Büchner als „Inbegriff eines *intelligenten* Schriftstellers [gelten könne], der die Kunst des Zitierens, Montierens von Quellen, weltweit vor der literarischen Moderne auf ein Thomas-Mann-Niveau hob" (Goltschnigg 2004, S. 12). Und dadurch, dass er abschreibt und – mit zeitgenössischen Worten – eine schamlose Cut/Copy/Paste-Mentalität an den Tag legt, wird er originell. So wird ein Paradox geschaffen: Originalität stellt sich ein durch den gezeigten Mangel an Originalität. Die Folge: Er überwindet die literarische Moderne und wagt im Grunde gleich den Sprung in die Postmoderne. Hier wird keine falsche Andacht vor irgendwelchen Schriften oder Autorschaften an den Tag gelegt. Was für die eigene Sache geeignet scheint, wird benutzt, gebraucht – ggf. gar verbraucht. Büchner hat es vorgemacht: Von Büchner ist zu lernen, wie mit Information und Wissen umzugehen ist, nämlich spielerisch kontingent: Cut/Copy/Paste. Bei Büchner wird, indem er zitiert, keine originelle Unschuld mehr vorgegaukelt und der Glaube, man könnte Texte schreiben, die nicht schon geschrieben seien, verliert seine Relevanz.

In seiner Erzählung „Lenz" bspw. orientiert sich Büchner nicht nur an Oberlins Bericht, sondern „er übernimmt den Text über weite Strecken hin wörtlich" (Seidel 1998, S. 115). Die ästhetische Qualität des „Lenz" wird daher heute nicht allein Büchner zugeschrieben, sondern auch und zuweilen im Wesentlichen Oberlin, der die Vorlage bot. Und bezogen auf das vorliegende Drama „Dantons Tod", schreibt Büchner so ungeniert aus den spannend erzählten Berichten von Adolph Thiers über die französische Revolution ab, dass Literaturwissenschaftler der Gegenwart gelegentlich eine Eigenleistung von Büchner in diesem Drama schon gar nicht mehr anerkennen wollen. Sie sehen im „Danton" ein reines Plagiat.

Die Kritik geht aber an Büchner vorbei, denn nur aus dem Blickwinkel der Moderne lässt sich so argumentieren, wo aber die Teleologie nicht mehr im Fokus steht, ist der Gedanke an Originalität, Authentizität, genuinen Autorschaften obsolet geworden. Wichtiger erscheint dann das folgende Moment: „Wenn keine Formtradition mehr bindet, aber jede als (noch erkennbares) Zitat verfügbar bleibt, kommt alles darauf an, wie es zusammengebastelt wird" (Luhmann 1995, S. 484). Und Büchners „Bastelarbeiten" sind im Grunde genommen Vorbild für andere „Bastelarbeiter" und „-arbeiten" der Gegenwart: Die Art und Weise, wie Büchner sich mitteilt, ist demzufolge hochaktuell und Vorbild für andere.

 Die nachfolgenden Vorschläge sind für eine Projektarbeit geeignet. Vorgesehen als Sozialform bei allen Projekten ist Gruppenarbeit.

Projektvorschlag 1:

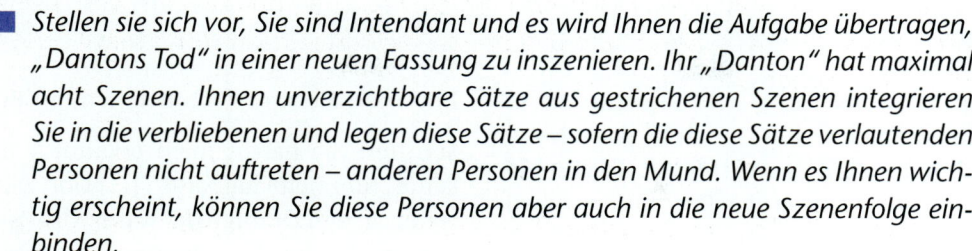

■ *Stellen sie sich vor, Sie sind Intendant und es wird Ihnen die Aufgabe übertragen, „Dantons Tod" in einer neuen Fassung zu inszenieren. Ihr „Danton" hat maximal acht Szenen. Ihnen unverzichtbare Sätze aus gestrichenen Szenen integrieren Sie in die verbliebenen und legen diese Sätze – sofern die diese Sätze verlautenden Personen nicht auftreten – anderen Personen in den Mund. Wenn es Ihnen wichtig erscheint, können Sie diese Personen aber auch in die neue Szenenfolge einbinden.*

■ *Ihre Aufgabe ist es darüber hinaus, ein Programmheft zu gestalten.*

Projektvorschlag 2:

■ *Die Rezeption des Dramas in der DDR war eine andere als die in der Bundesrepublik Deutschland, was auch das Urteil zu den beiden Protagonisten Danton und Robespierre prägte. Sie fühlen sich nun nicht dem Drama oder Autor verpflichtet, sondern einzig und allein Ihrer eigenen Interpretation, und Ihnen liegt daran, entweder Danton oder Robespierre in ein günstiges Licht zu stellen. Bearbeiten Sie daher – unter Berücksichtigung Ihrer personalen Präferenz – folgende Aufgabe:*

■ *Entwickeln Sie eine Szene und einen Dialog zwischen Danton und Robespierre, indem Sie aus dem Textfundus (Drama und weitere Texte aus dem Textband, z. B. Rousseau) Zitate auswählen, die Ihren Günstling und dessen Lebensphilosophie in das Ihnen gemäße Licht stellen. Natürlich können in Ihrer Szene auch weitere Personen aus dem „Danton" auftreten und in die Handlung eingebunden werden.*

Projektvorschlag 3:

Ein Drama im Unterricht zu schreiben ist natürlich eine Illusion. Gleichwohl lassen sich markante Aspekte der Wiedervereinigung Deutschlands in einer Szene wiedergeben. Ggf. ist es aber auch möglich, gemeinsam im Plenum ganz zentrale Stationen auf dem Weg zur Wiedervereinigung zu sammeln und in eine Reihenfolge zu bringen, und im Unterricht widmen sich dann einzelne Gruppen jeweils einer wegweisenden Station. Fertiggestellt ergibt das Ganze dann doch eine Szenenfolge, die als Drama aufgefasst werden kann.

■ *Sichten Sie Quellenmaterial zur Revolution 1989 und zur Wiedervereinigung Deutschlands (Reden, Berichte, Biografien) und gestalten Sie eine markante Szene zu diesem historischen Ereignis, indem Sie aus den Vorlagen zitieren und diese montieren. Sie nehmen sich – wie Büchner – die künstlerische Freiheit, eigene Einfügungen zu tätigen, um zu präzisieren, Motive hervorzuheben oder Textbausteine aneinander anzugleichen.*

• Denkbare Orte: Leipzig, Bonn (Bundestag), Berlin (Mauer, Volksvertretungskammer), Prag (Botschaft) u. a.

• Denkbare Personen: Helmut Kohl, Hans-Dietrich Genscher, Erich Honecker, George Bush senior, Michail Sergejewitsch Gorbatschow, Günter Schabowski u. a., einige Stimmen aus dem Volk, Volkspolizisten, Vertreter vom „runden Tisch", Kirchenwürdenträger und Künstler.

Literatur- und Kunstauffassung 1

Büchner über „Dantons Tod": „Ich betrachte mein Drama wie ein geschichtliches Gemälde, das seinem Original gleichen muss. [Ich musste] der Geschichte treu bleiben und die Männer der Revolution geben
5 [...], sie waren blutig, liederlich, energisch und zynisch."

Büchner, zit. n. Šmulovič 1981, S. 212

[Lenz] sagte: Der liebe Gott hat die Welt wohl gemacht, wie sie sein soll, und wir können wohl nicht was Besseres klecksen; unser einziges Bestreben soll sein, ihm ein wenig nachzuschaffen. Ich verlange in
5 allem – Leben, Möglichkeit des Daseins, und dann ist's gut; wir haben dann nicht zu fragen, ob es schön, ob es hässlich ist. Das Gefühl, dass, was geschaffen sei, Leben habe, stehe über diesen beiden und sei das einzige Kriterium in Kunstsachen. Übrigens begegne
10 es uns nur selten: In Shakespeare finden wir es, und in den Volksliedern tönt es einem ganz, in Goethe manchmal entgegen; alles Übrige kann man ins Feuer werfen. Die Leute können auch keinen Hundsstall zeichnen. Da wollte man idealistische Gestalten, aber
15 alles, was ich davon gesehen, sind Holzpuppen. Dieser Idealismus ist die schmählichste Verachtung der menschlichen Natur. Man versuche es einmal und senke sich in das Leben des Geringsten und gebe es wieder in den Zuckungen, den Andeutungen, dem
20 ganzen feinen, kaum bemerkten Mienenspiel; er hätte dergleichen versucht im ‚Hofmeister' und den ‚Soldaten'. Es sind die prosaischsten Menschen unter der Sonne; aber die Gefühlsader ist in fast allen Menschen gleich, nur ist die Hülle mehr oder weniger
25 dicht, durch die sie brechen muss. Man muss nur Aug und Ohren dafür haben.

Büchner: Lenz, S. 16. Digitale Schüler-Bibliothek, S. 842

Büchner: Sie sind's Schiller? Ich bin Büchner.

Schiller: Sie haben mich erkannt – und trag doch keine „himmelblaue Nase". [...] Dort zappeln Ihre Personen an den Drähten der Natur. Und Sie philosophieren über Fische. Zur Erholung von dieser elenden Me- 5 chanik.

Büchner: Das ist immer noch anständiger, als einem Mann, der sich unter Zahnschmerzen krümmt, eine Arie vorzusingen. [...]

Schiller: Sie sagen, die Umstände machen den Men- 10 schen. Und ich sage, der Mensch macht die Umstände. Und dann antworten Sie: Die Umstände machen sich den Spaß, den Menschen glauben zu machen, dass er die Umstände macht. [...] Wie aber, wenn das eben der Spaß wäre, dass die Natur, deren Kinder wir 15 sind – was ich am wenigsten leugne, bin ich doch auch Mediziner gewesen –, es uns überlassen hätte, unsere Bestimmung selbst auszuführen, [...]. [...] Man kann von dem Menschen nicht groß genug denken, wenn man ihn wirklich befreien will. Nur die 20 höchste Vollendung kann ihn retten [...]. Wenn Ihnen mein idealischer Mensch zu abstrakt ist, so sehen Sie zu, wie Sie Ihren konkreten Menschen durch die Zeit bringen, ohne dass er an sich irre wird, wenn er heute dies und morgen das Gegenteil davon tun 25 muss, weil es die Verhältnisse so wollen.

Büchner: Sie sind ein unverbesserlicher Idealist. [...]

Aus Georg Maurer: Gespräch zwischen Büchner und Schiller in den elysäischen Gefilden (1962). In: Dichtung ist deine Welt: Selbstaussagen und Versuche zum Werk Georg Maurers. Hrsg. von Gerhard Wolf. Mitteldeutscher Verlag, Halle/Saale, 1973, S. 302–310

■ *Stellen Sie mithilfe der vorgelegten Textauszüge sowie des Briefes „An die Familie" (Textausgabe S. 52 f.) Büchners Vorstellung und Gründe für ein realistisches Theater heraus.*

■ *Zeigen Sie Textbeispiele in „Dantons Tod" auf, die Büchners Konzeption vom Theater offenbaren.*

■ *Führen Sie den Dialog von Maurer fort. Beziehen Sie in Ihren Disput Gedanken aus Büchners Briefen (oder dem „Danton") und Schillers Vorstellungen eines klassischen Theaters ein (Texte S. 121 f. und 162 f.) und führen Sie eine kontroverse Auseinandersetzung zu den beiden Theatertheorien.*

Literatur- und Kunstauffassung 2

	Der klassische Dichter	Büchners Auffassung	Umsetzung in „Dantons Tod"
Gegen-stand der Hand-lung			
Darstel-lung der Protago-nisten			
Sprache			
Ziel der Dichtung			
	Idealismus	Realismus	

Rezeption des „Danton"

Das zu Büchners Lebzeiten 1835 zuerst als Teilvorab-
druck im „Phönix", dann als Buch erschienene Revo-
lutionsdrama war das einzige Werk, das nach dem
Tod des Autors jahrzehntelang die Erinnerung an ihn
5 wachgehalten hat. Es erwies sich als sein komplexes-
tes und umstrittenstes Drama. Schon die ersten Le-
serreaktionen hatten zwischen begeisterter Zustimmung (Karl Gutzkow, Friedrich Hebbel, Georg
Herwegh), harscher Ablehnung (Felix Frei) und ge-
10 teilter Distanzierung (Eduard Devrient, Julian Schmidt) geschwankt. Etliche Dramatisierungen der
Französischen Revolution waren schon in den
1840er-Jahren in der Nachfolge von *Dantons Tod* entstanden: so von Rudolf Gottschall (*Robespierre*, 1845),
15 Robert Griepenkerl (*Maximilian Robespierre*, 1849)
und Ferdinand von Heinemann (*Robespierre*, 1850).
Auch in der Epoche des bürgerlichen Realismus hatten einige Schriftsteller (wie z. B. Robert Hamerling
mit *Danton und Robespierre*, 1870) mit ihren Revolu-
20 tionsdramen den Versuch unternommen, Büchners
Danton zu übertreffen, der weiterhin offenbar im gesamten deutschsprachigen Raum gelesen wurde, sogar im „halbasiatischen" Grenzraum der Bukowina,
dem östlichsten Kronland der Habsburgermonarchie,
25 wo es am Czernowitzer Gymnasium dem 19-jährigen
Maturanten Karl Emil Franzos in die Hände gefallen
war und ihn so „entzückt" hatte, dass er sich sein
Leben lang mit Büchner editorisch und essayistisch
beschäftigen sollte. Nach der Uraufführung an den
30 Berliner „Freien Volksbühnen" (1902) und der legen-
dären Inszenierung durch Max Reinhardt am Deutschen Theater Berlin (1916) war *Dantons Tod* dem
klassischen Repertoire der deutschsprachigen Bühnen einverleibt. In den 1930er-Jahren war dann ein
35 Streit darüber entbrannt, ob das Drama die Revolution bejahe oder ihr eine Absage erteile, ob es Partei für
Danton oder Robespierre ergreife und ob Büchner
darin sein eigenes Scheitern mit dem *Hessischen Landboten* und der „Gesellschaft der Menschenrechte"
40 dargestellt habe. Die prominentesten Exponenten
dieser Debatte waren Karl Viëtor und Georg Lukács.
Dem von Viëtor vertretenen „unpolitischen", heroischen Pessimismus Dantons im Zeichen Schopen-
hauers (eine Deutung, die schon in den 1920er-Jah-
45 ren ideologisch so unterschiedliche Schriftsteller wie
Ludwig Marcuse, Arnold Zweig und Adam Kuckhoff
vertreten hatten) setzte Lukács die Doppelheit Büchners entgegen, der den von seinen dramatis personae
verkörperten großen gesellschaftspolitischen Wider-
50 spruch in sich selber ausgefochten habe: den individualistischen „epikuräischen Materialismus" Dantons ebenso wie den „demokratisch-plebejischen",

„rousseauischen Idealismus" Robespierres und St.
Justs, die mit geschichtslogischer Konsequenz den
Sieg davon getragen hätten. Zur gleichen Zeit vertrat 55
Hans Mayer eine Mittelposition, indem er nicht nur
alle „unpolitischen" Deutungen Büchners ablehnte,
sondern ebenso auch jene Versuche, die in ihm nichts
anderes als einen „Revolutionsdichter" sehen wollen.
Nach der Auffassung Mayers ließ Büchner seinen 60
Danton aus der „Perspektive des Thermidor" urteilen
und handeln: aus der Einsicht, dass die Revolution
wegen der ungelösten „Magenfrage" zwangsläufig
zum Scheitern verurteilt und der Sturz der Jakobiner,
selbst Robespierres und St. Justs, die unermüdlich die 65
Revolution vorantreiben wollen, unvermeidlich sei.
Mayer definierte *Dantons Tod* als „Tragödie des Deter-
minismus", die den politisch engagierten Menschen
zum „hoffnungslosen Versuch" verdamme, „gegen
ein Muss anzukämpfen", und ihn letztlich zur „Er- 70
kenntnis der Sinnlosigkeit aller Revolutionspro-
gramme" gelangen lasse.
In den Jahrzehnten nach dem Zweiten Weltkrieg und
der Teilung Deutschlands setzte sich im Westen (z. B.
bei Golo Mann, Fritz J. Raddatz und Rolf Hochhuth) 75
eher die heroisch-skeptisch-pessimistische, im Osten
die marxistische, „demokratisch-plebejische" Deutungsvariante von *Dantons Tod* durch. Die erste und
lange Zeit einzige Aufführung des Dramas" in der
DDR, nämlich Kubas rabiate, den Text Büchners rück- 80
sichtslos verändernde Rostocker Inszenierung von
1962 (BuM II, Nr. 44) ging mit einer Aufwertung Robespierres und St. Justs und einer Abwertung Dantons Hand in Hand, wie sie schon Brecht tendenziell
gefordert hatte (BuM II, Nr. 15). Aber auch in den 85
nächsten beiden Jahrzehnten erwies sich Büchners
Danton im dogmatisch „sozialistischen Realismus"
der DDR als sperriger, höchst suspekter Text, wie dies
eine im Dezember 1976 an der Berliner Akademie der
Künste zwischen Theaterleuten, Kritikern und Litera- 90
turwissenschaftlern, darunter auch Peter Hacks, ge-
führte Diskussion dokumentierte (BuM II, S. 76). Erst
mit Heiner Müllers kühnem und respektlosem Revo-
lutionsdrama *Der Auftrag* (1979), mit Alexander
Langs aufsehenerregender Inszenierung (Nr. 5, 1981) 95
und Karl Mickels parodistisch-satirischem Opernlibretto *Die Gebeine Dantons* (Nr. 50, 1987) sollte sich
die in der DDR so lange schwärende „Wunde" *Danton*
allmählich schließen. Erinnert sei jedoch abermals
an Stephan Hermlin, der noch während der „Wende" 100
(1989) ausdrücklich auf die politische, die dogma-
tischen Marxisten der DDR verstörende Ambivalenz
von *Dantons Tod* hingewiesen hat [...].
Schließlich sei bei der Beschränkung auf die produk-

105 tive Rezeption von *Dantons Tod* in literarischen Texten nochmals auf die vielfältige Bearbeitung des Revolutionsdramas in Theater und Film, Fernsehen und Hörfunk, vor allem auch in der Musik hingewiesen. Dokumentation, Kommentar und Analyse dieses reichhaltigen intermedialen Rezeptionsmaterials stellen weiterhin ein vordringliches Desiderat der 110 Büchner-Forschung dar.

Auszug aus: Dietmar Goltschnigg (Hrsg.): Georg Büchner und die Moderne. Texte, Analysen, Kommentar. Band 3. 1980–2002. © Erich Schmidt Verlag, Berlin 2004, S. 82ff.

■ *Skizzieren Sie im Rahmen der Rezeptionsgeschichte den Werdegang des Dramas und ausgewählte Interpretationsansätze.*

Georg Lukács: Der faschistisch verfälschte und der wirkliche Georg Büchner

[...] Einerseits wurde aus der Tatsache, dass diese Erschütterung der Welt [die Französische Revolution] die materielle Lage des entstehenden Proletariats nur verschlimmerte, eine Ablehnung einer jeden poli-
5 tisch-demokratischen Revolution gefolgert. [...] Andererseits haben die demokratisch-plebejischen Revolutionäre die Illusion, dass ein konsequentes Zu-Ende-Führen des jakobinischen Terrors von selbst zu einer Erlösung der Massen aus ihrem materiellen
10 Elend führen müsste. [...] Diese Antinomie liegt als tragischer Widerspruch Büchners ‚Dantons Tod' zugrunde. In dieser Tragödie wurde also nicht irgendein subjektives Erlebnis eines jungen Menschen (‚Enttäuschung', ‚Verzweiflung' usw.) gestaltet; Büchner
15 suchte vielmehr mit dem großen Instinkt eines wirklichen, epochemachenden Tragikers den säkularen Widerspruch seiner Periode im Spiegel der Französischen Revolution darzustellen.

Es ist die übliche Auffassung dieser entscheidenden
20 Szene des Dramas [1,6], dass Danton das Moralisieren des engen und beschränkten Robespierre mit großer Verachtung, mit objektiver, geistiger Überlegenheit widerlegt. Es ist richtig, dass Danton Robespierre mit Verachtung behandelt. Es ist auch richtig, dass Büchner philosophisch-weltanschaulich die Ansicht Dan- 25 tons, den epikureischen Materialismus, teilt und darum, wie wir sehen werden, eine dramatisch-lyrische Sympathie für seine Figur hat. Der wirkliche gedankliche und dramatische Ablauf des Gesprächs ist aber so ein völlig anderer, und gerade darin drückt sich die 30 große dramatisch-tragisch Begabung Büchners aus. Danton widerlegt nämlich mit keinem Wort die politische Anschauung Robespierres. Er weicht im Gegenteil einer politischen Auseinandersetzung aus, er hat kein einziges Argument gegen den politischen 35 Vorwurf, gegen die politische Konzeption Robespierres, die, wenn wir uns an die [...] Briefe Büchners erinnern, im Wesentlichen die Konzeption des Dichters selbst ist. Danton leitet das Gespräch auf eine Diskussion über die Prinzipien der Moral hinüber 40 und erficht hier als Materialist einen leichten Sieg über die Rousseau'schen Moralprinzipien Robespierres. Aber dieser billige Sieg in der Diskussion enthält keine Antwort auf die Zentralfrage der politischen Lage, auf die Frage des Gegensatzes von Arm 45 und Reich. [...]

In: Georg Lukács: Werke, Band 7. © 1964 Luchterhand Verlag, Darmstadt/Neuwied.

■ *Arbeiten Sie die Grundgedanken Lukács heraus und setzen Sie diese in Beziehung zu Ihren bisherigen Interpretationsergebnissen.*

1

Der Kollaps der DDR

1989 war die DDR ein todkrankes System, seit Mitte der 70er-Jahre hatte der Erosionsprozess eingesetzt. „Die DDR starb an sich selbst, doch die Bundesrepublik wirkte dabei mit" [P. Bender] – dieser Satz trifft in 5 doppelter Weise zu. Zum einen: An sich selbst starb die DDR infolge systemimmanenter Faktoren wie ihrer Wirtschaftskrise und Schuldenmisere, den Problemen des zentralen Herrschaftssystems und nicht zuletzt der abnehmenden Systemloyalität. [...] Der Kollaps der 10 DDR war Teil des gesamten Untergangs des Kommunismus. Die Krise erfasste nicht – wie früher – nur ein einziges Land, sondern den gesamten Ostblock. Ohne den Schutz der Sowjetunion war die DDR dem Untergang geweiht. [...] [Deren] morsches Herrschaftssy-15 stem konnte aber erst zusammenbrechen, wenn die Unzufriedenheit der Menschen revolutionäre Ausmaße annahm. Überall Wandel, Umgestaltung, Erneuerung – außer in der DDR, deren Führungsriege sich ungerührt zum 40. Geburtstag des Staates am 7. Okto-20 ber 1989 rüstete. Er sollte pompös gefeiert werden. Aus Enttäuschung über ausbleibende Reformen in der DDR wuchs indessen der Ausreisedruck.

Die am 1. Januar 1989 in Kraft getretene neue Reiseverordnung veranlasste bis Ende September fast 25 161 000 DDR-Bürger, die ständige Ausreise aus dem zweiten deutschen Staat zu beantragen. [...] Die erste Massenflucht fand am 19. August statt. 661 DDR-Bürger nutzten das „Paneuropäische Picknick" bei Sopron zur Flucht in den Westen; auf eigene Faust 30 passierten im August rund 3 000 Menschen die „grüne Grenze" zwischen Ungarn und Österreich. Ab dem 11. September erlaubte Ungarn den Deutschen aus der DDR die Ausreise in den Westen; bis Ende des Monats flohen weitere 30 000 Ostdeutsche. [...] 35 Die Fluchtwelle war nur die eine Dimension, die den SED-Staat existenziell bedrohte. Gleichzeitig wuchsen innerhalb der DDR die Demonstrationen für Meinungs-, Presse- und Versammlungsfreiheit an, zuerst vor allem in Leipzig und Ost-Berlin, bald in vielen 40 weiteren Städten. Am 4. September, einem Montag, demonstrierten in Leipzig am Ende eines Friedensgebetes in der Nikolaikirche etwa 1 200 Menschen für ihre Ausreise; zwei weitere Ausreise-Demonstrationen folgten an den beiden kommenden Montagen. Doch 45 ab dem 25. September zeigte sich ein anderes Bild: Die bis zu 8 000 Teilnehmer riefen auf den „Montagsdemonstrationen" Losungen wie „Wir bleiben hier" und traten damit offen für Reformen in der DDR ein;

rasch stieg die Zahl der Demonstranten in Leipzig auf 25 000 an. Dass die Mauer noch in 50 oder 100 Jahren 50 bestehe und der Sozialismus siegen werde, war zur gleichen Zeit aus dem Munde Erich Honeckers zu hören. Anfang Juni hatte die DDR-Spitze die brutale und blutige Niederschlagung der chinesischen Demokratiebewegung auf dem „Platz des Himmlischen 55 Friedens" in Peking begrüßt. Der Freiheitsprotest von einer Million junger Chinesen war dort von der kommunistischen Führung am 18. Mai 1989 in einem Blutbad erstickt worden.

Während der Feierlichkeiten zum Staatsgeburtstag 60 am 7. Oktober wurden rund 3500 Personen festgenommen; die SED sprach, wie immer in solchen Situationen seit dem 17. Juni 1953, von „Randalierern" und „kriminellen Elementen", die im Zusammenspiel mit den westlichen Medien die DDR unterhöh-65 len wollten. Die Furcht, die SED könne zu einer „chinesischen Lösung" greifen, um die schnell wachsende Demokratiebewegung zu Boden zu werfen und ihr ein gewaltsames Ende zu bereiten, war nicht irreal. Die Demonstrierenden schwankten zwi-70 schen Entschlossenheit und angstvoller Unruhe. Doch am 9. Oktober trat die Wende ein. Volkspolizei, Staatssicherheit und NVA hatten sich bereits auf eine gewaltsame Auflösung der Montagsdemonstration vorbereitet. Der „Appell der Leipziger Bürger" – die 75 Versicherung, alles für einen friedlichen Ablauf unternehmen zu wollen – sowie die Nachricht, dass die Moskauer Führung sich entschlossen habe, in der DDR nicht einzugreifen, verhinderte ein drohendes Blutvergießen in der Stadt. Dieser Gewaltverzicht 80 machte die Wende unumkehrbar. 75 000 Menschen demonstrierten unter der Losung „Wir sind das Volk", am 16. Oktober gingen in der „Heldenstadt Leipzig" bis zu 120 000 Menschen auf die Straße. [...] Mitte Oktober wurde der altersstarre Erich Honecker 85 gestürzt und von Egon Krenz als Generalsekretär abgelöst. [...] Die Wahl des reformierten Politbüros am 8. November konnte die Regierung nicht stabilisieren, vielmehr herrschte allseits Konfusion, untrügliche Anzeichen eines inneren Machtzerfalls. Am Tag 90 darauf brach die DDR wie ein Kartenhaus zusammen. „Der Fall der Mauer war weder vorgesehen noch vorhersehbar." [H.-H. Hertle]

Aus: Edgar Wolfrum: Die geglückte Demokratie. Geschichte der Bundesrepublik Deutschland von ihren Anfängen bis zur Gegenwart. Klett-Cotta, Stuttgart 2006, S. 435–439

■ *Arbeiten Sie die zentralen Gedanken heraus. Welche Gemeinsamkeiten und Unterschiede lassen sich darüber hinaus in den Entwicklungen 1789 in Frankreich (Textbuch, S. 171– 178) und 1989 in Deutschland aufzeigen?*

Erklärung der Rechte des Menschen und des Bürgers vom 26. August 1789

Da die Stellvertreter der französischen Nation, welche die National-Versammlung ausmachen, in Erwägung zogen, dass Unwissenheit, Vergessenheit und Verachtung der Menschenrechte die einzigen Ursa-
5 chen des allgemeinen Unheils und des Verderbnisses der Regierungen sind, so beschlossen sie, die natürlichen, unveräußerlichen und heiligen Rechte des Menschen mittelst einer feierlichen Erklärung in deutliches Licht zu setzen; damit diese Erklärung al-
10 len und jeden Gliedern des Staatskörpers immer vor Augen liege und sie an ihre Rechte und Pflichten unablässig erinnere; damit man die verschiedenen Handlungen der gesetzgebenden und der ausführenden Macht mit dem Zweck aller und jeder Staatsein-
15 richtungen stets vergleichen könne, und daher mit desto mehr Ehrfurcht für dieselben erfüllet werde; damit künftighin des Reichsbürgers Berufungen auf Rechte in dieser Erklärung so einfache als unumstößliche Gründe finden und demnach selbst sein Wider-
20 stand zu Erhaltung unserer Reichsverfassung und zu allgemeiner Wohlfahrt gedeihen möge.
Zufolge dessen erkennet und erkläret die National-Versammlung in Gegenwart und unter Obwaltung des Höchsten folgende Rechte des Menschen und des
25 Bürgers.

I. Von ihrer Geburt an sind und bleiben die Menschen frei und an Rechten einander gleich. Bürgerliche Unterscheidungen können nur auf gemeinen Nutzen gegründet sein.

30 II. Jede Bildung politischer Gesellschaften hat die Erhaltung der natürlichen und unverjährlichen Rechte des Menschen zu ihrem Zwecke. Dieser Rechte Gegenstände sind Freiheit, Eigentum, Sicherheit und Widerstand gegen Unterdrückung.

35 III. Die höchste Machthabung jedes Staates gründet sich wesentlich auf die Nation. Weder einzelne Personen, noch Körperschaften können je irgendeine Macht ausüben, die nicht ausdrücklich aus dieser Quelle fließt.

40 IV. Die Freiheit besteht darin, dass jeder alles tun darf, was keinem andern schadet. In Ausübung natürlicher Rechte sind demnach keinem Menschen andere Grenzen gesetzt, als die, welche den Genuss gleicher Rechte anderen Gliedern der Gesellschaft sichern.
45 Das Gesetz allein kann diese Grenzen bestimmen.

V. Das Gesetz darf Handlungen nur insofern verbieten, als sie der Gesellschaft schädlich sind. Was das Gesetz nicht verbietet, darf niemand hindern; und niemand darf gezwungen werden, zu tun, was das
50 Gesetz nicht befiehlt.

VI. Das Gesetz ist der Ausdruck des allgemeinen Willens. Zu Bildung desselben haben alle Bürger gleiches Recht, persönlich oder durch Stellvertreter teilzunehmen. Das Gesetz muss für alle und jede, es seie zum Schutz oder zur Strafe, ein und dasselbe Gesetz sein. 55
Vor ihm sind alle Bürger gleich, haben alle zu allen öffentlichen Würden, Stellen und Ämtern, nach Maßgab ihrer Fähigkeiten, gleiche Ansprüche. Es lässt keinen ändern Unterschied zu, als den, welchen Tugenden und Talente machen. 60

VII. Kein Mensch darf gerichtlich angeklagt, in Verhaft genommen oder sonst in persönlicher Freiheit gestöret werden; es sei dann in Fällen, die das Gesetz bestimmt, und nach der Form, die es vorschreibt. Alle die, welche willkürliche Befehle bewirken, aus- 65 fertigen, ausüben oder vollstrecken lassen, sind der Strafe unterworfen. Hingegen ist jeder Bürger, der in Kraft des Gesetzes vorgeladen oder gegriffen wird, augenblicklichen Gehorsam schuldig. Durch Widerstand wird er straffällig. 70

VIII. Das Gesetz soll nur Strafen verordnen, die unumgänglich und einleuchtend notwendig sind. Niemand kann je gestraft werden, als nur in Kraft eines verordneten Gesetzes, welches vorher ausgekündigt und nachher auf das Verbrechen gesetzmä- 75 ßig angewendet worden.

IX. Da kein Mensch eher für schuldig angesehen werden kann, als bis er nach dem Gesetze dafür erklärt wird; so folget daraus, dass jeder, den man in Haft zu nehmen unumgänglich nötig findet, gegen alle 80 Strenge, die dazu nicht nötig ist, durch das Gesetz ernstlich geschützt werden muss.

X. Wegen Meinungen, selbst in Religionssachen, darf niemand beunruhiget werden, wenn er nur durch derselben Äußerung öffentliche Ordnung, welche das 85 Gesetz eingeführt hat, nicht störet.

XI. Die freie Mitteilung der Gedanken und Meinungen ist eines der schätzbarsten Rechte des Menschen. Jeder Bürger darf demnach frei reden, schreiben und drucken lassen, was er will. Nur in den vom Gesetze 90 bestimmten Fällen hat er den Missbrauch dieser Freiheit zu verantworten.

XII. Zur Gewährleistung der Rechte des Menschen und des Bürgers wird öffentliche Gewalt erfordert. Folglich dienet die Einführung dieser Gewalt zu ge- 95 meiner Wohlfahrt aller und jeder, und nicht zu besonderem Nutzen derer, denen sie anvertrauet wird.

XIII. Zu Unterhaltung öffentlicher Gewalt und zu Bestreitung der Verwaltungskosten wird allgemeiner Beitrag unumgänglich erfordert. An diesen müssen 100 alle Bürger nach Maßgab ihres Vermögens gleichen Anteil nehmen.

XIV. Die Bürger haben das Recht die Notwendigkeit des öffentlichen Beitrags zu untersuchen und ihn

105 durch sich selbst oder durch ihre Stellvertreter frei zu genehmigen, zu bestätigen, desselben Verwendung zu wissen und die Summe, die Quellen, woraus sie bezogen wird, die an der Erhebung und die Dauer zu bestimmen.

110 XV. Die Gesellschaft hat das Recht, von jedem öffentlichen Geschäftsträger wegen seiner Verwaltung Rechenschaft zu fordern.

XVI. Ein Staat, worin der Rechte Gewährleistung nicht gesichert ist, worin die Grenzen verschiedener Machthabungen nicht bestimmt sind, hat keine Ver- 115 fassung.

XVII. Da das Eigentum ein unverletzbares und heiliges Recht ist, so kann niemand desselben beraubt werden; es seie dann, dass öffentliche und gesetzmäßig bewährte Not solches Opfer augenscheinlich er- 120 heischt. Aber auch dann darf dies nur unter Bedingung gerechter und vorläufiger Schadloshaltung geschehen.

Entn. aus: Axel Kuhn: Die Französische Revolution. Stuttgart: Reclam 1999, S. 217–221

■ *Welche Ideen der „Erklärung der Rechte des Menschen und des Bürgers" spielen auch heute noch eine gesellschaftliche Rolle?*

■ *Wie würden Sie die Bedeutung des vorliegenden Papiers einschätzen?*

Aus der Rede Maximilien Robespierres über die repräsentative Regierung (10. Mai 1793)

Der Mensch ist für das Glück und für die Freiheit geboren, und dennoch ist er überall ein Sklave und ein Unglücklicher! Die Gesellschaft hat die Erhaltung seiner Rechte und die Vervollkommnung seines Wesens
5 zum Ziel; und dennoch entwürdigt und unterdrückt ihn die Gesellschaft allerorten! Es ist die Zeit gekommen, ihn an seine wirkliche Bestimmung zu erinnern; die Entwicklung der menschlichen Vernunft hat diese große Revolution vorbereitet, und die Aufgabe, sie
10 zu beschleunigen, ist ganz besonders euch auferlegt worden. Um eure Mission zu erfüllen, müsst ihr genau das Gegenteil von dem tun, was vor euch getan wurde. Bislang bestand die Kunst zu regieren nur in der Kunst zu plündern und die Mehrheit zugunsten der
15 Minderheit zu knechten; die Gesetzgebung war nur ein Mittel, diese Machenschaften in ein System zu bringen. Die Könige und die Aristokraten haben ihr Geschäft sehr gut verstanden: es liegt nun an euch, das Eure zu tun, das heißt, die Menschen durch Ge-
20 setze glücklich und frei zu machen. [...]
Die Regierung ist eingesetzt worden, um dem allgemeinen Willen Achtung zu verschaffen; aber die Menschen, die die Regierung führen, haben einen individuellen Willen, und jeder Wille ist bestrebt, das
25 Übergewicht zu erlangen.

Wenn sie zu diesem Zweck die öffentliche Macht gebrauchen, mit der sie ausgestattet sind, dann ist die Regierung nur eine Geißel der Freiheit. Wir müssen daraus schließen, dass das erste Ziel einer jeden Verfassung darin bestehen muss, die öffentliche und die 30 individuelle Freiheit gegen die Regierung selbst zu verteidigen. [...]
Ihr aber, die euch die Freiheit und das Vaterland sind, müsst euch allein darum kümmern, sie zu retten; und da man in diesem Augenblick, in dem die dringende 35 Notwendigkeit ihrer Verteidigung eure ganze Aufmerksamkeit zu erfordern scheint, darangehen will, möglichst schnell das Gebäude der Verfassung eines großen Volkes zu errichten, stellt sie wenigstens auf die ewig gültige Grundlage der Wahrheit! Stellt zuerst 40 den unbestreitbaren Grundsatz auf, dass das Volk gut ist und dass seine Abgeordneten für die Korruption anfällig sind; dass man in der Tugend und in der Souveränität des Volkes einen Schutz gegen die Laster und den Despotismus der Regierung suchen muss. 45
[...]

Entn. aus: Axel Kuhn: Die Französische Revolution. Stuttgart: Reclam 1999, S. 239f.

■ *Vergleichen Sie die Rede Robespierres mit den im Textband vorgelegten Auszügen von Rousseau zum Gesellschaftsvertrag und sichten Sie die beiden Auszüge auf mögliche Ähnlichkeiten.*

Literaturverzeichnis

Albig, Jörg-Uwe: Tugend oder Tod. In: GEO-Epoche, hg. Von Peter-Matthias Gaede. Französische Revolution. Heft Nr. 22 (2006)

Arasse, Daniel: Die Guillotine. Reinbek bei Hamburg (Rowohlt) 1988

Barke, Jörg: Georg Büchner. Dantons Tod. Freising (Stark) 2001

Betten, Anne: Sprachrealismus im deutschen Drama der siebziger Jahre. Carl Winter. Universitätsverlag. Heidelberg 1985

Blankertz, Herwig: Die Geschichte der Pädagogik. Von der Aufklärung bis zur Gegenwart. Wetzlar (Büchse der Pandora) 1992

Böll, Heinrich: Georg Büchners Gegenwärtigkeit (1967). In: Georg Büchner und die Moderne. Texte, Analysen, Kommentar. Band 2: 1945–1980. Berlin (Erich Schmidt Verlag) 2002

Bolz, Norbert: Das kontrollierte Chaos. Düsseldorf (Econ) 1994

Bolz, Norbert: Die Konformisten des Andersseins. München (Fink) 1999

Buck, Theo: Charaktere, Gestalten. Büchner-Studien. Aachen (Rimbaud) 1990

Buck, Theo: Riss in der Schöpfung. Büchner-Studien. Aachen (Rimbaud) 2000

Büchner, Georg: Werke und Briefe. Nach der historisch-kritischen Ausgabe von Werner R. Lehmann. Kommentiert von Karl Pörnbacher, Gerhard Schaub, Hans-Joachim Simm und Edda Ziegler. München (dtv) [7]1986

Bornscheuer, Lothar: Georg Büchner Woyzeck. Erläuterungen und Dokumente. Stuttgart (Reclam) 1995

Der deutsche Vormärz. Texte und Dokumente. Hg.: Jost Hermand. Reclam. Stuttgart 1985

Derrida, Jacques: Grammatologie. Frankfurt (Suhrkamp) [3]1990

Edschmid, Kasimir: Georg Büchner. Darmstadt (Justus von Liebig Verlag) 1963

Fichte, Johann Gottlieb: Grundlage der gesamten Wissenschaftslehre. In: Fichte, ausgewählt und vorgestellt von Günter Schulte. ‚Philosophie jetzt', hg. von Peter Sloterdijk. München (dtv) 1998

Frizen, Werner: Dantons Tod. München (Oldenbourg) 1990

Geier, Manfred: Das Glück der Gleichgültigen. Reinbek bei Hamburg (Rowohlt) 1997

Gil, Thomas: Ethik. Stuttgart/Weimar (Metzler) 1993

Glasersfeld, Ernst von: Radikaler Konstruktivismus. Frankfurt (Suhrkamp) 1996

Glebke, Michael: Die Philosophie Georg Büchners. Marburg (Tectum) 1995

Goltschnigg, Dietmar (Hrg.): Georg Büchner und die Moderne. Texte, Analysen, Kommentar. Band 2: 1945–1980. Berlin (Erich Schmidt Verlag) 2002

Goltschnigg, Dietmar (Hrg.): Georg Büchner und die Moderne. Texte, Analysen, Kommentar. Band 3: 1980–2002. Berlin (Erich Schmidt Verlag) 2004

Goffman, Erving: Wir alle spielen Theater. Die Selbstdarstellung im Alltag. München (Piper) 1996

Haug, Freimut: Faszination Philosophie. Stationen der Erkenntnis von der Antike bis zur Gegenwart. Reinbek bei Hamburg (Rowohlt) 1998

Hauschild, Jan-Christoph: Georg Büchner. Stuttgart/Weimar (Metzler) 1993

Im Hof, Ulrich: Das Europa der Aufklärung. München (Beck) 1995

Kinne, Norbert: Stundenblätter „Dantons Tod". Stuttgart (Klett) 1987

Kuhn, Axel: Die französische Revolution. Stuttgart (Reclam) 2004

Liessmann, Konrad Paul: Theorie der Unbildung. Wien (Zsolnay) 2006

Luhmann, Niklas: Die Gesellschaft der Gesellschaft. 2 Bde. Frankfurt (Suhrkamp) 1997

Luhmann, Niklas: Die Wissenschaft der Gesellschaft. Frankfurt/M. (Suhrkamp) 1992

Luhmann, Niklas: Gesellschaftsstruktur und Semantik. Frankfurt (Suhrkamp) [2]1998

Luhmann, Niklas: Soziale Systeme. Frankfurt (Suhrkamp) [4]1993

Martens, Wolfgang (Hrg.): Georg Büchner. Wege der Forschung LIII. Darmstadt (Wiss. Buch-
  gesellschaft) 1969
Maturana, Humberto/Varela, Francisco J.: Der Baum der Erkenntnis. Bern/München (Fischer)
  ^{4}1992
Mayer, Hans: Georg Büchner und seine Zeit. Frankfurt (Suhrkamp) 1972
Meier, Albert: Georg Büchners Ästhetik. München (Fink) ^{2}1975
Novalis: Die Christenheit oder Europa. Köln (Könemann) 1996
Nietzsche, Friedrich: Nachlass 185–1887. KSA 12, hg. von Giogio Colli/Mazzino Montinari.
  München (dtv) 1999
Otto, Frank: Der Auftakt. Versammlung der Generalstände, 5. Mai 1789. In: GEO-Epoche,
  hg. Peter-Matthias Gaede. Französische Revolution. Heft Nr. 22 (2006)
Otto, Frank: 14. Juli. Sturm auf die Bastille 1789. In: GEO-Epoche, hg. Peter-Matthias Gaede.
  Französische Revolution. Heft Nr. 22 (2006)
Pascal, Blaise: Pensées. Über die Religion und andere Gegenstände. Wiesbaden (Fourier)
  2001
Popp, Hansjürgen: Lektürehilfen Georg Büchners Dantons Tod. Stuttgart (Klett) 1990
Poschmann, Henri: Georg Büchner. Dichtung der Revolution und Revolution der Dichtung.
  Berlin/Weimar (Aufbau) 1993
Röd, Wolfgang: Geschichte der Philosophie. Die Philosophie der Neuzeit 2. Von Newton bis
  Rousseau, Bd. 8. Hg. von Wolfgang Röd. München (Beck) ^{2}1984
Rossi, Paolo: Die Geburt der modernen Wissenschaft in Europa. München (Beck) 1997
Scheller, Ingo: Die französische Revolution als Revolution bürgerlicher Männer. Szenische
  Interpretation durch Rollenschreiben. In: Zeitschrift Praxis Geschichte 1997. Bd. 2
Schläbitz, Norbert: Szenische Interpretation im Musikunterricht. In: Zeitschrift Grundschule
  09/93
Schmid, Peter: Georg Büchner. Versuch über die tragische Existenz. Bern (Paul Haupt) 1940
Schmidt, Henry J.: Frauen, Tod und Revolution in den Schlussszenen von Büchners Dantons
  Tod. In: Burghard Degner/Günter Oesterle (Hg.): Zweites Internationales Büchner-Sym-
  posium 1987. Büchner-Studien, Bd. 6. Frankfurt/M.(Hain) 1990
Seidel, Jürgen: Georg Büchner. München (dtv) 1998
Smith, Adam: Der Wohlstand der Nationen. München (dtv) 1999
Schulze, Hagen: Kleine deutsche Geschichte. München (dtv) 1998
Schulze, Hagen: Staat und Nation in der europäischen Geschichte. München (Beck) 1999
Smulovic, M.: Georg Büchners Weltanschauung und ästhetische Ansichten. In: Heinz Ludwig
  Arnold (Hrg.): Georg Büchner III. Sonderband der Reihe Text + Kritik. München 1981
Spierling, Volker: Kleine Geschichte der Philosophie. München (Piper) ^{5}1997
Störig, Hans Joachim: Kleine Weltgeschichte der Philosophie. Stuttgart/Berlin/Köln (Kohl-
  hammer) ^{16}1993
Thorn-Prikker, Jan: Revolutionär ohne Revolution. Interpretation der Werke Georg Büchners.
  Stuttgart (Klett-Cotta) 1978
Voges, Michael: Dantons. Tod. In: Interpretationen Georg Büchner. Dantons Tod, Lenz,
  Leonce und Lene, Woyzeck. Stuttgart (Reclam) 1990
Wender, Herbert: Georg Büchners Bild der Großen Revolution. Zu den Quellen von Danton's
  Tod. Frankfurt/M. (Athenäum) 1988
Wolfrum, Edgar: Die geglückte Demokratie. Geschichte der Bundesrepublik Deutschland
  von den Anfängen bis zur Gegenwart. Stuttgart (Klett-Cotta) 2006

EinFach Deutsch

Unterrichtsmodelle

Herausgegeben von Johannes Diekhans

Ausgewählte Titel der Reihe:

Schöningh Verlag
Postfach 2540
33055 Paderborn

Schöningh

Fordern Sie unseren Prospekt zur kompletten Reihe an:
Informationen 0800 / 18 18 787 (freecall)
info@schoeningh.de / www.schoeningh-schulbuch.de